Program
Programming
Programmer

09

The Mythical Man-Month

The Mythical Man-Month: Essays on Software Engineering
By Frederick P. Brooks, Jr.

Authorized translation from the English language edition, entitled MYTHICAL MAN-MONTH, THE: ESSAYS ON SOFTWARE ENGINEERING, ANNIVERSARY EDITION, 2nd Edition by BROOKS, FREDERICK P., published by Pearson Education, Inc, publishing as Addison-Wesley Professional Copyright © 1996 Addison Wesley Longman, Inc.

All rights reserved. No part of this book may be reproduced or transmitted in any form or by any means, electronic or mechanical, including photocopying, recording or by any information storage retrieval system, without permission from Pearson Education, Inc. KOREAN language edition published by INSIGHT PRESS, Copyright © 2015.

이 책의 한국어판 저작권은 에이전시 원을 통해 저작권자와의 독점 계약으로 인사이트 출판사에 있습니다. 신저작권법에 의해 한국 내에서 보호를 받는 저작물이므로 무단전재와 무단복제를 금합니다.

맨먼스 미신: 소프트웨어 공학에 관한 에세이

초판 1쇄 발행 2015년 3월 20일 **3쇄 발행** 2023년 7월 31일 **지은이** 프레더릭 브룩스 **옮긴이** 강중빈 **펴낸이** 한기성 **펴낸곳** (주)도서출판인사이트 **편집** 송우일 **영업마케팅** 김진불 **제작·관리** 이유현, 박미경 **용지** 월드페이퍼 **인쇄·제본** 에스제이피앤비 **후가공** 이레금박 **등록번호** 제2002-000049호 **등록일자** 2002년 2월 19일 **주소** 서울시 마포구 연남로5길 19-5 **전화** 02-322-5143 **팩스** 02-3143-5579 **이메일** insight@insightbook.co.kr **ISBN** 978-89-6626-132-1 책값은 뒤표지에 있습니다. 잘못 만들어진 책은 바꾸어 드립니다. 이 책의 정오표는 https://blog.insightbook.co.kr/에서 확인하실 수 있습니다.

The Mythical Man-Month

소프트웨어 공학에 관한 에세이
프레더릭 브룩스 지음 | 강중빈 옮김

1975년판 헌정사

나의 IBM 시절을 특별히 풍요롭게 만들어준 두 사람에게:

토머스 왓슨Thomas J. Watson 2세[1],

사람들을 위한 깊은 배려는 여전히 그의 회사 속에 스며들어 있다.

밥 에반스Bob O. Evans,

그의 대담한 리더십으로 업무는 모험이 되었다.

1995년판 헌정사

신이 주신 선물,

낸시Nancy에게.

| (옮긴이) IBM 2대 회장으로, 창업자인 토머스 왓슨(Thomas J. Watson)의 아들이다.

차례

20주년 기념판 서문		viii
초판 서문		xi
1장	타르 구덩이	1
2장	맨먼스 미신	11
3장	외과 수술 팀	27
4장	귀족 정치, 민주주의, 시스템 설계	39
5장	두 번째 시스템 효과	51
6장	말을 전하다	59
7장	바벨탑은 왜 실패했는가?	71
8장	예고 홈런	85
9장	5파운드 자루에 담은 10파운드	95
10장	기록물 가설	105

11장	버리기 위한 계획	113
12장	예리한 도구	125
13장	전체 그리고 부분들	139
14장	재앙의 알을 품다	153
15장	또 다른 면	165
16장	은 탄환은 없다: 소프트웨어 공학에 있어 본질과 부수성	183
17장	「은 탄환은 없다」를 다시 쏘다	215
18장	『맨먼스 미신』에 담긴 주장: 진실 또는 거짓	243
19장	맨먼스 미신, 20년 후	271

맺는 글	경이로움과 흥분, 즐거움으로 보낸 50년	317
부록	조금 오래된 컴퓨터 이야기	319

옮긴이 후기	337
주석과 참고 문헌	339
찾아보기	353

20주년 기념판 서문

『맨먼스 미신』이 20년이 지나도 꾸준한 인기를 얻고 있음은 참으로 놀랍고도 기쁜 일이다. 출간 부수는 이제 25만 부를 넘었다. 사람들은 내가 1975년에 제시했던 의견과 충고 가운데 무엇을 여전히 고수하고 있으며, 무엇이 변했고 또 어떻게 변했는지를 가끔씩 물어 온다. 때때로 강의 시간에 그런 질문을 다루기는 했지만, 글로 쓸 수 있게 되기를 나는 오랫동안 바라 왔다.

현재 애디슨-웨슬리Addison-Wesley의 출판 파트너인 피터 고든Peter Gordon은 1980년 이래로 꾸준히 함께 작업해 오면서 많은 도움을 주었다. 20주년 기념판을 준비하자고 제안한 것도 그였다. 우리는 원판을 개정하는 대신에 사소한 교정 사항만 반영해서 재인쇄하고 근래의 생각을 그 뒤에 덧붙이기로 했다.

16장은 국방과학위원회 시절 군사용 소프트웨어 연구를 주재했던 경험을 발전시켜서 1986년 IFIP[1] 학회에 기고했던 논문「은 탄환은 없다: 소프트웨어 공학에 있어 본질과 부수성No Silver Bullet: Essence and Accidents of Software Engineering」을 재인쇄한 것이다. 같이 연구했던 공저자들과 사무국장 로버트 패트릭Robert L. Patrick은 내가 현실 세계의 대규모 소프트웨어 프로젝트에 대한 감을 되찾는 데 큰 도움을 주었다. 이 논문은 1987년 IEEE『Computer』지에 재수록되면서 널리 읽히게 되었다.

| (옮긴이) International Federation for Information Processing: 56개국 IT 관련 단체가 모인 연합회

「은 탄환은 없다」는 도발적인 글임이 드러났다. 이 글은 향후 10년 동안 그 자체로 소프트웨어 개발의 생산성을 자릿수 하나만큼 향상시킬 프로그래밍 기법은 나타나지 않을 거라 예측했다. 이제 그 10년에서 한 해가 남았고 내 예측은 들어맞은 듯하다. 「은 탄환」이 불러일으킨 문헌상의 토론은 『맨먼스 미신』보다도 훨씬 더 활발했다. 그런 이유로 17장에서는 글로 출판된 비평 중 일부에 대한 견해를 밝히면서 1986년에 제시했던 의견들을 새롭게 갱신하였다.

『맨먼스 미신』을 돌아보고 개정하는 일을 준비하면서, 나는 거기 담긴 주장 중 소프트웨어 공학 분야의 연구와 경험에 의해 비평되거나, 입증되거나, 반증된 것이 얼마나 적은지 알고는 놀라움을 금할 수 없었다. 이제 논거나 자료를 제외한 형태로 그 주장들을 정리해 보니 상당히 유용하였기에, 그런 직설적 진술이 『맨먼스 미신』에 담긴 주장을 입증하거나, 반증하거나, 갱신하거나, 세분화할 논쟁 또는 사실을 불러오지 않을까 하는 기대로 18장에 그 개요를 담았다.

19장은 개정판 내용 자체다. 독자들은 여기 실린 내 새로운 의견들이 원판에서처럼 실전 경험으로 뒷받침되지는 않았음에 유의해주기 바란다. 나는 산업계가 아닌 대학교에서 일해 왔으며, 진행했던 프로젝트들도 대규모가 아니라 소규모였다. 또한 1986년 이래로 소프트웨어 공학을 가르치기는 했지만 그 분야의 연구를 수행하지는 않았다. 내 연구 분야는 오히려 가상 환경과 그 응용에 관한 것이었다.

이 회고를 준비하는 동안 나는 실제 소프트웨어 공학 분야에서 일하고 있는 친구들에게 의견을 구하였다. 자신의 견해를 기꺼이 나누고, 초안에 대해 사려 깊은 의견을 주었으며, 나를 다시 교육시켜 준 친구들, 배리 보엠Barry Boehm, 켄 브룩스Ken Brooks, 딕 케이스Dick Case, 제임스 코긴스James Coggins, 톰 드마르코Tom DeMarco, 짐 매카시Jim McCarthy, 데이비드 파르나스David Parnas, 얼 휠러Earl Wheeler, 에드워드 요든Edward Yourdon에게 감사를 전한다. 페이 워드Fay Ward는 새로 추가

된 장의 제작을 훌륭하게 처리해 주었다.

이번 판에 16장으로 실린 논문에 관해서는 고든 벨Gordon Bell, 브루스 뷰캐넌Bruce Buchanan, 릭 헤이즈-로스Rick Hayes-Roth, 국방과학위원회 산하 군사용 소프트웨어 태스크포스의 동료들, 특별히 데이비드 파르나스에게 그 통찰과 고무적인 아이디어에 대해 감사하며, 제작을 맡아준 리베카 비얼리Rebekah Bierly에게도 감사한다. 소프트웨어 분야의 문제들을 분석하고 '본질'과 '부수성'의 범주로 나눈 것은, 스즈키Suzuki 바이올린 교수법에 대한 논문에서 그런 방법을 사용한 낸시 그린우드 브룩스Nancy Greenwood Brooks로부터 영감을 얻었다.

애디슨-웨슬리의 관습 때문에 1975년판 서문에는 출판사 직원들이 수행한 핵심적 역할에 대해 감사를 표하는 일이 허락되지 않았다. 그 중에서도 당시 편집장이었던 노먼 스탠튼Norman Stanton과 미술 감독이었던 허버트 보스Herbert Boes 이 두 사람의 기여는 특별히 언급이 필요하다. 보스는 한 리뷰어가 특히 "넓은 여백, 그리고 서체와 배치의 창의적인 사용"이라고 언급했던 우아한 편집 체재를 개발하였다. 더 중요하게는, 각 장의 도입부마다 그림을 넣자는 중대한 제안도 그가 한 것이었다. (당시 내게는 타르 구덩이와 랭스 대성당 그림밖에 없었다.) 그림을 추가로 찾느라 1년이 더 걸렸지만 그 조언에 대한 감사의 마음은 영원히 간직할 것이다.

솔리 데오 글로리아Soli Deo gloria, 오직 신께 영광을.

1995년 3월, 노스캐롤라이나주 채플 힐에서
프레더릭 P. 브룩스 2세

초판 서문

대규모 컴퓨터 프로그래밍 프로젝트의 관리는 많은 면에서 여타의 대형 프로젝트 관리와 비슷한데, 대다수 프로그래머들이 믿는 것보다도 더 여러 가지로 비슷하다. 그러나 그 둘은 또 다른 여러 측면에서 차이가 있고, 대부분의 전문 관리자들이 예상하는 것보다도 더 여러 가지로 다르다.

이 분야의 지식이 점차 쌓여가고 있다. 관련 학회가 여러 번 개최되고, AFIPS[1] 학회 안에 세션들이 생기고, 책과 논문들도 몇 권 발표되었다. 하지만 아직 교과서를 통해 체계적으로 다루는 정도까지는 결코 이르지 못한 상황이다. 그러니 기본적으로 한 개인의 견해를 담은 이 작은 책을 내놓는 일은 나름 적절하지 않을까 한다.

본래 나는 전산학 분야에서도 프로그래밍 쪽에서 성장해 왔지만, 자율 제어 프로그램과 고급 언어용 컴파일러가 개발되던 시기(1956~1963) 동안은 주로 하드웨어 아키텍처 분야의 일을 맡고 있었다. 1964년 OS/360의 관리자를 맡으면서, 나는 그 이전 몇 년간의 발전으로 인해 프로그래밍 분야가 상당한 변화를 겪었음을 알게 되었다.

OS/360 개발을 관리하는 일은 몹시 좌절스럽긴 했지만 대단히 교육적인 경험이었다. 내 뒤를 이어 관리를 맡은 트랩넬F. M. Trapnell을 포함한 OS/360 개발 팀은 자랑스러워 할 만한 것이 많다. 시스템은 설

---

[1] (옮긴이) American Federation of Information Processing Societies: 미국 내 정보과학 분야 단체들의 연합체로 1991년까지 존속했다.

계와 구현 면에서 여러 가지로 탁월했으며 널리 사용되는 데 성공하였다. 특히 장치 독립적 입출력이나 외부 라이브러리 관리 같은 몇몇 개념은 당시로서는 기술적인 혁신이었으며 오늘날 흔히 모방되고 있다. 현재 이 운영 체제는 상당히 신뢰성 있고 효율적이며 아주 다양한 곳에 활용 가능하다.

하지만 그 과정이 전부 성공적이었다고 하기는 어렵다. OS/360을 써본 사용자라면, 개선할 부분이 얼마나 많은지를 바로 알아차리게 된다. 특히 제어 프로그램 곳곳에 산재한 설계와 구현상의 결함은 그렇지 않은 컴파일러 쪽과 대조적이다. 이런 결함은 대부분 1964~65년 사이의 설계 기간에서 비롯된 것으로, 나에게 그 책임이 있을 수밖에 없다. 게다가 제품 출시는 늦어졌고, 메모리는 계획보다 더 필요했으며, 비용은 예상치의 여러 배가 들었고, 성능은 최초 몇 번의 출시까지도 그다지 좋지 않았다.

애당초 OS/360을 맡으면서 합의한 대로 채플 힐에 오기 위해 1965년에 IBM을 떠난 후, 나는 배워야 할 관리적, 기술적 교훈을 정리하고자 OS/360 프로젝트 때의 경험을 분석하는 일에 착수했다. 특히 하드웨어인 시스템/360과 소프트웨어인 OS/360 개발에서 접했던 관리 측면의 상당한 차이점에 대해 설명할 수 있게 되기를 바랐다. 이 책은 프로그래밍 관리가 왜 어려운가 하는 톰 왓슨Tom Watson의 면밀한 질문에 대한 뒤늦은 답변이다.

1964~65년 당시 부 관리자였던 케이스R. P. Case, 그리고 1965~68년에 관리자를 맡았던 트랩넬과 나눈 긴 대화는 이 탐색을 진행하는 동안 큰 도움이 되었다. 그리고 내가 내린 결론에 대해서는 다른 초대형 프로그래밍 프로젝트의 관리자들과도 서로 비교했는데, 여기에는 MIT의 코르바토F. J. Corbató, 벨 전화 연구소Bell Telephone Laboratories의 존 하John Harr와 비소츠키V. Vyssotsky, ICL International Computers Limited의 찰스 포트먼Charles Portman, 소련 과학 아카데미 시베리아 지부 계산

연구소의 에르쇼프A. P. Ershov, IBM의 피에트라산타A. M. Pietrasanta 같은 이들이 포함된다.

이어지는 글은 전문적인 프로그래머, 전문적인 관리자, 특히 프로그래머를 관리하는 전문 관리자들을 염두에 둔 것이며, 내 나름의 결론이 그 속에 들어 있다.

각 장은 별개로 읽을 수도 있게 썼지만, 핵심적인 논지는 주로 2~7장에 담겨 있다. 간략히 언급하자면, 대규모 프로그래밍 프로젝트는 업무 분배 때문에 소규모 프로젝트와 성격을 달리하는 관리적 문제를 겪게 되며, 여기서 제품 자체의 개념적 일관성을 유지하는 일이 결정적으로 필요하다는 것이다. 이 장들은 그런 통일성을 얻는 일의 어려움, 그리고 그런 통일성을 얻기 위한 방법들을 탐구한다. 뒷부분의 장에서는 소프트웨어 공학 관리의 다른 측면들을 살펴본다.

이 분야는 문헌이 풍부하지 않고 넓게 흩어져 있다. 따라서 참고 문헌은 특정한 요점을 명확히 하면서도 다른 유용한 저작으로 관심 있는 독자들을 안내하도록 구성하였다. 많은 친구들이 원고를 검토했고, 몇몇은 상당 분량의 유용한 논평을 보내주기도 하였다. 귀중한 내용이지만 글의 흐름에 맞지 않는 경우는 주석에 포함시켜 두었다.

이 책은 에세이집이며 교과서가 아니기에 모든 참고 문헌과 주석은 맨 뒤로 보냈다. 처음 읽을 때는 그것들을 무시해주기 바란다.

원고 준비를 도와준 사라 엘리자베스 무어Sara Elizabeth Moore 양, 데이비드 와그너David Wagner 씨, 리베카 버리스Rebecca Burris 여사, 그리고 삽화에 대해 조언해준 조지프 슬로앤Joseph C. Sloane 교수에게 깊이 감사드린다.

1974년 10월, 노스캐롤라이나주 채플 힐에서
프레더릭 P. 브룩스 2세

1
타르 구덩이

해변에 놓인 배는 등대와 같다.

- 네덜란드 속담

◀ C. R. 나이트C. R. Knight, 라 브레아La Brea 타르 구덩이¹를 그린 벽화
조지 C. 페이지George C. Page 박물관 소장(로스앤젤레스 카운티 자연사 박물관 소속)

선사 시대의 어떤 장면도 거대한 짐승들이 타르 구덩이에 빠져서 필사적으로 몸부림치는 광경만큼 생생하지는 않을 것이다. 상상의 눈으로 한번 보자. 공룡, 매머드, 검치호랑이 같은 짐승들이 끈끈하게 붙잡는 타르를 뿌리치기 위해 안간힘을 쓰고 있다. 몸부림이 거셀수록 타르는 더 얽혀들고, 어떤 짐승도 거기서 벗어날 만큼 힘이 세거나 능숙하지 못해서 마침내 가라앉고 만다.

대규모 시스템 프로그래밍이란 분야는 지난 10여 년간 이런 타르 구덩이 같았고, 수많은 거대하고 힘센 짐승들이 그 속에서 격렬히 몸부림쳤다. 대부분은 어쨌거나 작동되는 시스템을 만들어서 헤쳐 나왔지만, 목표와 일정과 예산을 충족한 경우는 드물었다. 크고 작고를 가리지 않고 숱한 팀들이 차례로 타르 속에 얽혀 들어갔다. 타르 속에서는 어느 쪽 발이라도 움직이는 데 별 지장이 없으니 딱히 원인으로 지목할 만한 것을 찾기도 어렵다. 그러나 동시적이고 상호 작용하는 요인들이 쌓이면서 움직임은 점차로 둔해진다. 문제의 까다로움에 모두가 놀라게 되고, 그 본질을 분별해 내는 일은 어려워진다. 하지만 문제를 해결하기 위해서는 먼저 문제가 뭔지 이해하려는 노력이 필요하다.

그러므로 이제 시스템 프로그래밍이라는 기예가 대체 어떤 것인지, 또 거기에 어떤 즐거움과 고달픔이 배어 있는지부터 알아보자.

프로그래밍 시스템 제품

우리는 개조한 차고에서 두 명이 만들어낸 프로그램이 대규모 팀의 성과를 뛰어넘었다는 신문 기사를 가끔 접하곤 한다. 그리고 프로그

| (옮긴이) 미국 로스앤젤레스에 소재한 천연 아스팔트 구덩이들이 모인 지역

1장 타르 구덩이   3

래머라면 다들 이런 이야기를 믿을 준비가 되어 있는 것이, 어떤 프로그램이라도 1년에 1000문장을 작성한다는 업계의 팀들보다야 자신이 훨씬 빨리 짤 수 있음을 알기 때문이다. 그렇다면 왜 업계의 모든 프로그래밍 팀이 신문에 나오는 차고의 2인조들로 대체되지 않았을까? 우리는 여기서 '무엇'이 만들어지는지에 주목할 필요가 있다.

그림 1.1의 왼쪽 윗부분에 '프로그램'이 있다. 이 프로그램은 그 자체로 완결적이며, 개발된 장비에서 개발한 사람에 의해 실행 가능한 상태다. 바로 이것이 차고에서 흔히 만들어지는 물건이고, 프로그래머들 개인이 생산성을 추정할 때 사용하는 대상이다.

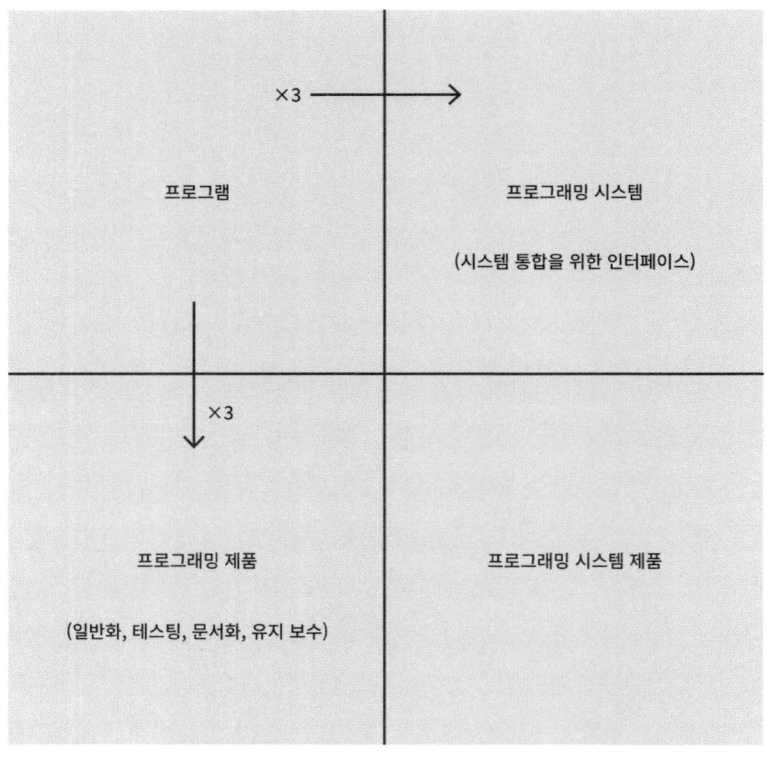

그림 1.1 프로그래밍 시스템 제품의 진화

이런 프로그램을 좀 더 비용이 들지만 더 유용한 개체로 바꾸는 방법이 두 가지 있다. 그림에서 경계선으로 표현된 것이 그것이다.

프로그램이 가로선으로 표시된 경계를 넘어서 아래로 가면 '프로그래밍 제품'이 된다. 이것은 누구든지 실행하고, 테스트하고, 보수하고, 확장할 수 있는 프로그램이며, 다양한 운영 환경 하에서 여러 가지 데이터에 적용할 수 있다. 어떤 프로그램이 보편적으로 쓸모 있는 프로그래밍 제품이 되려면 일반화된 방식으로 작성되어야만 한다. 특히 입력 데이터의 범위와 형식은 기본적인 알고리즘이 허용하는 한도 내에서 최대한 일반화되어야 한다. 그런 다음에 이 프로그램은 신뢰성 확보를 위해 철저히 테스트되어야 한다. 그 말은, 입력 범위와 경계를 검사하는 테스트 케이스가 충분히 작성되고, 그에 따라 테스트가 수행되며, 그 결과가 기록된다는 것을 뜻한다. 마지막으로, 프로그램이 프로그래밍 제품으로 거듭나기 위해서는 누구라도 그 제품을 사용하고 수정하며 확장할 수 있도록 빈틈없는 문서화가 이루어져야 한다. 경험으로 보건대, 똑같은 기능을 제공하는 디버깅된 프로그램에 비해 프로그래밍 제품은 최소 세 배 이상의 비용이 들 것으로 추정된다.

프로그램이 세로선으로 표시된 경계를 넘어가면 '프로그래밍 시스템'의 구성 요소가 된다. 이것은 상호 작용하는 프로그램들의 묶음이며, 모두 합쳐진 상태에서 대규모 작업을 수행할 수 있도록 기능을 조율하고 형식을 체계화한 것이다. 프로그래밍 시스템을 구성하는 개별 프로그램은 그 입출력이 구문과 의미 면에서 시스템에 정의된 인터페이스를 따르도록 작성되어야 한다. 또한 이 프로그램은 규정된 만큼의 자원만 사용하도록 설계되어야 하며 여기에는 메모리 공간, 입출력 장치, CPU 시간 등이 포함된다. 끝으로, 이 프로그램은 다른 구성 요소들과 조합 가능한 모든 경우에 대해 테스트되어야 한다. 경우의 수가 조합론적으로 늘어나므로 테스트 규모는 커질 수밖에 없다. 게다가 구성 요소들이 디버깅된 후에도 예기치 못한 상호 작용으로 인해 미묘한 버그들이 생겨나는 탓에 이런 테스트에는 시간이 많이 든다. 프로그래밍 시스템의 구성 요소는 같은 기능을 제공하는 독립된 프로그램에 비해 적어도 세 배의 비용이 든다. 전체 시스템에 많은 수의 구성 요소가 있다면 비용은 더욱 증가할 것이다.

그림 1.1의 오른쪽 아래에는 '프로그래밍 시스템 제품'이 위치한다. 이것은 단순한 프로그램과 비교했을 때 지금까지 언급된 모든 측면에서 다르며, 전체 비용은 아홉 배가 될 것이다. 그러나 이것이야말로 진정 쓸모 있는 물건이며, 대다수 시스템 프로그래밍이 목표로 하는 결과물이다.

프로그래밍의 즐거움

프로그래밍은 왜 재미있는가? 프로그램을 만드는 사람들은 어떤 즐거움을 대가로 기대하고 있는가?

첫 번째는 무언가를 만드는 데서 오는 순전한 기쁨이다. 아이들이 진흙으로 과자를 만들면서 즐거워하듯이 어른들도 무언가 만드는 것을 즐기며, 그것이 직접 설계한 것이라면 더욱 그렇다. 나는 이런 기쁨이 조물주가 만물을 창조할 때 느꼈을 기쁨과 다르지 않을 거라고 생각한다. 그 모든 나뭇잎, 모든 눈송이가 낱낱이 새롭고 어느 하나라도 같지 않음에서 엿볼 수 있는 그런 기쁨 말이다.

두 번째는 다른 이들에게 쓸모 있는 사물을 만드는 데서 오는 기쁨일 것이다. 우리는 자신이 만든 것을 다른 사람이 쓰면서 유용하다고 느끼기를 마음 깊은 곳에서 바란다. 이런 면에서 시스템 프로그래밍은 '아빠 회사에서' 쓰라고 아이가 처음으로 만든 찰흙 연필꽂이와 별로 다르지 않다.

세 번째는 서로 맞물려 돌아가는 부속품으로 이루어진 복잡한 퍼즐 같은 사물을 만들고, 거기 심어 놓은 여러 가지 법칙이 미묘한 순환 속에서 펼쳐지는 것을 바라보는 매혹적인 경험이다. 프로그래밍된 컴퓨터는 핀볼 기계나 주크박스 장치의 모든 매력을 가지면서도 그것을 궁극으로 끌어올린 것이라 할 수 있다.

네 번째는 지속적인 배움에서 오는 기쁨이다. 이것은 반복되는 작업이 없다는 특성에서 비롯된다. 모든 문제에는 어딘가 새로운 측면이 있고, 문제를 해결하는 사람은 거기서 어쨌거나 무언가를 배우게 된다. 그 무언가는 때로 실용적이고 때로 이론적인 것이며, 가끔은 둘 다일 경우도 있다.

마지막 즐거움은, 너무도 유연하고 다루기 쉬운 표현 수단으로 작업하는 데서 오는 기쁨이다. 프로그래머의 작업은 시인과 마찬가지로 순수한 사고의 산물에 가깝다. 그는 허공 위에다 허공으로 만든 성을 상상의 힘으로 짓는다. 이만큼 유연하며 다듬기 쉽고 장대한 개념적 구조를 실체화하는 데 적합한 재료는 별로 없다(나중에 보겠지만 이런 유연성에도 나름의 문제는 있다).

하지만 이런 프로그램들은 작동했을 때 그 자체와는 별개로 실재하는 결과물을 만들어낸다는 점에서 시인의 시구와 달리 현실에 닿아 있다. 이 프로그램은 결과를 출력하고 그림을 그리며, 소리를 내고 기계팔을 움직이기도 한다. 미신과 전설 속의 마법이 우리 시대에 이르러 현실이 된 것이다. 키보드에 올바른 주문을 타이핑하면 모니터 화면은 생명을 얻고, 이전에는 존재하지도 않았고 존재할 수도 없었던 것들을 우리에게 보여준다.

이렇게 우리 마음 깊은 곳 창작에 대한 갈망을 충족시키고 모든 인간이 공통적으로 지닌 감수성을 즐겁게 하기에, 프로그래밍은 재미있는 일이다.

프로그래밍의 고달픔

하지만 프로그래밍이 마냥 즐거운 것은 아니다. 그 속에 어떤 고달픔이 깃들어 있는지 알아둔다면 그것이 현실로 다가왔을 때 감당하기가 조금 더 수월할 것이다.

먼저, 프로그래밍에는 완벽함이 요구된다. 컴퓨터란 이런 점에서 전설에 나오는 마법과 닮아 있다. 글자 하나, 쉼표 하나라도 정해진 데서 벗어나면 마법은 일어나지 않는다. 인간이란 존재는 완벽해야 한다는 것에 익숙하지 않고, 인간의 활동 분야 중에서 완벽함이 요구되는 경우 역시 드물다. 이런 상황에 적응하는 것이 내 생각으로는 프로그래밍을 배우는 데 있어 가장 어려운 부분이 아닐까 한다.[1]

다음으로, 나 아닌 다른 이들이 내 목표를 설정하고 자원과 정보를 제공한다는 점을 들 수 있다. 자기 업무가 놓인 상황을 제어할 수 있는 경우는 드물고, 때로는 업무 목표마저도 그럴 때가 있다. 관리 분야 용어로 말하자면 주어진 책임에 비해 권한이 부족한 것이다. 하지만 실제로 어떤 분야에서건 책임에 상응하는 공식적인 권한이 실무자에게 주어지지는 않는 것 같다. 현실에서는 대개 일이 진행됨에 따라 가속도를 받으면서 (공식적이 아닌) 실질적인 권한을 얻게 된다.

다른 이에게 의존해야 하는 것 중에서도 특히 시스템 프로그래머에게 고통스러운 것은, 바로 다른 이가 만든 프로그램에 대한 의존성이다. 이런 프로그램들은 가끔 설계가 잘못되어 있거나 구현이 형편없고, 소스 코드나 테스트 케이스도 없는 채로 전달되며, 문서화 역시 시원찮기가 십상이다. 이상적인 상황이라면 빠진 것 없이 곧바로 쓸 수 있어야 할 것을, 직접 들여다보고 고치느라 몇 시간이 허비된다.

다음 문제는, 장대한 개념을 설계하는 것은 재미있지만 사소한 버그를 잡는 것은 그냥 일에 지나지 않는다는 것이다. 어떤 창조적인 행위에도 지루하고 힘들어서 우울해지는 때가 있게 마련이며, 프로그래밍도 예외는 아니다.

그리고 개발 막바지에 접어들면서 버그 해결 추이가 2차 함수 그래프처럼 쭉 올라갈 것이라는 기대와 달리 실제로는 직선을 그리거나 오히려 더 완만해지는 것도 고민거리가 된다. 테스팅은 하염없이 늘어지고, 마지막 남은 어려운 버그들은 초반에 비해 찾아내는 데 더 많은 시간이 든다.

마지막으로 들 수 있는 고달픔이자 가끔 최후의 결정타가 되기도 하는 것은, 오랜 시간 동안 힘들여 만든 제품이 완성되었을 때 (또는 그러기도 전에) 이미 한물간 것으로 치부되어 버리는 일이다. 다른 동료들과 경쟁자들은 새롭고 더 좋은 아이디어를 이미 열심히 쫓아가는 중인데, 머리로 낳은 자식 같은 내 제품은 이미 퇴출이 예정되어 있다.

하지만 이 상황은 실제 그런 것보다도 더 좋지 않게 느껴지기 마련이다. 새롭고 더 나은 제품이라 해도 대개 내 제품이 완성될 때쯤에는 아직 실체가 없이 말만 무성하기 때문이다. 게다가 그 제품 역시 여러 달에 걸친 개발 과정을 거쳐야만 한다. 마땅한 이유가 있지 않은 이상, 진짜 호랑이로 종이호랑이를 상대할 필요는 없다. 그러니 현실에 실재한다는 장점은 그 나름의 보상이 되는 셈이다.

물론 개발의 토대가 되는 기술적 기반은 항상 발전하고 있으므로, 어떤 제품이라 할지라도 설계가 끝나는 바로 그 순간 개념적으로는 한물간 것이 되어 버린다. 그러나 실제 제품의 구현 과정에는 여러 번의 단계적인 작업이 필요하다. 어떤 구현체가 한물갔는지를 논하려면 다른 실재하는 구현체와 비교를 해야 하는 것이지, 실현도 되지 않은 개념과 동급으로 놓고 볼 일은 아니다. 우리가 마주한 도전과 임무는, 가용한 자원으로 실질적인 일정 내에서 현실의 문제에 대해 현실적인 해법을 찾는 데 있다.

그러므로 많은 이들을 허우적거리게 만드는 타르 구덩이임과 동시에 그 나름의 즐거움과 고달픔을 담고 있는 창조적 활동, 이것이 프로그래밍이다. 많은 이들에게는 거기서 얻는 즐거움이 고달픔보다 훨씬 클 것이고, 그들을 위해 이 책의 남은 부분에서는 타르 구덩이를 가로지르는 발판 몇 개를 놓아보고자 한다.

2
맨먼스 미신

훌륭한 요리에는 시간이 필요합니다. 혹시 저희가 기다리시게 했다면,
더 잘 섬겨 모셔서 만족을 드리기 위함입니다.
- 미국 뉴올리언스New Orleans 소재 앙투안Antoine 레스토랑의 메뉴판

Restaurant Antoine
Fondé En 1840

AVIS AU PUBLIC

Faire de la bonne cuisine demande un certain temps. Si on vous fait attendre, c'est pour mieux vous servir, et vous plaire.

ENTREES (SUITE)

Côtelettes d'agneau grillées 2.50
Côtelettes d'agneau aux champignons frais 2.75
Filet de boeuf aux champignons frais 4.75
Ris de veau à la financière 2.00
Filet de boeuf nature 3.75
Tournedos Médicis 3.25
Pigeonneaux sauce paradis 3.50
Tournedos sauce béarnaise 3.25
Entrecôte minute 2.75
Filet de boeuf béarnaise 4.00
Tripes à la mode de Caen (commander d'avance) 2.00

Entrecôte marchand de vin 4.00
Côtelettes d'agneau maison d'or 2.75
Côtelettes d'agneau à la parisienne 2.75
Fois de volaille à la brochette 1.50
Tournedos nature 2.75
Filet de boeuf à la hawaïenne 4.00
Tournedos à la hawaïenne 3.25
Tournedos marchand de vin 3.25
Pigeonneaux grillés 3.00
Entrecôte nature 3.75
Châteaubriand (30 minutes) 7.00

LÉGUMES

Epinards sauce crème .60
Broccoli sauce hollandaise .80
Pommes de terre au gratin .60
Haricots verts au berre .60
Petits pois à la française .75

Chou-fleur au gratin .60
Asperges fraîches au beurre .90
Carottes à la crème .60
Pommes de terre soufflées .60

SALADES

Salade Antoine .60
Salade Mirabeau .75
Salade laitue au roquefort .80
Salade de laitue aux tomates .60
Salade de légumes .60
Salade d'anchois 1.00

Fonds d'artichauts Bayard
Salade de laitue aux oeufs .60
Tomate frappée à la Jules César .60
Salade de coeur de palmier 1.00
Salade aux pointes d'asperges .60
Avocat à la vinaigrette .60

DESSERTS

Gâteau moka .50
Méringue glacée .60
Crêpes Suzette 1.25
Glace sauce chocolat .60
Fruits de saison à l'eau-de-vie .75
Omelette soufflée à la Jules César (2) 2.00
Omelette Alaska Antoine (2) 2.50

Cerises jubilé 1.25
Crêpes à la gelée .80
Crêpes nature .70
Omelette au rhum 1.10
Glace à la vanille .50
Fraises au kirsch
Pêche Melba

FROMAGES

Roquefort .50
Camembert .50
Liederkranz .50
Fromage à la crème Philadelphie .50
Gruyère .50

CAFÉ ET THÉ

Café .20
Café brulôt diabolique 1.00
Café au lait .20
Thé glacé .20
Thé .20
Demi-tasse

EAUX MINERALES—BIERE—CIGARES—CIGARETTES

White Rock
Vichy
Cliquot Club
Bière locale
Canada Dry
Cigares
Cigarettes

Roy L. Alciatore, Propriétaire
713-717 Rue St. Louis   Nouvelle Orléans, Louisiane

부족한 시간 탓에 망가진 소프트웨어 프로젝트 수는 다른 이유로 그 렇게 된 경우를 모두 합한 것보다도 많다. 이런 일이 비일비재한 것은 왜일까?

첫 번째로 들 수 있는 이유는 우리의 추정 능력이 형편없다는 것이 다. 더 심각한 점은, 그런 추정에 사실과 거리가 먼 가정, 즉 모든 일이 잘 될 거라는 가정이 반영되어 있다는 것이다.

두 번째는, 추정을 하면서 투입 공수와 작업 진척도를 혼동하는 오 류를 범하여, 인원과 기간이 상호 교환 가능하다고 저도 모르게 가정 하게 된다는 점이다.

세 번째로, 자기가 내린 추정에 대해 스스로도 확신이 들지 않기에, 소프트웨어 관리자들에게는 앙투안의 주방장이 지닌 그런 정중한 고 집이 결여되어 있다는 점을 들 수 있다.

네 번째 이유는, 일정 진척도가 제대로 모니터링되지 않는다는 것 이다. 다른 엔지니어링 분야에서 이미 검증되고 일상화된 기법들이라 해도 소프트웨어 공학 분야로 오면 급진적인 혁신으로 간주되곤 한다.

다섯 번째는, 일정이 어긋나는 것을 감지했을 때의 자연스러운(또 한 전통적인) 대응이 인력 추가 투입이라는 점이다. 이것은 휘발유로 불을 끄려는 것처럼 사태를 걷잡을 수 없이 악화시킬 뿐이다. 불이 더 크게 번질수록 더 많은 휘발유가 필요하게 되는 이 악순환은 결국 재 앙으로 그 파국을 맞는다.

일정 모니터링은 별도의 장에서 다루고자 한다. 다른 문제들을 이 제 좀 더 자세히 살펴보자.

낙관주의

모든 프로그래머들은 낙관론자다. 아마도 이것은 프로그래밍이라는 현대판 마법이 해피엔딩과 수호 요정을 믿는 이들에게 특별히 매력적으로 다가오기 때문일지 모르겠다. 또는 숱한 좌절의 과정 속에 다들 떠나고 결국 최종 목표에 집중하는 데 익숙한 사람들만 남았기 때문인지도 모른다. 아니면 단지 컴퓨터란 분야가 아직 젊고, 프로그래머들은 그보다 더 젊기에, 젊은이들의 낙관성이 반영된 때문일 수도 있다. 어떻든 간에 그런 낙관론자들이 만들어 내는 결과는 이제 명명백백하다. "이번에는 정말 제대로 돌아갈 겁니다." "마지막 버그를 방금 찾아냈어요."

그러므로 시스템 프로그래밍 일정 관리의 바탕을 이루는 잘못된 가정 중 첫 번째는 모든 일이 잘 될 거라는, 다시 말해 '모든 작업이 예정된 시간 내에 완료될 것'이라는 가정이다.

프로그래머들 사이에 만연한 이 낙관주의에 대해서는 좀 더 깊이 분석해 볼 가치가 있다. 도로시 세이어즈Dorothy Sayers[I]는 그녀의 탁월한 저서 『The Mind of the Maker』[II]에서 창조적 활동을 아이디어, 구현, 상호 작용이란 세 단계로 나누고 있다. 한 권의 책은(컴퓨터 또는 프로그램도 마찬가지지만) 먼저 상상 속에서 모습을 갖추어 갈 것이며, 시공간에 속해 있지 않아도 창조자의 마음속에 완전한 형태를 이루고 있을 것이다. 그것은 펜과 잉크와 종이를 통해, 또는 전선과 실리콘과 페라이트ferrite에 의해 시간과 공간 속에 현실화된다. 그리고 누군가 그 책을 읽거나 컴퓨터를 쓰거나 프로그램을 실행할 때, 만든 이의 마음과 상호 작용이 일어나면서 창조는 비로소 완성된다.

세이어즈가 인간의 창조적 활동뿐 아니라 기독교 삼위일체 교리를 설명하기 위해 사용한 이런 서술은 지금 우리 논의에도 도움이 될 것이다. 인간이 무언가를 만들 때는, 그 생각에 불완전함이나 모순이 있더라도 실제로 만들기 시작한 후에야 그것이 명확해진다. 따라서 이론가들에게는 글로 쓰거나 실험하는 등의 '실제 해보기'가 필수적인

I (옮긴이) 영국의 추리 작가, 시인, 극작가(1893~1957)
II (옮긴이) 번역서는 『창조자의 정신』(2007, IVP)

지침이 된다.

창작 활동에서 표현 수단으로 사용되는 재료는 대체로 다루기가 어렵다. 목재는 갈라지고 물감은 지워지며 전기 회로는 윙윙거린다. 이런 물리적인 한계 때문에 아이디어를 표현하는 데 제약이 생기고, 구현 도중 예상하지 못한 난관을 만나기도 한다.

그런 이유로 아이디어를 구현하는 데는 시간과 노력이 든다. 이것은 재료가 물리적이기 때문이기도 하고, 아이디어가 그 재료에 근본적으로 적합하지 않기 때문이기도 하다. 구현에 어려움이 있을 때 우리는 재료 탓을 하는 경향이 있다. 아이디어는 내 것이지만 재료는 그렇지 않으므로, 우리 자존심이 판단을 왜곡하기 때문이다.

그러나 컴퓨터 프로그래밍에서 사용되는 재료는 다루기가 무척이나 쉽다. 프로그래머는 순전히 생각만으로 여러 가지 개념과 그것을 표현할 아주 유연한 방법을 만들어 낸다. 재료가 유연하기 때문에 구현에 별다른 어려움이 있을 거라고 생각지는 않으며, 낙관주의는 이렇게 우리 사이에 만연하게 된다. 그러나 우리 아이디어 자체에 흠이 있기에 버그가 생겨나며, 우리의 낙관주의는 이렇게 정당성을 잃는다.

한 가지 작업만 놓고 본다면, 모든 일이 잘 될 거라는 가정은 일정상 어느 정도 가능성이 있다. 그 작업은 정말로 계획대로 진행될 수도 있다. 일정 지연이 발생하는 사건에는 확률적인 분포가 있을 것이고, 그에 따라 일정을 맞출 확률도 어느 정도는 되기 때문이다. 하지만 대형 프로그래밍 프로젝트는 수많은 작업으로 이뤄지며, 종종 하나가 끝나고 다음 것이 시작되는 식으로 서로 이어져 있다. 이런 각 작업이 모두 예정대로 진행될 확률이란 지극히 낮을 수밖에 없다.

맨먼스

두 번째 잘못된 사고방식은 추정 및 일정 관리에서 투입된 노력을 셈할 때 쓰는 단위에 나타나 있는데, 바로 맨먼스man-month라는 단위다. 물론 프로젝트 비용은 투입된 사람 수와 달수의 곱에 따라 변한다. 하지만 작업 진척도는 그렇지가 않다. 그러므로 맨먼스 단위로 작업량을 잰다는 것은 위험하고도 기만적인 미신과 같다. 거기에는 사람과 일정이 서로 교환 가능하다는 인식이 깔려 있다.

사람과 일정이 교환 가능한 유일한 경우는, 어떤 일을 여러 사람에게 나눠줄 수 있으면서 서로 간에 소통할 필요가 없는 경우다(그림 2.1). 이것은 밀을 수확하거나 목화를 따는 일에는 들어맞겠지만, 시스템 프로그래밍에는 대략이라도 해당되지 않는다.

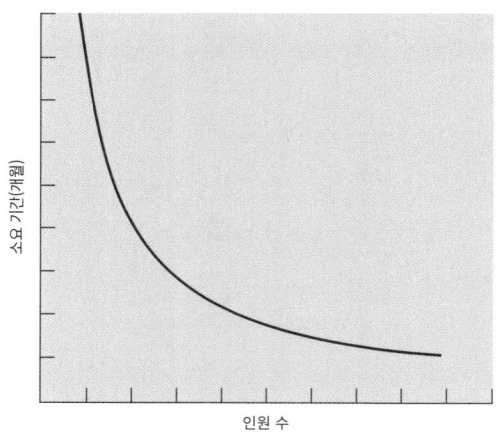

그림 2.1 시간 대 작업자 수: 완전히 분할 가능한 작업의 경우

만약 작업의 성격상 순서가 있어서 나누기가 어렵다면, 거기에 어떤 노력을 더 쏟아 붓더라도 일정에는 아무런 영향을 미치지 못한다(그림 2.2). 아기가 세상에 태어나려면 임신부가 몇 명이든 아홉 달이 필요하다. 버그를 찾고 고치는 것이 순차적으로 진행될 수밖에 없으므로 소프트웨어 개발 작업은 이처럼 분할이 어려운 경우가 많다.

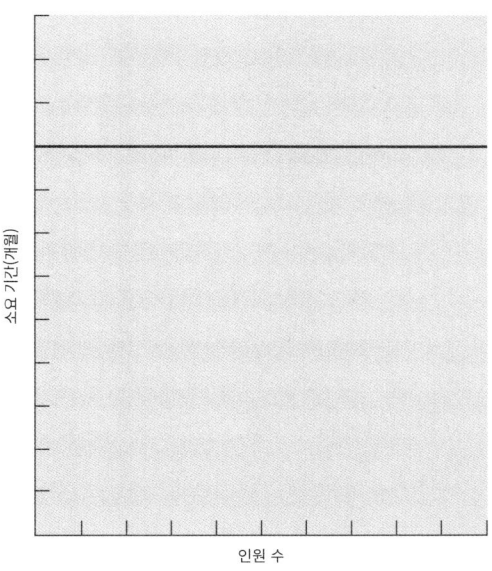

그림 2.2 시간 대 작업자 수: 나눌 수 없는 작업의 경우

분할은 가능하지만 나뉜 하위 작업들을 처리하는 데 커뮤니케이션이 필요하다면, 거기에 들어가는 노력 또한 전체 작업에 포함되어야 한다. 따라서 이런 경우는 아무래도 사람과 기간을 대등하게 맞바꿔 계산한 것에 못 미치는 결과를 기대할 수밖에 없다(그림 2.3).

커뮤니케이션으로 추가되는 부담은 훈련과 의사소통의 두 부분으로 나뉜다. 모든 작업자는 기술적인 내용, 작업 목표, 전반적인 전략, 업무 계획 등에 대해 훈련을 받아야 한다. 이런 훈련은 분할할 수가 없는 작업이므로 그 부담은 추가로 투입되는 사람 수에 비례해서 증가한다.[1]

의사소통 쪽은 좀 더 좋지 않다. 각 파트가 모든 파트와 개별적으로 조정을 해야 한다면, 커뮤니케이션 부담은 n(n-1)/2배가 된다. 일대일 의사소통의 횟수는 세 명의 경우 두 명일 때보다 세 배가 되며, 네 명이라면 여섯 배가 된다. 만약 세 명, 네 명, 그 이상의 사람이 모

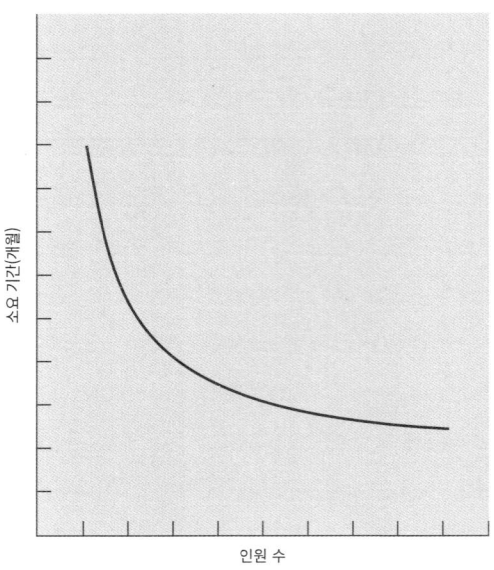

그림 2.3 시간 대 작업자 수: 나눌 수 있지만 커뮤니케이션이 필요한 경우

여서 회의를 통해 문제를 해결해야 한다면 일은 더욱 심각해진다. 커뮤니케이션 때문에 더해지는 부담은 작업을 나눠서 얻는 이점을 완전히 상쇄할 수도 있는데, 그림 2.4에 이런 상황이 나타나 있다.

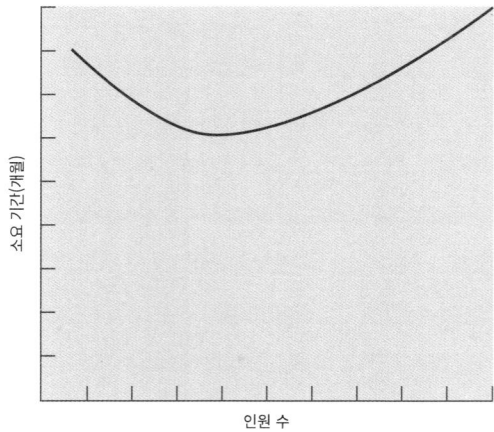

그림 2.4 시간 대 작업자 수: 상호연관성이 복잡한 작업의 경우

소프트웨어를 만든다는 것은 본래 조직적인 활동, 즉 복잡한 상호연관성을 가진 활동이기 때문에 의사소통에 품이 많이 들 수밖에 없으며, 작업 분할로 확보된 개별 업무 시간을 금방 잠식해 버린다. 따라서 사람을 더 투입하는 것은 일정을 단축시키기는커녕 더 늘어지게 만든다.

시스템 테스트

전체 일정 중에서 구성 요소 디버깅과 시스템 테스트만큼 순차 처리라는 제약 사항의 절대적 영향 하에 놓인 부분은 없을 것이다. 게다가 거기 소요되는 시간은 발견된 오류의 개수와 그 미묘한 정도에 달려 있다. 이론상으로 이 숫자는 0이 되어야 한다. 하지만 낙관주의 탓에 우리는 대개 실제 드러나는 것보다 버그 개수가 더 적을 거라 예상한다. 그러니 테스트가 소프트웨어 개발 과정 중에서 일정 예측이 빗나가기로 으뜸인 것은 이상한 일이 아니다.

나는 몇 년간 소프트웨어 프로젝트 일정을 관리하면서 다음과 같은 나름의 법칙을 세워 성공리에 적용해 왔다.

계획 수립: 1/3
코딩: 1/6
구성 요소 테스트와 초기 시스템 테스트: 1/4
모든 구성 요소가 준비된 후의 시스템 테스트: 1/4

이 방식은 일반적인 일정 수립과 비교해서 다음과 같은 중요한 차이점이 있다.

1. 계획 수립에 더 많은 시간이 배정되어 있다. 하지만 이렇게 해도 상세하고 탄탄한 명세를 만들어 내기엔 다소 빠듯하며, 최신 기술에 대한 연구나 조사 활동까지 포함하기에는 충분치 않다.
2. 전체 일정 절반을 완성된 코드의 디버깅에 할당한 것은 통상적인 경우를 많이 벗어난 것이다.
3. 추정하기가 쉬운 부분, 즉 코딩에는 전체 일정의 6분의 1만 배정되어 있다.

일반적인 방법으로 일정을 관리했던 프로젝트들을 살펴보다가 발견한 사실은, 일정의 절반을 테스트에 배정한 경우는 거의 없었지만 대부분 나중에는 그만큼의 시간을 결국 테스트에 썼다는 것이다. 그런 프로젝트들이라 해도 상당수가 시스템 테스트 전까지는 원래 일정대로 진행되고 있었다.[2]

특히 시스템 테스트에 충분한 시간을 배정하지 않는 것은 아주 참담한 결과를 초래한다. 일정 지연은 프로젝트 말미에 발생하기 때문에, 납품일이 코앞에 닥칠 때까지 어느 누구 하나 일정에 문제가 있다는 것을 알아차리지 못한다. 때늦은 데다가 사전 경고도 없는 나쁜 소식은 고객과 관리자들을 불안하게 만든다.

더욱이 이 시점에서 발생하는 일정 지연은 심리적으로는 물론 재정적으로도 막대한 영향을 끼치게 된다. 프로젝트 인원은 풀 가동 중이고 날마다 비용은 최대치를 달리고 있다. 더 심각한 것은, 개발 중인 소프트웨어가 장비 출하나 신규 설비 운영 같은 다른 사업과 엮여 있고, 납품 마감이 임박한 시점인 탓에 일정 지연의 2차적 비용이 아주 큰 경우다. 사실 이런 2차적 비용은 다른 비용을 합한 것보다 훨씬 클 수도 있다. 그러므로 초기에 일정을 수립할 때 시스템 테스트에 충분한 시간을 할애하는 것은 대단히 중요하다.

소심한 추정

주방장도 마찬가지지만, 고객의 긴급한 요청은 프로그래머가 어떤 일을 예정보다 앞당겨서 끝내도록 할 수 있다. 하지만 그렇다고 해서 실제로 일이 빨리 끝나는 것은 아니다. 2분 내에 차려내야 되는 오믈렛은 요리 도중에는 아무 문제없는 것처럼 보인다. 하지만 2분이 지나도 완성되지 않는다면, 손님은 더 기다리거나 덜 익은 채로 먹거나 둘 중 하나를 택해야 한다. 소프트웨어 분야의 고객들도 이와 같은 입장이었다.

    요리사에게는 선택지가 하나 더 있다. 화력을 높이는 것이다. 이 선택은 대개 한쪽은 타고 다른 쪽은 익지 않은, 구제 불능의 오믈렛이란 결과를 가져온다.

    나는 소프트웨어 쪽 관리자들이 주방장 또는 다른 엔지니어링 분야 관리자들에 비해 용기와 단호함이 모자라게 타고났다고는 생각하지 않는다. 하지만 고객이 바라는 날짜에 맞추려고 잘못된 일정을 세우는 일은 다른 엔지니어링 분야에 비해 우리 업계가 훨씬 흔한 것 같다. 어떤 추정이 정량적인 방법으로 산출되지 않았고, 뒷받침할 데이터도 별로 없으며, 주로 관리자들의 예감에 의한 것이라면, 실직의 위험을 감수하면서까지 그럴듯한 논리로 그 추정을 적극 방어한다는 것은 몹시도 어려운 일일 것이다.

    이제 두 가지 해결책이 필요하다는 것은 명백하다. 생산성 수치, 버그 발생률, 추정 원칙 같은 것을 마련하고 공표해야 한다. 이런 데이터를 공유하는 일은 업계 전체에 유익함을 줄 것이다.

    그리고 추정의 기초가 더 견고해지는 그때까지 관리자들은 당당하게 스스로의 추정치를 방어해야 한다. 그것이 빈약한 예감에 기반을 둔다 할지라도 희망 사항에서 비롯된 추정치보다는 더 낫기 때문이다.

일정 붕괴의 악순환

아주 중요한 소프트웨어 프로젝트가 일정에 뒤처지고 있다면 어떤 조치를 취하겠는가? 자연스레 인원을 추가로 투입하려 할 것이다. 그림 2.1부터 2.4에서 보듯이 이 조치는 효과가 있을 수도, 없을 수도 있다.

예를 하나 들어보자.[3] 어떤 작업을 추정해 보니 12MM(맨먼스)여서 3명을 4개월간 배정하고, 각 달이 끝나는 시점마다 A, B, C, D로 네 개의 측정 가능한 마일스톤을 세웠다(그림 2.5).

이제 두 달이 지났는데도 첫 번째 마일스톤을 완료하지 못했다고 하자(그림 2.6). 이 상황에서 관리자에게는 어떤 대안이 있겠는가?

1. 작업을 일정에 맞춰 끝내야 한다고 생각한다. 원래 추정은 앞쪽 부분만 약간 잘못되었을 뿐이며, 현재 상황은 그림 2.6이 잘 설명해주고 있다. 그러므로 9MM 분량의 일이 남아 있고, 기간은 두 달이므로 4.5명이 필요하다. 현재 3명에 추가로 2명을 더 투입한다.
2. 작업을 일정에 맞춰 끝내야 한다고 생각한다. 원래 추정치는 전반적으로 낮게 잡혀 있던 것으로 보이며, 그림 2.7이 현재 상황을 잘 설명한다. 그러므로 18MM 분량의 일이 남았고, 기간은 두 달이므로 9명이 필요하다. 현재 3명에 6명을 더 투입한다.
3. 일정을 재수립한다. 나는 경험 많은 하드웨어 엔지니어인 패그 P. Fagg의 "조금씩 어긋나게 두지는 말라"는 충고를 좋아한다. 즉, 새로 수립한 일정에서는 일이 신중하고 빈틈없이 완료되도록 충분한 시간을 배정하여, 또다시 일정을 조정할 일이 없도록 해야 한다는 것이다.
4. 작업 범위를 축소한다. 이것은 팀이 일정 지연을 알아차렸을 때 어쨌거나 벌어지는 일이다. 일정 지연에 따른 2차적 비용이 아주 큰 경우, 현실적인 대안은 이것뿐이다. 관리자에게 남아 있는 선

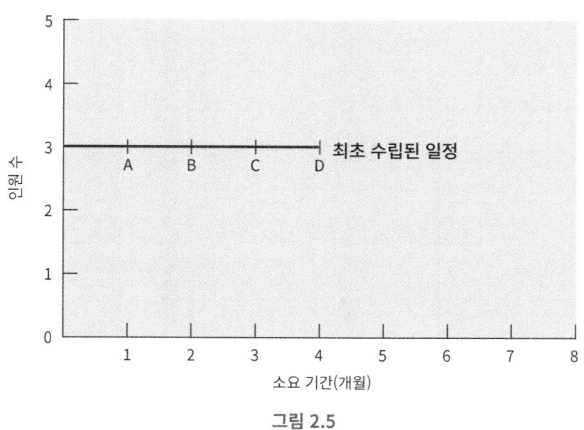

그림 2.5

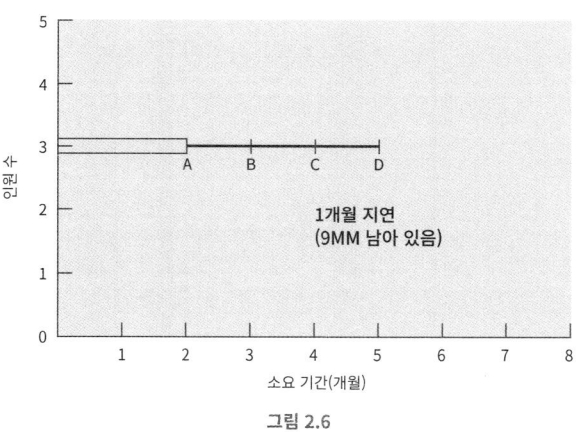

그림 2.6

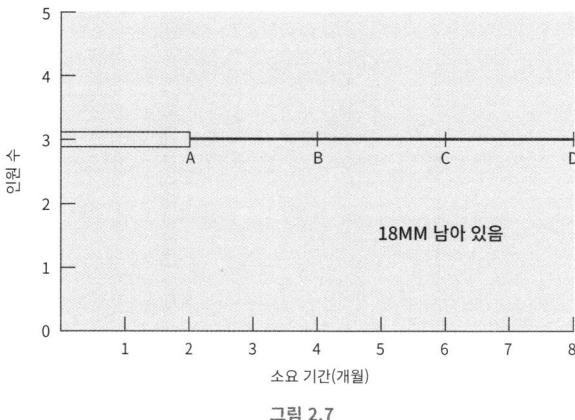

그림 2.7

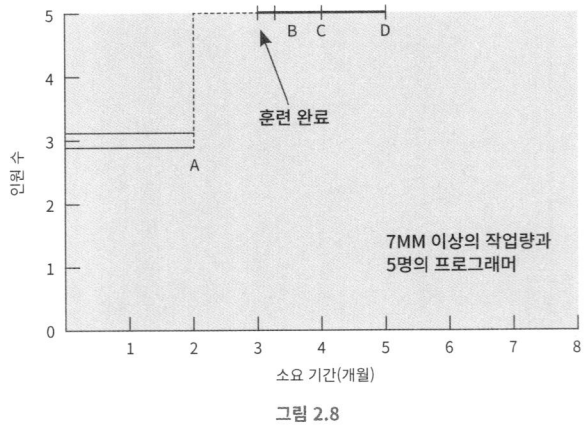

그림 2.8

택이란, 공식적이고 신중하게 작업 범위를 축소하거나, 일정을 재수립하거나, 성급한 설계와 불완전한 테스트로 인해 결국 작업 범위가 조용히 축소되는 것을 지켜보는 것 외에는 달리 없다.

첫 번째와 두 번째 경우처럼 작업은 그대로 두면서 4개월 안에 끝내려는 시도는 재앙을 초래한다. 예컨대 첫 번째 대안을 선택했을 때 프로젝트가 어떻게 악순환에 빠지게 되는지 살펴보자(그림 2.8). 새로 투입된 두 명은 그들이 얼마나 뛰어난 인재이거나 얼마나 신속히 채용되었거나 간에, 기존 멤버 한 명에게서 이 일에 대한 훈련을 받아야 한다. 여기에 한 달이 필요하다면, 원래 추정에는 포함되지 않았던 일에 3MM가 들어가게 되는 셈이다. 게다가 원래 셋으로 분할했던 작업을 다섯으로 다시 나눠야 하므로, 이미 진행된 작업 중 일부는 날아가고 시스템 테스트 시간도 더 늘어날 것이다. 결국 셋째 달의 끝 무렵에는 7MM를 훨씬 넘는 잔여 작업과 훈련된 인원 다섯 명, 그리고 한 달이라는 시간이 남아 있게 된다. 그림 2.8에서 보듯, 이 프로젝트는 마치 아무도 추가로 투입되지 않은 것처럼 여전히 일정에 뒤처져 있다.

4개월 내에 완료할 희망을 품기 위해서는, 일단 업무 재분배나 추가 시스템 테스트는 빼고 훈련 시간만 고려할 때, 두 번째 달의 막바지에 두 명이 아닌 네 명을 더 투입해야만 한다. 업무 재분배와 시스템 테스트까지 고려하면 더 많은 인원이 필요할 것이다. 하지만 이제 이 팀은 처음처럼 세 명이 아니라 최소 일곱 명 이상의 팀이 되어버린다. 이렇게 달라진 규모는, 조직 구성이나 업무 분배에 있어서 정도의 차이를 넘는 본질적 차이를 가져오게 된다.

　여기서 세 번째 달의 끝 무렵에는 상황이 몹시 암담해 보인다는 사실에 주목하자. 그 모든 노력에도 불구하고 아직 첫 마일스톤에도 이르지 못한 것이다. 다시 인원을 추가 투입함으로써 같은 일을 되풀이하려는 유혹은 몹시도 강렬하다. 여기에 무모함이 있다.

　지금까지는 첫 번째 마일스톤에 대한 추정만 잘못됐다고 가정했었다. 만약 첫 마일스톤에 이르렀을 때 기존 일정 전체가 낙관적이었다고 판단된다면, 그림 2.7처럼 원래 업무에다 여섯 명의 인원을 더 투입하려 할 것이다. 훈련과 업무 재분배, 시스템 테스트에 추가로 드는 부담에 대한 계산은 독자들에게 연습 문제로 남긴다. 이렇게 거듭되는 일정 붕괴 끝에 나오게 될 제품이 원래 인원을 유지하면서 일정을 재수립했을 때보다 더 못하리라는 점에는 의심의 여지가 없다.

　지금까지의 내용을 극도로 단순화하면, 다음과 같은 브룩스의 법칙을 제시할 수 있을 것이다.

　"늦어진 소프트웨어 프로젝트에 인력을 추가로 투입하면 더 늦어지게 된다."

　이렇게 하여 우리는 맨먼스에 관련된 미신을 걷어낼 수 있다. 프로젝트에 소요되는 기간은 순서대로 처리해야 하는 내부 요소에 좌우되며, 필요한 최대 인원수는 독립된 하위 작업의 개수에 좌우된다. 이 두 가지 수치를 파악했을 때, 관리자는 더 적은 수의 사람과 더 긴 기간에 기초한 일정을 수립할 수 있다(유일한 위험은 제품이 시대에 뒤처지게 되는 것이다). 그러나 더 많은 사람과 더 짧은 기간으로는 실행 가능한 일정을 만들어 내지 못한다. 부족한 시간 탓에 망가진 소프트웨어 프로젝트 수는 다른 이유로 그렇게 된 경우를 모두 합한 것보다도 많다.

# 3
외과 수술 팀

> 성취도가 높은 사람들과 낮은 사람들 간에는 큰 차이가 있으며,
> 종종 열 배에 이를 정도라는 것이 이 연구에서 밝혀졌다.
>
> 색먼Sackman, 에릭슨Erikson, 그랜트Grant[1]

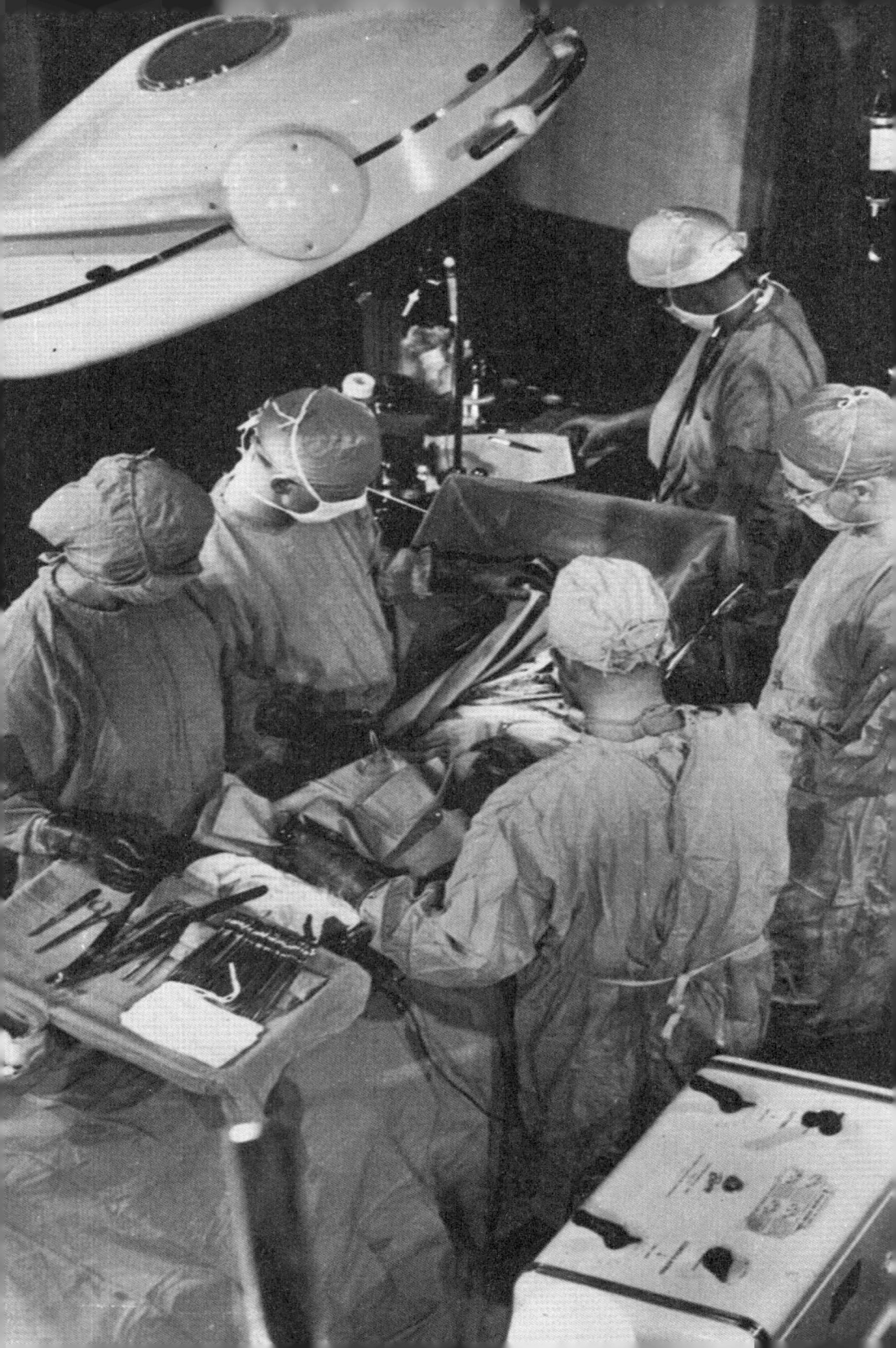

◀ UPI 사진/베트만 문서 보관소 The Bettman Archive

컴퓨터 업계 모임에 가 보면 젊은 관리자들이 줄곧 하는 얘기가 있다. 프로그래머 수백 명이 투입된 프로젝트보다 일급 멤버들로 구성된 작고 예리한 팀이 낫다는 것인데, 그 말 아래에는 앞의 수백 명은 평범하다는 뜻이 깔려 있다. 사실 우리 모두가 그렇게들 이야기한다.

하지만 이런 순진한 주장은, "어떻게 해야 '큰' 시스템을 의미 있는 일정 내에 만들어 낼 수 있는가?"라는 어려운 질문을 회피하고 있다. 이 질문의 여러 가지 측면을 하나씩 자세히 들여다보자.

문제

뛰어난 프로그래머들과 좀 처지는 이들 간에 상당한 생산성 차이가 있다는 것을 관리자들은 오래전부터 알고 있었다. 하지만 수치로 나타난 구체적인 결과는 모두를 경악시켰다. 색먼Sackman, 에릭슨Erikson, 그랜트Grant는 어떤 연구에서 경력직 프로그래머들을 대상으로 생산성을 측정했는데, 이 그룹 안에서만도 가장 뛰어난 사람과 가장 못한 사람의 생산성 비율이 평균 10:1인데다, 실행 속도와 사용 공간 면에서는 무려 다섯 배의 차이가 난 것이다. 간단히 말하면 연봉 2만 달러 받는 프로그래머가 1만 달러 받는 이에 비해 열 배의 생산성을 발휘할 수도 있다는 얘기다. 물론 그 반대의 경우도 가능하다. 이 연구의 데이터에서는 경력 연차와 성과 사이에 어떤 상관관계도 없었다(내 생각에 이것이 일반적이지는 않을 것 같다).

앞에서 나는 서로 소통해야 하는 사람 수가 전체 비용에 영향을 미친다고 했다. 이것은 비용의 대부분이 커뮤니케이션에, 그리고 잘못된 커뮤니케이션의 부작용을 바로잡는 데(즉 시스템 디버깅에) 소요되기 때문이다. 그 얘기 역시, 가능하면 적은 수의 사람들에 의해 시스템이 만들어지는 편이 낫다는 점을 시사한다. 대규모 시스템 개발에서 얻은 경험으로 볼 때, 확실히 주먹구구식 접근법은 비용이 들고 느리며 비효율적인데다가, 개념적 일관성이 부족한 결과물을 만들어낸다. OS/360, Exec 8[I], 스코프Scope 6600[II], 멀틱스Multics[III], TSS[IV], 세이지SAGE[V] 등, 예를 들자면 끝이 없다.

결론은 간단하다. 200명이 투입된 프로젝트 내에 관리자이면서 가장 유능하고 경험 많은 프로그래머들이 25명 있다면, 나머지 175명은 해고하고 그 관리자들을 다시 프로그래밍에 투입하는 것이다.

이제 이 방안을 한번 검토해 보자. 우선 이것은 '작고' 예리한 팀이라는 이상과는 거리가 있는데, 보통 작은 팀이라면 10명 이하를 뜻하기 때문이다. 25명이면 최소 두 단계로 관리가 이루어지거나 5명의 관리자를 두어야 하는 규모다. 그리고 이 팀에는 재무, 인사, 사무 공간, 비서 업무, 장비 운영 같은 일에 추가적인 지원도 필요할 것이다.

다른 한편으로, 200명이던 원래 팀은 정말로 큰 시스템을 주먹구구로 만들기에는 충분한 규모가 되지 못한다. OS/360을 예로 들어 보자. 한창 바빴을 때는 이 프로젝트에 프로그래머, 문서 작성자, 장비 운영자, 사무원, 비서, 관리자, 지원 그룹 등이 1000명 넘게 투입되어 있었다. 1963년에서 1966년까지 이 시스템의 설계, 구축, 문서화에 들어간 공수는 대략 5000맨이어man-year 정도였다. 우리가 상정했던 200명 규모의 팀이 이런 제품을 현재 수준으로 만들어내는 데는, 사람과 기간을 등가 교환한다고 해도 25년이 걸리는 것이다!

그러므로 작고 예리한 팀이라는 개념이 가진 문제점은, '정말로 큰

I   (옮긴이) 1964년에 유니박UNIVAC 컴퓨터용으로 제작된 운영 체제
II   (옮긴이) 컨트롤 데이터 코퍼레이션Control Data Corporation의 메인프레임 슈퍼컴퓨터인 CDC 6600용 운영 체제
III (옮긴이) 유닉스 운영 체제에 지대한 영향을 미친 초창기 시분할 시스템
IV (옮긴이) IBM의 초창기 시분할 시스템으로 상용화되지는 못했다.
V   (옮긴이) Semi-Automatic Ground Environment: 냉전 시대 미국에서 다수의 레이더와 대형 메인프레임 컴퓨터로 구축한 방공 시스템으로 그 효용성이 계속 의문시되었다.

시스템을 만드는 데 너무 오랜 시간이 걸린다'는 점이다. OS/360 프로 젝트를 이런 팀이 맡는다고 해보자. 팀 인원은 열 명이라고 가정한다. 예리한 사람들이므로 프로그래밍과 문서화에 평범한 사람 대비 일곱 배의 생산성을 발휘한다고 하자. 또한 OS/360은 전적으로 평범한 프 로그래머들에 의해 만들어졌음을 가정한다(이것은 실제와 '매우' 동 떨어진 가정이다). 거기다 팀 규모가 작아서 커뮤니케이션에 추가로 일곱 배의 생산성 향상이 있고, 프로젝트를 종료할 때까지 팀 구성원 은 변동이 없다고 하자. 그러면 5000/(10×7×7) = 대략 10이므로, 이 팀은 5000맨이어 규모의 일을 10년에 걸쳐 해낼 수 있다. 최초 설계로 부터 10년이 지난 시점에서 이 제품이 여전히 의미가 있을까? 아니면 급변하는 소프트웨어 기술 때문에 쓸모없는 것이 되어 있을까?

이것은 냉엄한 딜레마다. 효율과 개념적 일관성을 위해서는 설계 와 구축에 소수 인원만이 관여하는 편이 낫지만, 큰 규모의 시스템을 만들려면 적절한 기간 내에 완성할 수 있을 만큼의 인원을 투입할 방 법이 필요하다. 이렇듯 상충되는 두 가지를 어떻게 하면 조화시킬 수 있을까?

밀스Mills의 제안

할란 밀스Harlan Mills는 이 문제에 대해 참신하고 창의적인 해결책을 제시하고 있다.[2] 그는 커다란 전체 업무를 여러 팀에 나눠서 맡기되, 각 팀을 돼지 도축이 아닌 외과 수술 팀처럼 조직할 것을 제안했다. 즉, 모든 팀원이 다 같이 문제에 달려드는 것이 아니라, 한 명이 문제 를 해결해 가는 동안 다른 이들은 그 사람이 효율과 생산성을 높일 수 있도록 여러 방면에서 지원해 주는 것이다.

약간만 생각해 봐도 이렇게만 된다면 우리 목적이 충족됨을 알 수 있다. 설계와 구축에는 적은 수의 사람이 개입하면서, 작업을 나눌 일

손도 많이 투입할 수 있다. 이것이 과연 실현 가능할 것인가? 프로그래밍 팀에서 누가 마취의이고 누가 간호사이며, 일은 또 어떻게 나눌 수 있을까? 문제 해결에 필요한 각종 지원을 모두 포함하도록 확장할 때 이와 같은 팀이 어떤 식으로 기능할지, 이제 여러 가지 비유를 섞어서 얘기해 보고자 한다.

외과의. 밀스는 이 사람을 '수석 프로그래머'라고 부른다. 이 사람은 기능과 성능 명세를 직접 정의하며, 프로그램을 설계하고, 코딩하고, 테스트하고, 문서를 작성한다. 그리고 PL/I[vi] 같은 구조화된 언어를 써서 프로그램을 만들며, 테스트 수행이나 버전별 프로그램 저장, 손쉬운 파일 갱신, 문서화에 사용될 텍스트 편집 기능을 제공하는 컴퓨터 시스템에 실질적인 접속 권한을 가지고 있다. 이 사람에게는 뛰어난 재능과 10년 이상의 경력, 시스템 및 응용 분야에 관한 상당 수준의 지식이 요구된다. 그 분야는 응용 수학이나 비즈니스 데이터 처리 등 무엇이나 될 수 있다.

부조종사. 부조종사는 외과의의 분신이며, 업무의 어떤 부분이든 수행이 가능하지만 경험은 많지 않다. 그의 주된 역할은 설계 과정에 참여하여 같이 고민하고 토론하고 평가하는 것이다. 외과의가 그와 함께 이런저런 아이디어를 시도해 볼 수는 있지만, 그의 의견에 구애받지는 않는다. 부조종사는 기능이나 인터페이스에 대해 다른 팀과 협의할 때 종종 팀을 대표하기도 한다. 그는 모든 코드를 상세하게 알고 있으며 대안적인 설계에 대한 전략을 연구한다. 명백히 이 사람은 외과의의 유사시를 대비한 보험 역할이기도 하다. 그가 코드를 작성할 수도 있겠지만 거기에 대한 책임까지 지지는 않는다.

vi   (옮긴이) IBM에서 개발한 범용 프로그래밍 언어. Programming Language One의 약자이므로 '피엘원'으로 읽는다.

행정 담당. 외과의는 팀의 우두머리로서 인사, 임금 인상, 업무 공간 등에 대한 최종 결정권을 가지고 있지만 그런 일로 시간을 보내서는 안 된다. 그러므로 돈, 사람, 공간, 장비를 관장하고 다른 부서의 행정 파트와 소통을 맡아줄 전문적인 행정 담당이 필요하다. 베이커Baker는 고객과의 관계상 해당 프로젝트에 법률적 계약적 중대 사안이 있거나, 보고를 강화해야 하거나, 재무적 이슈가 있을 때만 행정 담당을 전일제로 두라고 권한다. 그렇지 않다면 한 명의 행정 담당이 두 팀을 맡을 수 있다.

편집자. 문서 생산은 외과의에게 책임이 있고, 최대한의 명확성을 기하기 위해 문서는 그가 직접 작성해야 한다. 이 원칙은 외부와 내부 문서에 동일하게 적용된다. 그렇지만 외과의가 작성한 초안이나 구술 원고를 읽은 후에 그것을 비평하고, 재작업하며, 인용 자료나 참고 문헌을 보충하고, 여러 버전을 관리하고, 전반적인 문서 생산을 감독하는 역할은 팀의 편집자가 담당한다.

두 명의 비서. 행정 담당과 편집자는 비서가 한 명씩 필요하다. 행정 비서는 프로젝트 관련 우편물과 일반적인 업무 서류들을 관리한다.

프로그램 사무원. 이 사람은 팀에서 생산되는 모든 기술적인 산출물을 하나의 프로그래밍 제품 라이브러리로 관리할 책임을 진다. 그는 비서 업무에 대한 훈련을 받았으며, 기계가 읽을 파일과 사람이 읽기 위한 파일 모두를 담당한다.

컴퓨터에 입력할 자료는 모두 이 사무원에게 전달되어 필요할 경우 기록으로 남기고 타이핑된다. 출력된 리스팅 또한 그가 맡아서 파일에 철하고 색인해 둔다. 가장 최근에 실행된 결과들은 현황 노트에 기록하고, 이전 자료는 모두 시간 순으로 철해서 보관한다.

밀스의 아이디어에 필수불가결한 것은 프로그래밍이라는 작업을 "개인적인 예술에서 공개적인 실행으로" 바꾸는 것이다. 이것은 컴퓨터에서 작업이 실행되는 전 과정을 팀의 멤버 누구나 볼 수 있게 하고, 모든 프로그램과 데이터가 개인이 아닌 팀 소유임을 명확히 함으로써 가능하다.

프로그램 사무원의 이런 특화된 기능은 프로그래머들의 반복적인 사무 작업을 덜어주고, 종종 등한시되는 그런 작업들이 체계적으로 잘 수행되도록 하며, 팀의 가장 중요한 자산인 작업 산출물을 향상시킨다. 물론 여기에는 일괄 처리[VII] 방식의 실행이 가정되어 있다. 대화식 장비, 특히 프린터 출력이 없는 터미널[VIII]이 사용되는 경우라도 프로그램 사무원의 역할이 줄어들지는 않으며 다소 변경이 있다. 이 경우에 그는 팀의 프로그램이 개인별 작업본으로부터 갱신되는 내역을 기록해 두고, 모든 일괄 처리를 계속 담당하며, 자신의 대화식 장비를 이용하여 점차 성장해 가는 제품의 무결성과 가용성을 제어하게 된다.

도구 담당. 요즘은 파일이나 텍스트 편집, 대화식 디버깅 서비스가 잘 되어 있어서, 팀별로 자체적인 장비와 운영 요원을 필요로 하는 경우는 거의 없다. 하지만 이런 서비스들은 확실히 신뢰할 수 있어야 하는데, 가용한 서비스들 중에서 어떤 것이 팀에 적합한지는 외과의만이 판단할 수 있다. 외과의에게는 도구를 담당해 줄 사람이 필요하다. 그 사람은 기본 서비스들이 팀에 적합한지를 확인하고, 팀에 필요한 특수 도구(주로 대화식 서비스)들을 구축-유지-업그레이드할 책임을 맡는다. 중앙에서 제공되는 서비스가 얼마나 훌륭하고 믿을 만하건 간에, 각 팀에는 전속 도구 담당이 한 명씩 있어야 한다. 그의 역할이란

[VII] (옮긴이) 초기 컴퓨터는 사용자와 상호 작용하는 대화식 기능이 없어서, 프로그램 코드를 천공 카드에 입력하고 카드 리더를 통해 한꺼번에 처리하는 식으로 동작했다.
[VIII] (옮긴이) 모니터가 딸린 터미널을 말한다. 그 외의 대화식 장비로는 프린터와 키보드로 이루어진 텔레타이프 등이 있었다.

다른 팀의 사정과 무관하게 자기 팀의 외과의에게 필요한 도구를 마련해 두는 것이기 때문이다. 도구 담당은 종종 특화된 유틸리티나 목록으로 정리된 프로시저, 매크로 라이브러리 등을 구축하기도 한다.

테스터. 외과의가 코드를 작성하면서 작업 일부를 테스트하거나 나중에 프로그램 전체를 테스트하려면, 적절한 테스트 케이스가 확보되어야 한다. 따라서 팀의 테스터는 한편으로는 기능 명세에서 시스템 테스트 케이스를 만들어 내는 적군이고, 다른 한편으로는 매일의 디버깅 작업에 테스트 데이터를 제공하는 조수이기도 하다. 또한 그는 테스트 순서를 계획하고, 구성 요소 테스트를 위한 얼개scaffolding를 짜기도 한다.

언어 전문가. 알골Algol 언어[IX]가 선을 보였을 무렵, 사람들은 프로그래밍 언어의 복잡다기함을 마스터하는 데서 즐거움을 얻는 이들이 컴퓨터가 설치된 곳에 대개 한두 명씩 있다는 것을 눈치 채기 시작했다. 이 전문가들은 굉장히 유용하며 널리 자문 역할을 한다는 것이 밝혀졌다. 그들의 재능은, 주로 시스템 설계자로서 표현 방식을 고민하는 외과의의 그것과는 다소 차이가 있다. 언어 전문가들은 어렵고 모호하거나 까다로운 일을 처리하기 위해 특정 언어를 깔끔하고 효율적으로 사용하는 방법을 찾아내며, 좋은 기법의 개발에 2~3일 정도 연구가 필요할 때도 있다. 이 사람은 두 명에서 세 명의 외과의를 도울 수 있다.

이상과 같이 열 명의 사람이 외과 수술 모델에 기반을 둔 프로그래밍 팀 안에서 분업화되고 전문화된 역할로 기여할 수 있는 방법을 알아보았다.

[IX] (옮긴이) 1960년대 등장한 프로그래밍 언어 계열. 이후 파스칼Pascal, C 같은 절차형 언어의 발전에 큰 영향을 끼쳤다.

외과 수술 팀은 어떻게 돌아가는가

이렇게 편성된 팀은 여러 측면에서 우리의 요구 조건에 부합한다. 모두 열 명이고 그중에서 전문가가 일곱인 팀이 함께 일하지만 시스템은 한 사람 또는 하나인 듯 행동하는 두 사람의 머리에서 만들어진다.

여기서 프로그래머 두 명을 통상적인 방식으로 묶은 팀과 외과의-부조종사로 이루어진 팀 간의 차이점에 주목하자. 우선, 통상적인 팀 내의 파트너들은 업무를 나눈 다음에 각 부분에 대해 각자 설계와 구현을 책임진다. 이에 비해 외과 수술 팀에서는 외과의와 부조종사 둘 다 전체 설계와 코드를 알고 있다. 이렇게 함으로써 메모리 할당이나 디스크 접근을 서로 조율하는 등의 수고를 덜 수 있으며, 제품의 개념적 일관성 또한 보장된다.

두 번째로, 통상적인 팀의 파트너들은 동등한 위치에 있으므로, 불가피하게 생기는 의견 차이는 끝장 토론으로 결론을 내든지 적당한 타협으로 해결할 수밖에 없다. 업무와 리소스가 나뉘어 있으니 의견 차이라 해야 전반적인 전략과 상호 인터페이스에 국한되겠지만, 이것은 누구의 공간을 버퍼로 사용할 것이냐 같은 이해관계 때문에 더욱 악화된다. 외과 수술 팀에서는 이해관계로 인한 차이란 있을 수 없으며, 의견 차이는 외과의에 의해 일방적으로 정리된다. 업무가 분할되지 않으며 상급자-하급자 관계에 놓여 있다는 이 두 가지 차이점으로 인해 외과 수술 팀은 한 사람처럼 행동할 수 있게 된다.

하지만 팀 내 다른 사람들의 역할을 전문화하는 것 또한 팀의 효율성을 위한 핵심 요소인데, 그렇게 함으로써 구성원들 간의 의사소통이 그림 3.1처럼 근본적으로 단순해지기 때문이다.

베이커의 기고문[3]에는 이와 같은 개념을 소규모 팀 하나에 적용한 결과가 보고되어 있는데, 실험은 예상대로 잘 작동했으며 놀랄 만큼 좋은 결과를 낳았다.

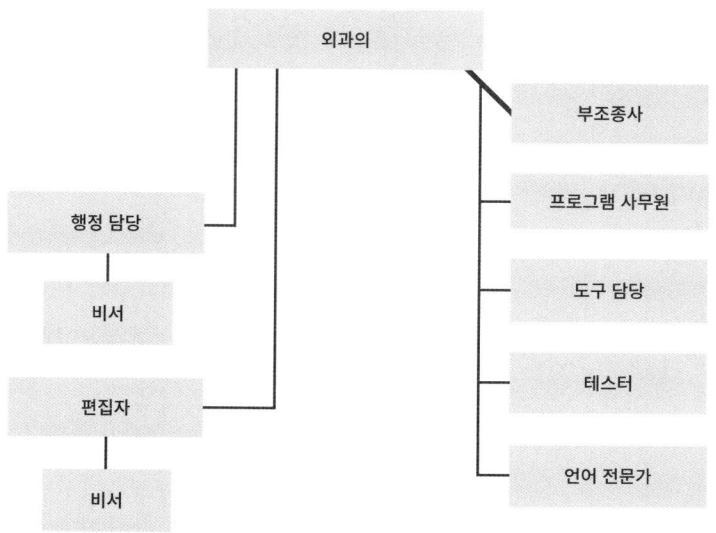

그림 3.1 열 명으로 이루어진 프로그래밍 팀 내의 의사소통 패턴

확장하기

자, 여기까지는 좋다. 하지만 문제는 2, 30맨이어 정도가 아니라 5000맨이어가 필요한 제품을 어떻게 만드는가 하는 것이다. 작업 전체에 대한 권한을 갖고 있다면, 10명 정도의 팀은 어떻게 조직되든지 간에 효과적으로 운영될 수 있다. 그렇다면 수백 명의 사람이 달려들어야 하는 대규모 작업에는 외과 수술 팀이란 개념이 어떻게 적용될 수 있을까?

이 확장 과정이 성공적일 수 있음은, 각 부분의 개념적 일관성이 근본적으로 향상되었다는 사실에 근거하고 있다. 설계를 결정하는 사람의 수가 7분의 1^x로 줄어들었기 때문이다. 그러므로 한 과제에 200명

---

x (옮긴이) 팀의 열 명 중 일곱 명이 전문가이고, 그중에서 설계를 맡은 사람은 한 명뿐이다.

의 사람을 투입한다고 해도 20명, 즉 외과의들 사이를 조율하는 문제만 남기는 것이 가능하다.

하지만 그런 조율의 문제에는 여러 가지 개별적인 기법이 적용되어야 하며, 이어지는 여러 장에서는 그 기법들을 논의한다. 여기서는, 전체 시스템 역시 개념적 일관성을 가져야 하고, 그에 따라 한 명의 시스템 아키텍트가 시스템 전부를 하향식으로 설계할 필요가 있다는 정도로만 해 두자. 이런 일이 감당되도록 하려면 아키텍처와 구현 사이에 명확한 구분이 있어야 하고, 시스템 아키텍트는 자기 역할을 철저히 아키텍처 쪽으로만 국한해야 한다. 이와 같은 역할 배분과 여러 가지 기법은, 실현 가능하면서도 대단히 생산적이라는 것이 입증되었다.

4
귀족 정치, 민주주의, 시스템 설계

이 대성당은 비할 데 없는 예술 작품이다.
거기 드러나 있는 교의에는 무미건조함도 혼란스러움도 없다. …
그것은 하나의 형식이 도달할 수 있는 정점이며, 전임자들의 성취를 모두 이해하고
흡수했던 예술가들의 작품이다. 그들은 당대의 기법을 완벽히 익히고 있었지만,
그런 기법들을 사용함에 있어 분별없는 과시나 괜한 솜씨 자랑은 찾아볼 수 없다.
건물의 전반적 구상은 의심할 여지없이 장 도르베Jean d'Orbais에 의한 것으로,
그의 설계는 적어도 핵심 요소에 있어서 대를 이어가며 후임자들로부터 존중되었다.
이 건물이 극단적인 일관성과 통일성을 갖추게 된 이유 중 하나가 이것이다.

- 랭스Reims 대성당[1] 안내서[1]

| (옮긴이) 프랑스 북동부 랭스 지방에 위치한 성당으로 13세기에 지어졌다.

◀ 에마뉘엘 부도-라모뜨(Emmanuel Boudot-Lamotte) 사진

개념적 일관성

유럽에 있는 대성당들은 대체로 건축 시기와 건축가가 상이한 부분들 간에 설계나 건축 양식에서 차이가 나타난다. 후대 건축가들은 시대적 유행과 개인 취향을 반영하기 위해 초기 설계를 '개선'하고자 하는 유혹을 받았다. 그렇게 해서 온화한 노르만 양식의 수랑袖廊[11]은 치솟은 고딕 양식의 본당과 어울리지 않는 모습으로 이웃해 있고, 건축물에는 신의 영광만큼이나 건축자들의 교만이 드러나 있다.

그에 반해, 랭스Reims 대성당의 건축적 통일성은 찬란한 대조 속에 우뚝 서 있다. 이 건물의 탁월함은 곳곳에서 발견할 수 있지만, 설계의 일관됨 역시 보는 이를 즐겁게 한다. 안내서에 적혀 있듯이 이런 일관성은 여덟 세대에 걸친 건축가들의 자기희생으로 얻어진 것이다. 그들은 전체적인 설계에서 원래의 순수성이 유지되도록 하기 위해 자신이 품었던 여러 가지 생각을 내려놓았다. 그리하여 이 건축물은 이제 신의 영광뿐 아니라 타락한 인간들을 자만으로부터 구원한 신의 권능까지 드러내고 있는 것이다.

만드는 데 여러 세기가 걸리는 것도 아닌 프로그래밍 시스템에서는 대부분 대성당보다 훨씬 심각한 개념적 불일치가 발견된다. 이것은 대개 설계 책임자들이 대를 이어가는 경우보다도 여러 명이 설계 작업을 나눈 경우에 생긴다.

나는 개념적 일관성이야말로 시스템 설계에서 가장 중요하게 고려할 사항이라 주장하고자 한다. 좋기는 하지만 연관성 없고 조율도 안 된 기능을 많이 넣기보다는, 이례적인 일부 기능이나 개선 사항을 빼

II (옮긴이) 십자가형 성당 건물에서 팔에 해당하는 부분

더라도 일련의 설계 사상을 고수하는 편이 더 낫다. 이번 장과 이어지는 두 장에서는 프로그래밍 시스템 설계에서 이 주제가 지닌 중요성을 알아보겠다.

- 개념적 일관성은 어떻게 성취할 수 있는가?
- 이런 주장은 혹시 소수 엘리트나 귀족 아키텍트들, 그리고 창조적 재능과 발상을 억압당하는 평민 같은 한 무리의 구현 담당자들을 상정하고 있지는 않은가?
- 아키텍트들이 명세를 만들면서 구현이 불가능하거나 비용이 많이 드는 쪽으로 흘러가 버리는 것을 어떻게 막을 수 있는가?
- 설계 명세상의 모든 세부 사항을 구현 담당자가 제대로 이해해서 정확하게 제품에 통합한다고 보장할 수 있는 방법은 무엇인가?

개념적 일관성의 획득

프로그래밍 시스템의 목적은 컴퓨터를 쓰기 쉽게 하는 것이다. 이 목적을 위해 프로그래밍 언어와 그 언어로 작동 제어되는 여러 가지 편의 기능이 제공된다. 하지만 이런 편의 기능에는 대가가 따른다. 프로그래밍 시스템을 외부적으로 기술記述하는 일은, 컴퓨터 시스템 자체를 기술하는 것보다도 열 배에서 스무 배가량 규모가 커진다. 사용자가 특정 기능을 명세하기는 훨씬 쉽겠지만, 선택할 대상도 많아지고 기억할 옵션과 포맷도 훨씬 더 늘어난다.

    사용의 용이성은, 시스템을 공부하고 외우며 매뉴얼을 찾는 데 소모된 시간보다 기능을 명세할 때 얻은 시간적 이득이 클 때에만 향상되었다고 할 수 있다. 현대의 프로그래밍 시스템에서는 이런 이득이 비용보다 크겠지만, 최근 들어 복잡한 기능이 자꾸 추가되면서 시간이득 대 비용 비율은 낮아진 것 같다. 어셈블러도, 아무런 소프트웨어도 없던 IBM 650 시스템[III]이 얼마나 쓰기 쉬웠던가 하는 기억은 지금도 생생하다.

프로그래밍 시스템은 사용의 용이성이 목적이므로, 이와 같은 기능 대 개념적 복잡성의 비율은 시스템을 설계할 때 최종적인 시금석이 된다. 기능이나 단순함 어느 한 가지만으로는 좋은 설계를 만들어낼 수 없다.

이 점에 대해서는 잘못 이해하고 있는 경우가 상당히 많다. OS/360을 만든 사람들은 가장 많은 기능을 탑재했기 때문에 자기 작품이 최고라고 한다. 그들에게 탁월함의 척도는 언제나 기능이었지, 단순함이 아니었다. 반면에 PDP-10[IV]의 시분할 시스템[V]을 만든 사람들은 그 단순성과 개념의 단출함 때문에 자기들 것을 최고라고 여겼다. 하지만 PDP-10의 기능은 어떤 면으로도 OS/360과 비교할 거리가 되지 못한다. 판단 기준을 사용의 용이성으로 삼는 즉시, 그 둘 모두는 진정한 목표에 절반밖에 이르지 못한 불균형한 시스템이 된다.

그러나 일정 수준의 기능을 제공한다는 가정 하에서라면, 최대한 단순하고 명확하게 사용할 수 있는 시스템이 최상이다. '단순함'만으로는 충분하지 않다. 무어스Mooers의 트랙TRAC 언어[VI]와 알골 68은 기본 개념의 개수로 쟀을 때 단순함이란 목표는 달성하였지만 '명확'하지는 못했다. 원하는 작업을 이 언어들로 표현하려면 복잡하고 예상하지 못한 방식으로 기본 기능을 조합해야 할 때가 종종 있다. 언어의 기초 요소와 그 조합 규칙만으로는 부족하여, 실무에서는 기초 요소

III (옮긴이) 1953년에 발표된 IBM 최초의 대량 생산형 컴퓨터. 도널드 커누스(Donald E. Knuth)가 650 컴퓨터에 『The Art of Computer Programming』 시리즈를 헌정한 것으로 유명하다.
IV (옮긴이) DEC(Digital Equipment Corporation)의 메인프레임 컴퓨터
V   (옮긴이) 멀티프로그래밍과 멀티태스킹을 통해 여러 명의 사용자들이 컴퓨터를 나누어 쓸 수 있도록 만든 시스템. 이전의 일괄 처리 방식으로는 한 번에 한 사용자만 컴퓨터를 쓸 수 있었다.
VI (옮긴이) 1960년대 초반에 만들어진 매크로형 프로그래밍 언어로, 자료형은 문자열 한 가지만 제공했다.

4장 귀족 정치, 민주주의, 시스템 설계

를 조합하는 관용적 용법을 모두 배워야 한다. 단순성과 명확성은 개념적 일관성에서 비롯되는 것이다. 시스템의 모든 부분에는 동일한 철학이 반영되어 있어야 하며 요구 조건에 대한 밸런싱도 같아야 한다. 각 부분에 사용된 기법은 구문적으로 동일해야 하며 사용된 개념은 의미적으로 비슷해야 한다. 이렇게 해서 사용의 용이성이 설계의 통일성과 개념적 일관성을 가져오게 된다.

귀족 정치와 민주주의

개념적 일관성은 이제 시스템의 설계가 한 명 또는 생각을 같이 하는 극소수에 의해 이루어지도록 한다.

그러나 일정 압박 때문에 시스템 구축에는 많은 사람의 도움이 필요하게 된다. 이 딜레마 해결에는 두 가지 기법을 쓸 수 있다. 첫 번째는 아키텍처와 구현 작업을 주의 깊게 나누는 것이고, 두 번째는 앞장에서 논의한 것처럼 프로그래밍 구현 팀의 구성에 새로운 방식을 적용하는 것이다.

아키텍처를 구현으로부터 분리하는 것은, 초대형 프로젝트에서 개념적 일관성을 달성할 수 있는 아주 효과적인 방법이다. 나는 이전에 IBM의 스트레치Stretch 컴퓨터와 시스템/360 제품 라인에서 이 방법이 큰 성공을 거두는 것을 보았고, 이렇게 하지 않았기 때문에 OS/360이 실패하는 것도 보았다.

시스템의 '아키텍처'라고 하는 것은, 사용자 인터페이스의 완전하고 상세한 명세를 의미한다. 컴퓨터라면 이것은 프로그래밍 매뉴얼에 해당할 것이고, 컴파일러라면 언어 매뉴얼, 제어 프로그램은 대상 기능을 작동시키기 위한 언어들의 매뉴얼일 것이다. 전체 시스템의 경우에는, 사용자가 자기 업무를 수행하기 위해 참고해야 하는 모든 매뉴얼의 집합이 된다.

건축물의 아키텍트와 마찬가지로, 시스템 아키텍트는 사용자를 대리하는 사람이다. 영업 사원이나 조립공의 이해관계가 아니라 순전히 사용자의 이해만을 대변하기 위해 전문적이고 기술적인 지식을 동원하는 것이 그의 일이다.[2]

아키텍처는 반드시 구현부와 세심하게 구분되어야 한다. 블라우Blaauw의 말대로, "아키텍처가 '무슨 일'이 일어날지 정하는 것이라면, 구현부는 그것이 '어떻게' 현실화되는지 정한다."[3] 그는 문자판, 바늘, 용두로 이루어진 아키텍처를 가진 시계를 간단한 예로 든다. 아이가 이 아키텍처를 익힌 뒤에는 손목시계뿐 아니라 교회 탑에 걸린 시계를 보고도 몇 시인지 알 수 있다. 하지만 실제 구현과 그 제품화는, 시계 껍데기 속에서 무슨 일이 일어나는지, 즉 여러 가지 동력 공급 방식과 여러 가지 정밀도 제어 방법 중에서 어떤 것이 사용되는지 같은 것을 기술하는 일이다.

예를 들어 시스템/360의 컴퓨터 아키텍처는 하나였지만 아홉 개 모델에 구현된 방식은 사뭇 달랐다. 거꾸로, 그중 한 구현체인 모델 30[VII]의 데이터 플로, 메모리, 마이크로코드는 서로 다른 시기에 네 가지 아키텍처(시스템/360 컴퓨터, 최대 224개 독립 서브채널을 지원하는 멀티플렉스 채널, 실렉터 채널, 1401 컴퓨터[VIII])에 각기 적용되었다.[4]

프로그래밍 시스템에도 동일한 구분법이 적용될 수 있다. 포트란 IV라는 미국 표준이 있고 이것은 컴파일러 입장에서는 아키텍처가 된다. 이 아키텍처의 테두리 안에서 여러 가지 방식의 구현이 가능하다. 예컨대 메모리에는 프로그램을 올릴 것이냐 컴파일러를 올릴 것이냐, 컴파일 속도에 중점을 두느냐 최적화에 중점을 두느냐, 구문 지향적

[VII] (옮긴이) 시스템/360 계열 메인프레임 중 최하위 모델
[VIII] (옮긴이) 시스템/360 이전에 널리 사용되던 IBM의 컴퓨터. 시스템/360의 일부 모델에서도 1401 에뮬레이션을 지원했다.

이냐 아니냐 등이다. 여느 어셈블리 언어나 작업 제어 언어도 마찬가지로, 어셈블러와 스케줄러 구현에 다양한 방법이 있다.

이제 우리는 귀족 정치 대 민주주의라는 매우 감정적인 질문을 다룰 준비가 되었다. 아키텍트들은 새로운 귀족 계급이자 지적인 엘리트로서, 가엾고 우둔한 구현자들에게 해야 할 일을 알려주는 존재는 아닌가? 혹시 창조적인 일은 모두 이런 엘리트들 몫으로 돌아가고 구현자들은 기계 부속품 같은 처지에 놓이는 것이 아닌가? 명세 개발을 소수에게 맡기는 것보다는 민주적 절차에 따라 모든 팀으로부터 아이디어를 모으는 것이 더 나은 제품을 만드는 길이 아닌가?

마지막 질문이 대답하기에 가장 쉬울 것 같다. 나는 오직 아키텍트들만이 설계에 대해 좋은 아이디어를 낼 거라고 주장하려는 것이 결코 아니다. 참신한 생각이 구현자나 사용자에게서 비롯되는 경우도 가끔 있다. 그러나 내가 여태껏 경험해 왔고 또 보여주고자 했던 바는, 시스템의 개념적 일관성이 사용의 용이성을 결정한다는 것이다. 아무리 훌륭한 기능이나 아이디어라 해도 시스템의 기본 개념에 들어맞지 않는다면 배제하는 것이 상책이다. 이처럼 중요하지만 어울리지 않는 개념이 다수 발견된다면, 전체 설계를 폐기하고 기본 개념을 달리해서 새로 시작하는 편이 낫다.

귀족 정치에 관한 질문에는, 답이 "예"와 "아니오" 둘 다여야 한다. "예"라는 것은, 아키텍트는 소수여야만 하며 그들이 빚어낸 결과물은 구현자들의 것보다 더 오래 지속되어야 하기 때문이다. 그리고 모든 힘겨루기의 중심에 있으면서 사용자의 이해를 대변하여 그 힘들을 중재할 사람이 결국은 아키텍트이기 때문이다. 시스템이 개념적 일관성을 가져야 한다면, 누군가가 그 개념을 통제해야만 한다. 이것이 설령 귀족 정치라 해도 양해를 구할 일은 아니다.

"아니오"라는 것은, 외부적인 명세를 기술하는 것이 구현 방안을 설계하는 것보다 더 창조적이지는 않다는 점 때문이다. 이것은 단지 또 다른 창조적 업무일 뿐이다. 어떤 아키텍처에 준하여 구현 방안을 설계하는 것은, 시스템의 외부 명세를 설계할 때만큼이나 많은 창의성과 새로운 아이디어, 기술적인 탁월함을 요구한다. 실로, 사용의 용이함이 아키텍트에게 달려 있는 것처럼 제품의 가격 대 성능 비는 구현자의 손에 달려 있다.

예술이나 공예 분야에는 절제가 미덕이라고 믿을 만한 사례가 다수 있다. 예술 세계의 격언이 말해주듯이 "형식이 자유롭게 한다." 최악으로 꼽히는 건물들은 그 목적에 비해 너무 많은 예산을 배정한 결과물이다. 바흐가 정해진 형식의 칸타타를 매주 작곡해야 했기 때문에 창조성이 억압되었을 것 같지는 않다. 나는 스트레치 컴퓨터의 아키텍처는 제약 조건이 좀 더 빡빡했더라면 훨씬 나아졌을 것이라고 확신하며, 시스템/360 모델 30에 배정된 예산 때문에 생긴 제약은 모델 75의 아키텍처에 전적으로 유익한 것이었다고 본다.

마찬가지로 나는 외부로부터 아키텍처가 주어진다는 사실이 구현 담당 그룹의 창조성을 저해하는 것이 아니라 더 높인다고 생각한다. 구현자들은 그 즉시 문제 안에서 누구도 다루지 않았던 부분에 초점을 맞출 것이며 거기에서 독창성이 솟아나기 시작한다. 제약이 주어지지 않은 구현 그룹에서는 대부분의 고민과 토론이 아키텍처 결정에 관한 방향으로 흘러가며, 본래 의미의 구현 작업은 관심에서 멀어지게 된다.[5]

내가 여러 번 경험했던 이런 효과는, PL/I 컴파일러인 PL/C를 만든 코넬Cornell 대학교 그룹의 콘웨이R. W. Conway가 다음과 같이 확인해 준다. "우리는 언어를 변경하거나 개선하지 않고 컴파일러를 구현하기로 최종 결정을 내렸다. 언어 자체를 논한다면 우리 모든 노력이 거기에 들어가 버릴 것이기 때문이었다."[6]

구현자들은 기다리는 동안 무엇을 하는가?

수백만 달러짜리 실수를 저지르는 것은 사람을 매우 겸손하게 만드는 경험이지만, 또한 매우 기억에 남는 일이기도 하다. 나는 OS/360의 외부 명세를 실제로 어떻게 작성할지 결정하던 그 밤을 생생하게 기억한다. 아키텍처 담당 관리자, 제어 프로그램 구현 담당 관리자, 그리고 내가 명세 작성에 대한 계획, 일정, 책임 분담 방안을 면밀하게 검토하던 중이었다.

아키텍처 관리자에게는 열 명의 뛰어난 사람들이 있었다. 그는 그 사람들이 명세 작성을 제대로 해낼 수 있다고 단언했다. 추정 기간은 허용된 일정보다 세 달이 더 필요한 열 달이었다.

제어 프로그램 관리자에게는 150명이 있었다. 그는 그 사람들이 아키텍처 팀과 협조해서 명세를 훌륭하고 실용적으로 작성할 수 있으며, 일정도 지킬 수 있다고 주장했다. 게다가 만일 아키텍처 팀이 명세를 맡을 경우 그 150명은 열 달 동안 빈둥거리며 앉아 있게 될 처지였다.

그 주장에 대해 아키텍처 관리자는, 만약 제어 프로그램 팀이 그 일을 맡을 경우 명세 작성은 일정을 넘겨서 역시나 세 달 늦어질 것이며, 품질도 더 낮을 것이라고 했다. 하지만 나는 그렇게 결정했고, 결과는 그의 말대로였다. 그는 두 가지 면에서 모두 옳았다. 더구나 만들어진 명세는 개념적 일관성이 결여되어 있어서 시스템 구축과 변경에 많은 비용이 들었고, 그로 인해 디버깅 시간도 1년 늘어날 것으로 추정되었다.

물론 이런 잘못된 결정에는 여러 가지 요인이 영향을 끼쳤겠지만, 그중에서도 가장 컸던 것은 일정 압박, 그리고 150명의 구현 담당에게 일거리를 주어야 한다는 점이었다. 바로 이것이 이제 그 치명적인 위험을 드러내고자 하는 유혹의 속삭임이다.

소규모 아키텍처 팀이 컴퓨터 또는 프로그래밍 시스템에 대한 외부 명세를 모두 작성한다고 했을 때, 구현 담당들은 세 가지로 반론을 제기한다.

- 명세에 너무 많은 기능이 포함될 것이며 비용에 대한 현실적인 고려도 미비할 것이다.
- 창조적인 즐거움은 모두 아키텍트 몫이 되고 구현자들의 독창성은 배제될 것이다.
- 아키텍처 팀이라는 좁다란 깔때기를 지나서 명세가 모습을 드러낼 때까지, 많은 구현자들은 하는 일 없이 앉아 있어야 할 것이다.

이 중 첫 번째는 정말로 위험한 상황이며 다음 장에서 이 주제를 다룰 것이다. 나머지 둘은 그야말로 오해에 지나지 않는다. 우리가 앞서 보았듯이 구현 작업 역시 최고의 창조적 행위인 것이다. 주어진 명세에 맞춰 작업한다고 해서 구현 중에 창조성과 독창성을 발휘할 기회가 그리 줄어드는 것도 아닐 뿐더러, 오히려 그로 인해 창조성의 수준이 더 높아질 수도 있다. 제품 전체로 본다면 분명 그렇게 될 것이다.

마지막 반론은 타이밍과 단계적 실행의 문제다. 즉답을 하자면, 명세가 완성되기 전까지는 구현자들을 배정하지 말라는 것이다. 건물을 지을 때에 일이 이런 식으로 진행된다.

하지만 컴퓨터 시스템 분야는 일의 진행이 더 빠르며, 가능하면 일정을 더 많이 당기려고 한다. 명세와 구축은 과연 어느 정도까지 겹쳐서 진행이 가능할까?

블라우가 지적하듯이 창조적인 작업은 전체로 보아 뚜렷한 세 단계를 거친다. 아키텍처, 구현, 제품화가 그것이다. 사실 이 세 가지는 같이 시작해서 동시에 진행 가능함이 밝혀지고 있다.

예를 들어 컴퓨터를 설계할 때, 구현 담당자는 매뉴얼에 대한 비교적 모호한 가정과 사용될 기술에 대한 어느 정도의 이해, 그리고 명확한 비용과 성능 목표를 갖는 대로 일에 착수할 수 있다. 그는 데이터 흐름, 제어 순서, 전체 패키징 계획 등의 설계를 시작할 수 있으며, 향후 필요하게 될 도구를 고안하거나 도입할 수도 있다. 여기에는 특히 설계 자동화 시스템을 포함한 기록 관리 시스템 등이 해당된다.

한편으로 제품화 측면에서는 회로, 카드, 케이블, 프레임, 전원 장치, 메모리 같은 것들을 설계하고 개량하며 문서화해 두어야 할 것이다. 이 작업은 아키텍처 및 구현 작업과 병렬로 진행할 수 있다.

프로그래밍 시스템 설계도 마찬가지다. 명세가 완성되기 훨씬 이전부터 구현 담당은 할 일이 많다. 명세에 최종적으로 포함될 기능에 대해 대략적인 짐작만 가능해도 일은 시작할 수 있다. 그는 시간 및 공간적 제약 사항을 명확히 알아야 하고, 자기 제품이 실행될 시스템의 설정도 알아야 한다. 그런 다음에는 모듈 간 경계, 테이블 구조, 수행 단계 구성, 알고리즘, 각종 도구 등의 설계를 시작할 수 있다. 물론 아키텍트와 의사소통할 시간도 얼마간 할애해 두어야 할 것이다.

한편 제품화 측면에서도 일거리가 많다. 프로그래밍에도 기술 체계가 있으므로, 장비가 새로운 것이라면 서브루틴에 대한 관례나 감시 감독 기법, 탐색과 정렬 알고리즘에 많은 작업이 필요할 것이다.[7]

개념적 일관성을 갖춘 시스템에는 단일한 철학이 반영되어 있어야 하고, 사용자가 접하게 될 명세는 소수의 머릿속에서 나와야 한다. 전체 작업이 아키텍처, 구현, 제품화로 분업화된다고 해서 그 시스템 구축에 더 많은 시간이 걸리는 것은 아니다. 실제 경험에서는 오히려 그와 반대이며, 전체 시스템이 함께 속도가 붙고 테스트에도 더 적은 시간이 드는 것으로 나타났다. 사실상, 폭넓게 수평적으로 나뉜 일이 수직적 분업에 의해 대폭 줄어든 셈이고, 그 결과는 극단적으로 단순화된 커뮤니케이션과 향상된 개념적 일관성으로 나타난다.

5
두 번째 시스템 효과

작은 것을 계속 더해가다 보면 큰 더미가 생겨 있을 것이다.

- 오비드Ovid[1]

---

[1] (옮긴이) 푸블리우스 오비디우스 나소(Publius Ovidius Naso)(BC 43~AD 17), 로마 시대 시인

◀ 항공 교통을 위해 집을 돌리는 장면. 석판 인쇄, 파리, 1882
로비다A. Robida의 『20세기 Le Vingtième Siècle』"중에서

기능을 명세할 책임과 빠르고 저렴한 제품을 만들 책임이 별개로 나뉜다면, 아키텍트의 창의적인 열정을 제어할 방법은 무엇일까?

근본적인 해답은 아키텍트와 구현 담당이 철저하고 주의 깊게 서로 공감을 이루도록 소통하는 것이지만, 더 세부적인 수준에서도 관심을 기울일 만한 해답들이 있다.

아키텍트를 위한 소통 훈련

건축물을 설계하는 아키텍트는 나름의 추정 기법을 써서 예산에 맞추어 작업을 진행한다. 이 추정 금액은 향후 도급 입찰 시에 확정되거나 수정되거나 하는데, 입찰가가 전부 예산을 초과하는 때도 가끔 있다. 그런 경우 아키텍트는 입찰가가 상향되도록 추정 기법을 조정하고 설계 내용을 하향 조정하여 다음 입찰을 준비할 것이다. 또, 그는 도급 업자들에게 자신의 설계를 더 저렴하게 구현할 수 있는 방법을 제안하기도 할 것이다.

컴퓨터 시스템이나 프로그래밍 시스템의 아키텍트에게도 비슷한 절차가 적용된다. 그렇지만 그에게는 설계 초반부터 원한다면 거의 언제라도 입찰가를 받아볼 수 있다는 이점이 있다. 또한 그에게는 설계에 만족한 정도에 따라 입찰 금액을 올리거나 내릴 수 있는 단 한 명의 입찰자와 일한다는 불리함도 있다. 실무에서는 일찍부터 지속적으로 소통하는 것이 중요하다. 그럼으로써 책임 구분을 모호하게 하지 않고도 아키텍트는 비용에 대한 감을 잡고 구현자는 설계에 대한 확신을 얻을 수 있을 것이다.

|| (옮긴이) 프랑스의 삽화가, 판화가, 소설가인 알베르 로비다(Albert Robida)(1848~1926)가 1890년 발표한 과학 소설. 당시로서는 미래인 1955년 프랑스인들의 생활을 묘사하였다.

추정 비용이 너무 높게 나올 경우 아키텍트에게는 두 가지 해법이 있다. 설계를 축소하거나, 비용이 적게 드는 구현 방법으로 대응하거나이다. 후자는 본질적으로 감정이 개입되게 만드는 행동이다. 지금 아키텍트는 구현자가 할 일을 자신이 함으로써 그의 방식에 도전하고 있는 것이다. 이 과정이 원활하게 진행되기 위해 아키텍트는 몇 가지를 명심할 필요가 있다.

- 구현 과정에서 창의성을 발휘할 책임은 구현자에게 있음을 기억하여, 지시가 아닌 제안을 하도록 한다.
- 명세하는 모든 것에 대해 적어도 한 가지 구현 방법은 제시할 수 있도록 항상 준비하고, 목적을 똑같이 만족하는 다른 방안도 수용할 수 있어야 한다.
- 이런 제안은 조용히 개인적으로 이야기한다.
- 개선안을 제시한 공을 인정받는 데 미련을 두지 말아야 한다.

구현 담당은 대개 아키텍처를 변경하자고 응수할 것이다. 그 말이 맞을 때도 가끔 있는데, 사소한 기능이라도 실제로 구현해 보면 의외로 비용이 많이 들 수 있기 때문이다.

자기 절제: 두 번째 시스템 효과

아키텍트의 첫 작품은 단출하고 깔끔한 경향이 있다. 자신이 무엇을 하는지 스스로도 잘 모른다는 것을 알고 있기에, 일을 함에 있어 조심스러우며 대단히 자제하게 된다.

첫 작품을 설계할 때는, 온갖 겉치레와 장식이 생각나도 일단은 '다음번에' 사용할 요량으로 한쪽에 쌓아둔다. 조만간 첫 번째 시스템이 완성되고, 이제 굳건한 자신감과 해당 부류의 시스템에 대한 입증된 전문성으로 무장한 아키텍트는 두 번째 시스템을 만들 준비가 된 상태다.

이 두 번째 것은 한 사람이 설계할 수 있는 것 중 가장 위험한 시스템이다. 나중에 세 번째와 그 이후의 것을 만들 때는 이전 경험에 비추어 보면서 이런 시스템의 일반적인 특징을 확인할 수 있다. 만약 차이가 난다면 그 경험은 특정한 경우이며 일반화할 수 없다는 것을 알게 된다.

두 번째 시스템에 대한 일반적인 경향은, 첫 번째를 만들면서 조심스레 한편으로 밀쳐두었던 온갖 아이디어와 장식을 도입하여 설계가 과도해진다는 것이다. 그 결과는 오비디우스의 말처럼 "큰 더미"가 된다. 예를 들어 나중에 7090에 적용된 IBM 709의 아키텍처를 보자. 이것은 매우 성공적이었고 깔끔했던 704의 업그레이드 버전이자 두 번째 시스템이다. 709의 명령 세트가 너무 다양하고 방대했던 탓에, 주로 사용되는 것은 그중 절반에 지나지 않았다.

더 설득력 있는 사례로 스트레치 컴퓨터의 아키텍처와 구현, 그리고 제품화까지 살펴보자. 이 기종은 많은 이들에게 있어 억눌린 창의성 발현의 배출구였으며, 그들 대부분에게 두 번째 시스템이었다. 스트레이치Strachey는 다음과 같이 회고한다.

> 나는 스트레치가 어떤 면에서 하나의 개발 라인이 끝나는 곳이라는 인상을 받는다. 컴퓨터 초창기의 몇몇 프로그램처럼, 그 시스템은 아주 독창적이고 아주 복잡하며 극히 효과적인 동시에, 왠지 조잡하고 낭비가 심했으며 우아하지 못하고, 사용자는 일을 처리할 더 좋은 방법이 있어야겠다는 느낌을 받게 된다.[1]

OS/360 역시 설계한 사람들 대부분에게 두 번째 시스템이었다. 그들은 1410-7010[III] 디스크 운영 체제, 스트레치 운영 체제, 프로젝트 머큐리Project Mercury[IV] 실시간 시스템, 7090[V]용 IBSYS[VI] 개발 팀에서 일했던 사람들이었다. 이전에 운영 체제를 두 번 만든 경험을 가진 사람은 거의 없었다.[2] 그러니 OS/360은 두 번째 시스템 효과의 전형적인 예이며, 소프트웨어 분야의 스트레치인 셈이다. 스트레치의 논평에 언급된 찬사와 질책은 여기에도 그대로 적용된다.

한 예로, OS/360은 메모리에 상주하는 날짜 전환 루틴 중의 26바이트를 윤년 12월 31일(즉 366번째 날) 처리에 할당하고 있다. 이것은 운영자에게 맡겨도 될 만한 일이었다.

두 번째 시스템 효과는 순수하게 기능적인 장식과는 조금 차이가 나는 또 다른 징후도 보여준다. 그것은 기본적인 시스템의 가정이 변해서 존재 가치가 없어진 기술을 계속 개선하려는 경향이다. OS/360에는 그런 예가 많다.

개별적으로 컴파일된 여러 프로그램을 적재해서 상호 참조를 해결하도록 설계된 링키지 에디터linkage editor[VII]를 보자. 이 도구는 기본 기능 외에도 프로그램 오버레이program overlay[VIII]를 다룰 수 있고, 여태껏 나온 오버레이 설비 중에서도 가장 훌륭한 축에 든다. 오버레이 구조는 링크 시점에 외부에서 지정할 수 있어서 소스 내에 명시할 필요가 없다. 또한 다시 컴파일하지 않고도 실행할 때마다 오버레이 구조를 바꾸는 것이 가능하며, 유용한 옵션과 기능을 다양하게 제공한다. 어떤 의미에서 이것은 다년간에 걸친 정적 오버레이 기술 개발의 정점

III   (옮긴이) 1960년대 초에 개발된 IBM 1400 계열 컴퓨터. 뒤에 나온 7010은 1410과 논리적으로 호환되었다.
IV   (옮긴이) 1958~1963년에 추진된 미국의 유인 우주 비행 계획
V   (옮긴이) 1959년 발표된 IBM 메인프레임 컴퓨터로, 진공관을 사용했던 709의 트랜지스터판 개량 버전이다.
VI   (옮긴이) IBM 7090용 운영 체제.
VII   (옮긴이) IBM 메인프레임에서 링커(linker)를 일컫는 용어다.
VIII   (옮긴이) 컴퓨터의 메모리보다 큰 프로그램을 실행하기 위해서 메모리에 적재된 코드나 데이터 블록을 교체하는 기법. http://ko.wikipedia.org/wiki/오버레이_(프로그래밍) 참고.

이라고 할 수 있다.

하지만 이것은 또한 최후의 위대한 공룡과도 같다. 이 도구가 부속될 시스템은 기본적으로 멀티프로그래밍 모드에서 동작하며 동적 메모리 할당을 가정하기 때문이다. 이런 가정은 정적 오버레이와 정면으로 배치된다. 오버레이 관리에 들였던 노력으로 차라리 동적 메모리 할당과 동적 상호 참조 속도를 개선했더라면 전체 시스템은 얼마나 더 나아졌을까!

게다가 이 링커는 너무 많은 공간을 필요로 했고, 그 자체가 많은 오버레이를 포함하고 있었다. 오버레이 관리 없이 링크만 수행할 때도 대부분의 시스템 컴파일러보다 더 느렸는데, 링커의 목적이 재컴파일 방지임을 생각하면 아이러니가 아닐 수 없다. 발보다 가슴이 더 앞서게 된 스케이트 선수처럼, 개선 작업은 시스템의 기본 가정이 시대에 상당히 뒤떨어질 때까지 계속되었다.

TESTRAN 디버깅 도구는 이런 경향의 또 다른 사례다. 이것은 일괄 처리 디버깅의 정점이라 할 수 있으며, 실로 멋진 스냅샷과 메모리 덤프 기능을 제공한다. 제어 섹션 개념과 기발한 생성자 기술은 인터프리팅 부담이나 재컴파일 없이 선택적 추적과 스냅샷 작성을 가능하게 했다. 709[IX]를 위한 셰어Share[X] 운영 체제에서 꽃피운 개념[3]이 여기에 이르러 만개한 것이다.

한편으로, 재컴파일 없는 일괄 처리 디버깅이라는 개념은 그 자체가 구식이 되어 가고 있었다. 언어 인터프리터나 증분식 컴파일러를 채용한 대화식 컴퓨터 시스템들이 가장 근본적인 도전자로 부상했다. 하지만 일괄 처리 시스템에서조차도 고속 컴파일/저속 실행 컴파일러들의 출현으로 소스 레벨 디버깅과 스냅샷 작성이 더 선호되었다. TESTRAN에 들였던 노력을 대화식 설비와 고속 컴파일 기능 구현에

IX   (옮긴이) 진공관을 사용한 IBM의 초기 메인프레임
X   (옮긴이) IBM 709/7090용 운영 체제

좀 더 일찍부터 쏟았더라면 시스템은 얼마나 더 좋아졌을까!

또 다른 예로 스케줄러를 들 수 있는데, 이것은 고정된 일련의 일괄 처리 작업을 관리하는 진정 뛰어난 설비였다. 사실 이 스케줄러는, 입출력 외에는 멀티프로그래밍이 되지 않는 일괄 처리 시스템이며 주로 비즈니스 응용을 의도했던 1410-7010 디스크 운영 체제의 뒤를 이어서 장식을 덧붙이고 개선한 두 번째 시스템이었다. OS/360 스케줄러는 그 자체로는 훌륭하다. 그러나 원격 작업 입력, 멀티프로그래밍, 영구 상주 대화식 서브시스템 같은 OS/360의 요구 사항은 여기에 전혀 고려되지 않았다. 사실 스케줄러의 설계 자체가 이런 것들을 수용하기 어렵게 했다.

어떻게 하면 아키텍트가 두 번째 시스템 효과를 회피할 수 있을까? 물론, 두 번째 시스템을 건너뛰고 넘어갈 도리는 없다. 하지만 그 시스템이 끼치는 유별난 위험을 자각하고, 기능적인 장식을 더하는 일, 전제와 목적의 변경으로 불필요해진 기능을 확장하는 일을 삼가도록 스스로를 자제시킬 수는 있을 것이다.

아키텍트의 눈을 뜨게 하는 훈련으로, 세부 기능 하나하나에 값을 부여하는 방법이 있다. 예를 들어 기능 x의 가치는 한 번 수행할 때 m바이트의 메모리와 n마이크로초 이상은 아니라는 식이다. 이와 같은 값은 초반의 의사 결정에 안내 역할을 할 것이며, 구현 중에도 모든 이들에게 지침과 경고가 될 것이다.

프로젝트 관리자는 어떻게 두 번째 시스템 효과를 회피할 수 있을까? 최소 두 개의 시스템을 개발한 경험이 있는 사람을 선임 아키텍트로 고수해야 한다. 또한 두 번째 시스템이 주는 특별한 유혹들을 지속적으로 염두에 둠으로써, 자신이 세운 철학과 목적이 세세한 설계 속에 완전히 반영되도록 하기 위한 올바른 질문을 던질 수 있을 것이다.

6
말을 전하다

그가 여기 앉아서 이렇게 말하겠지. "이걸 해라! 저걸 해라!"

하지만 아무 일도 일어나지 않을 걸세.

해리 S. 트루먼Harry S. Truman[I], 대통령의 권력에 대해[1][II]

[I] (옮긴이) 미국의 33대 대통령(재임 1945~1953)
[II] (옮긴이) 그의 뒤를 이을 아이젠하워는 대통령이라는 지위를 이해 못 할 것이라며 측근에게 한 말

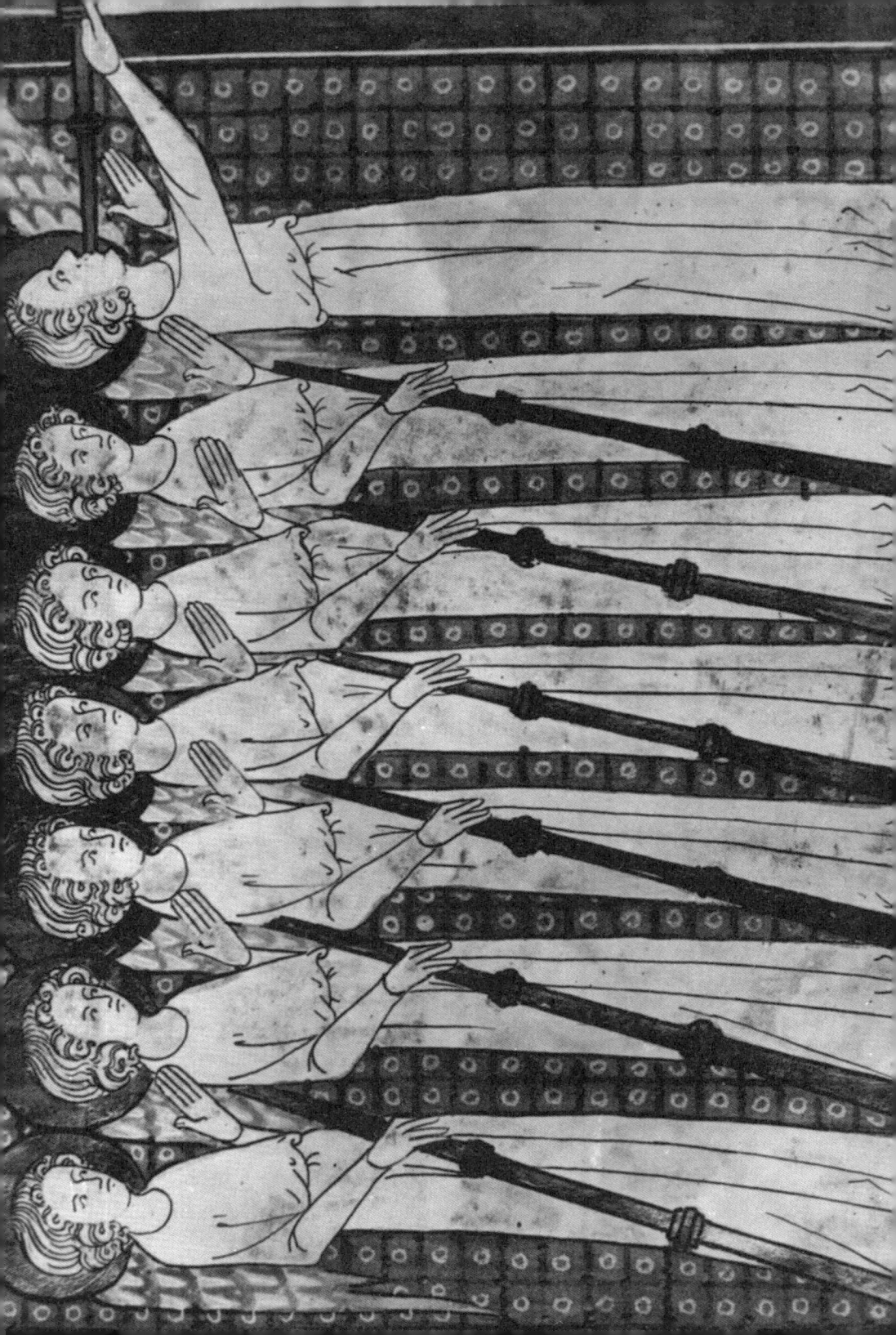

◀ 「웰스 묵시록 (The Wells Apocalypse)」 중 "일곱 개의 트럼펫", 14세기
베트만 문서 보관소

경험 있고 훈련된 아키텍트들을 확보했지만 구현자 수가 많은 상황이라면, 아키텍트의 결정 내용을 모든 이들이 듣고 이해하고 구현하도록 할 방법은 무엇일까? 어떻게 하면 1000명이 만드는 시스템의 개념적 일관성을 10명의 아키텍트들이 유지할 수 있을까? 그런 일을 가능하게 하는 기술 전체가 시스템/360 하드웨어 설계 작업에서 도출되었는데, 이것은 소프트웨어 프로젝트에도 똑같이 적용할 수 있다.

문서화된 명세: 매뉴얼

매뉴얼, 또는 문서화된 명세는 충분하지는 않더라도 필요한 도구다. 매뉴얼은 제품에 대한 '외부적인' 명세로, 사용자가 보게 되는 모든 세부 사항을 기술하고 규정한다. 따라서 이것은 아키텍트의 가장 주요한 산출물이다.

어느 부분이 사용하거나 구현하기에 불편한지 사용자와 구현자들로부터 계속 피드백을 얻어가면서 매뉴얼 작업은 순환적으로 진행된다. 구현자의 편의를 위해 변경 내용은 날짜별 버전과 같이 어느 정도 분량을 모아서 반영하는 것이 중요하다.

매뉴얼은 인터페이스를 비롯해서 사용자가 보는 모든 것을 기술해야 하며, 사용자가 보지 않는 부분은 기술하기를 자제해야 한다. 그 부분은 구현자의 소관이며, 설계의 자유를 그 안에서 마음껏 펼칠 수 있어야 한다. 아키텍트는 자신이 기술하는 모든 기능에 대해 구현 방안 한 가지는 제시할 수 있도록 항상 준비해야 하지만, 실제 구현이 이루어지는 방안을 지시하려고 해서는 안 된다.

매뉴얼의 체재는 꼼꼼하고 완전하며 세부 사항이 정확해야 한다. 사용자는 종종 항목 하나만 참조할 것이므로, 각 항목에는 필요한 내

용을 빠짐없이 반복하되 그 모두가 전체적으로 일치되어야 한다. 이로 인해 매뉴얼이 읽기 따분해질 수 있지만, 생동감보다는 꼼꼼함이 훨씬 중요하다.

시스템/360 매뉴얼 중 하나인 「운영 원칙」에서 볼 수 있는 통일성은 게리 블라우Gerry Blaauw와 안드리스 파덱스Andris Padegs 단 두 명이 그것을 썼다는 사실에서 비롯된다. 매뉴얼에 담긴 내용은 열 명이 만들었지만, 글과 제품 간의 일관성이 유지되려면 상세한 명세 작성은 한두 명이 맡아야 한다. 정의(定義)를 내리기 위한 항목을 작성하다 보면, 본격적인 토론을 벌일 정도는 아닌 여러 가지 결정을 해야 할 수 있다. 예컨대 시스템/360에서 개별 연산이 수행된 다음에 상태 레지스터 값이 어떻게 설정되어야 하는지 등이다. 그러나 이런 사소한 결정 사항들이 매뉴얼의 처음부터 끝까지 일관되어야 한다는 원칙은 사소한 것이 아니다.

여태껏 본 것 중 가장 잘된 매뉴얼을 하나 꼽자면, 블라우가 쓴 「시스템/360 운영 원칙」의 부록을 들 수 있다. 이 글은 시스템/360이 제공하는 호환성의 '한계'에 대해 주의 깊고 상세하게 기술하고 있다. 여기서는 호환성을 정의하고, 그 호환성의 목적이 무엇인지 규정하며, 설계 의도상 아무런 표시가 나지 않는 부분, 한 모델의 결과가 다른 모델과 다를 수 있는 부분, 같은 모델이라도 개별 장비마다 차이가 날 수 있는 부분, 또는 심지어 같은 장비에서도 엔지니어링적인 변경이 가해지기 전과 후가 다를 수 있는 부분에 대해 그 외부적인 양상이 어떠한지를 나열하고 있다. 이와 같은 정밀함은 매뉴얼 작성자라면 누구든 동경하는 경지이며, 이 수준에 이르려면 무엇이 규정되는지만이 아니라 무엇이 규정되지 않는지도 주의 깊게 정의해야 한다.

형식적 정의

영어를 비롯한 자연 언어들은 본질적으로 이런 정의에 적합할 만큼 정밀한 도구가 아니다. 그러므로 매뉴얼 작성자는 필요한 정확함을 얻기 위해 언어 사용에 늘 주의를 기울여야 한다. 매력적인 대안 한 가지는, 정의를 내리는 데 형식적 표기법을 사용하는 것이다. 어쨌거나 정확함이란 형식적 표기법의 장사 밑천이자 존재 이유이니 말이다.

이제 형식적 정의의 장단점을 알아보자. 앞서 말했듯이 형식적 정의는 정확하다. 또한 완결적이려는 경향이 있기 때문에 빠진 부분이 있더라도 금방 눈에 띄어 채워지게 된다. 단점은 이해하기 쉽지 않다는 것이다. 영어 문장으로는 시스템의 구조적 원리를 보여주고, 단계별로 구조를 묘사하며, 예를 드는 것이 가능하다. 예외적인 내용을 표시해 두고 대비점을 강조하는 것도 손쉽다. 가장 중요한 것은, 왜 그런지를 설명할 수 있다는 점이다. 형식적 정의는 지금까지 그 우아함과 정확성으로 감탄을 자아내게 했지만, 뜻하는 내용을 쉽게 배우고 가르치기 위해서는 풀어서 설명할 필요가 있다. 이런 이유 때문에, 앞으로 명세 작성에는 형식적 정의와 서술적 정의가 모두 쓰이리라 생각한다.

옛 속담에, "두 개의 크로노미터[III]를 가지고는 항해에 나서지 마라. 한 개든지 세 개든지 하라"는 경고가 있다. 형식적 정의와 서술적 정의에도 이 경고는 똑같이 해당된다. 두 가지가 같이 쓰인다면 둘 중 하나가 기준이 되고 다른 하나는 보조적인 역할이어야 하며, 이런 점은 명확히 드러나야 한다. 기준은 둘 중 어떤 것이라도 될 수 있다. 알골 68은 형식적 정의가 기준이고 서술이 보조적 역할을 하며, PL/I은

III (옮긴이) 항해할 때 사용하는 정밀 시계

그 반대이다. 시스템/360 역시 서술적 정의를 기준으로 하고 거기서 파생된 형식적 정의를 곁들이고 있다.

형식적 정의에 관련된 도구는 여러 가지가 있다. 프로그래밍 언어를 정의하는 데는 배커스-나우르 표기법Backus-Naur Form[IV]이 널리 쓰이며, 참고 문헌에 상세히 논의되어 있다.[2] PL/I은 형식적 기술에 새로운 추상 구문 표기법을 사용하는데, 역시 관련 문헌에 적절히 설명되어 있다.[3] 아이버슨Iverson의 APL 언어[V]는 하드웨어를 명세하는 용도로도 쓰였고, 주목할 만한 사례로 IBM 7090[4]과 시스템/360[5]이 있다.

벨Bell과 뉴웰Newell은 컴퓨터 설정과 아키텍처를 모두 명세하기 위한 새 표기법을 제안했으며, DEC PDP-8[6], IBM 7090[6], 시스템/360[7]을 포함한 여러 시스템을 대상으로 예증하였다.

형식적 정의는 하드웨어나 소프트웨어 시스템의 외부적 측면을 규정하는 것이지만, 거의 대부분 실제 구현된 내용을 포함하거나 기술하고 있다. 문법적인 부분은 구현체 없이도 기술이 가능하지만, 의미적인 부분은 대개 해당 연산을 수행하는 프로그램을 제시하면서 정의하게 된다. 이것은 당연히 하나의 구현체이므로 아키텍처를 과도하게 규정하는 셈이 된다. 따라서 작성자는 형식적 정의가 외부적 측면에만 해당됨을 명시해야 하고, 그것이 어느 부분인지도 일러두어야 한다.

형식적 정의가 하나의 구현체인 것처럼 구현체도 형식적 정의로 사용될 수 있다. 호환성 있는 컴퓨터를 처음 만들 때 사용하는 기법이 바로 이것이다. 새 장비는 기존 장비와 똑같이 동작해야 한다. 매뉴얼

IV (옮긴이) 프로그래밍 언어 등 형식 언어의 문법을 기술하는 데 사용되는 표기법. 존 배커스(John Backus)와 페테르 나우르(Peter Naur)에 의해 정립되었으며, 약칭인 BNF로 흔히 일컫는다.

V (옮긴이) 케네스 아이버슨(Kenneth E. Iverson)이 만든 프로그래밍 언어. 연산자에 각종 특수 기호를 도입한 것으로 유명하다. 수학 계산에 주로 사용되었고 이후 J, 매트랩(MATLAB), 매스매티카(Mathematica) 등의 언어에 영향을 끼쳤다.

에 모호한 곳이 있는가? "기계에게 물어보라!" 동작 방식을 결정하는 테스트 프로그램을 만들고, 이것을 써서 기존 장비에 맞춘 새 장비를 제작할 수도 있다.

하드웨어 또는 소프트웨어 시스템을 흉내 내도록 프로그램된 시뮬레이터도 똑같은 방식으로 활용될 수 있다. 이것은 하나의 구현체이며 실제로 동작한다. 그러므로 정의에 관련된 모든 의문점은 그것으로 테스트를 해봄으로써 전부 해결된다.

구현체를 정의로 사용하는 데에는 몇 가지 장점이 있다. 모든 의문은 실험에 의해 확실하게 정리된다. 토론이 전혀 필요치 않으므로 답은 즉각적이다. 해답은 원하는 만큼 정확하며 그 정의상 언제나 올바르다. 그 반면에 만만찮은 단점도 여러 가지가 있다. 구현된 내용은 외부적인 측면마저도 과도하게 규정할 우려가 있다. 무효한 구문을 사용하면 항상 무언가 결과가 산출되는데, 관리되는 시스템의 경우 이 결과는 무효함의 표식일 뿐 어떤 의미도 갖지 않는다. 하지만 관리되지 않는 시스템에서는 온갖 종류의 부작용이 생길 수 있고, 프로그래머들은 여태껏 그것을 이용하고 있었을지도 모른다. 우리가 시스템/360에서 IBM 1401을 에뮬레이트하는 작업에 착수했던 때를 예로 들면, 무효한 동작에서 비롯되지만 이미 널리 사용 중인 부작용이 30개나 발견되는 바람에 그것들을 명세의 일부로 간주해야 했다. 이는 정의로서의 구현체가 과도한 규정을 한 경우로, 기계가 무슨 일을 할지를 넘어서 어떻게 그 일을 해야 하는지까지 상당 부분 기술했던 것이다.

그리고 구현체 역시도 예리한 질문을 받았을 때는 가끔 예상 밖이고 계획되지 않은 답을 내놓을 수가 있다. 구현체에 의한 '실질적인' 정의는 이처럼 세부적인 데서 우아하지 못함을 가끔 드러내는데, 그것은 바로 그런 세부 사항이 한 번도 검토되지 않았기 때문이다. 다른 구현체에서 이런 것까지 그대로 본뜨는 일은 느리거나 비용이 드는 일이 되기 쉽다. 예를 들면 어떤 장비에서는 곱셈 연산 후에 피승수 레지스터에 찌꺼기 값을 남겨 놓는다. 이 찌꺼기는 따지고 보면 '실질적' 정의의 일부를 구성하는 것이겠지만, 그것까지 그대로 본뜰 경우 더 빠른 곱셈 알고리즘을 사용하지 못할 수도 있다.

끝으로, 구현체를 형식적 정의로 사용하게 되면 서술적인 것과 형식적인 것 중 어느 쪽이 진짜 표준인지 혼동하기가 유달리 쉽다. 이것은 프로그램된 시뮬레이션의 경우 특히 그렇다. 또한 구현체가 표준으로 사용되는 동안에는 수정되지 않도록 주의할 필요도 있다.

직접 포함하기

소프트웨어 시스템 아키텍트에게는 정의된 내용을 퍼뜨리고 강제할 수 있는 멋진 방법이 있다. 이것은 모듈 간 인터페이스에서 의미까지는 아니더라도 구문을 확립하는 데 특히 유용하다. 이 방법은 먼저 전달될 인자나 공유 저장소에 대한 선언부를 설계하고, 그 선언부를 구현체가 매크로 또는 PL/I의 %INCLUDE 같은 컴파일 타임 기능을 써서 포함하도록 하는 것이다. 거기에 만약 전체 인터페이스가 기호적 명칭으로만 참조된다면 해당 선언부는 새 변수를 추가함으로써 변경이 가능하며, 이것을 사용하는 프로그램은 수정 없이 다시 컴파일만 하면 된다.

회의와 법정

말할 것도 없이 회의는 필요하다. 수많은 일대일 상담은 더 규모가 크고 공식적인 모임을 통해 보완되어야 한다. 우리는 회의를 두 가지 단계로 나누는 것이 유용하다는 사실을 알게 되었다. 첫 번째는 모든 아키텍트가 모이는 반나절 가량의 주간 회의로, 하드웨어 및 소프트웨어 구현 파트의 공식 대표들과 마케팅 담당자들이 함께 참석하며, 의장은 수석 시스템 아키텍트가 맡는다.

누구든지 문제를 제기하거나 변경을 제청할 수 있지만 그 내용은 대개 회의 전에 서면으로 미리 배포된다. 새로운 문제에 대해서는 얼마간의 시간을 들여 논의하며, 단순히 결정을 내리기보다 창의성 발휘에 중점을 둔다. 참석자들이 그 문제에 대해 다양한 해법을 제시하면, 그중에서 몇 가지를 골라서 한 명 또는 여러 명의 아키텍트에게 넘긴다. 해당 아키텍트는 그 해법의 상세한 내용을 적확한 단어로 표현한 매뉴얼 변경 제안서를 만든다.

이렇게 상세화한 변경 제안서는 이제 의사 결정 안건으로 상정된다. 제안 내용은 구현자와 사용자들에게 회람되어 신중한 검토가 이루어졌으며, 장점과 단점이 충분히 파악된 상태다. 합의가 이루어진다면 좋은 일이지만, 그렇지 못하면 수석 아키텍트가 결정을 내린다. 회의 내용은 기록으로 남겨지며 결정된 사항은 공식적으로 지체 없이 널리 전파된다.

주간 회의의 결정은 결과 도출이 신속하여 업무를 중단 없이 진행하도록 해준다. 누군가가 너무나 불만족스러울 경우 곧바로 프로젝트 관리자에게 항의할 수도 있지만, 그런 일은 아주 드물다.

이 회의는 여러 가지 면에서 유익하다.

1. 아키텍트, 사용자, 구현자로 구성된 동일 집단이 여러 달 동안 매주 만나므로, 최신 정보로 갱신하기 위해 시간을 들일 필요가 없다.
2. 이 집단은 생기 있고 수완 좋은 사람들로, 이슈를 잘 파악하고 있으며 결론의 향방에 깊이 관련되어 있다. 어느 누구도 '자문' 역할을 하지 않으며, 모두 구속력 있는 약속을 할 권한이 있다.
3. 문제가 제기되면, 그 문제가 내포하는 명백한 경계의 안쪽만이 아

니라 바깥쪽에서도 해결책을 모색하게 된다.
4. 문서화된 제안서의 공식성은 주의를 집중하게 하고 결정을 내리도록 만들며, 위원회에서 나온 초안처럼 앞뒤가 맞지 않는 일이 없게 해준다.
5. 의사 결정권이 수석 아키텍트에게 있음을 명확히 함으로써 타협과 시간 지연을 피할 수 있다.

시간이 흘러감에 따라 결정 사항 중 오래 지속되지 못하는 것들이 생긴다. 몇몇 사소한 안건은 일부 참석자가 진심으로 납득하지 못했을 것이다. 또는 어떤 결정으로 인해 뜻밖의 문제가 생겼지만, 주간 회의에서는 해당 건을 재검토하지 않기로 했을 수도 있다. 이런 사소한 항의나 공개된 현안, 불만 사항들을 담아둔 백로그는 그 분량이 점점 늘어나게 된다. 우리는 이것을 정리하기 위해 해마다 2주가량의 최고 법정을 열었다(내가 만약 다시 맡는다면 6개월마다 열 것이다).

이 법정은 매뉴얼의 주요 프리즈[VI] 날짜 직전에 개최되었다. 참석자에는 아키텍트들과 각 파트의 설계 관련 대표자뿐 아니라 프로그래밍, 마케팅, 구현 쪽 관리자들도 포함되었고, 시스템/360 프로젝트 관리자가 회의를 주재했다. 의안은 통상 200여 건 정도로 대부분 사소했으며 그 내용은 방 안에 빙 둘러서 차트로 게시되었다. 모든 쪽의 의견이 청취되고 결정이 내려졌다. 전산화된 텍스트 편집의 경이로움과 스태프들의 훌륭한 일처리 덕택에, 참석자 모두는 전날의 결정이 반영된 매뉴얼 수정본을 매일 아침 자기 자리에서 받아볼 수 있었다.

이런 '가을 축제'는 의사 결정을 내리는 것은 물론 그 결정이 수용되도록 한다는 점에서도 유용했다. 모든 이들의 의견이 청취되었고, 모두가 참석했으며, 수많은 결정 사이의 복잡한 제약 사항과 상호 관

[VI] (옮긴이) 개발 과정 중에 정하는 특정 시점으로, 그 직후에는 코드나 문서 변경에 상당한 제약이 따른다.

계를 모두가 더 잘 이해하게 되었다.

여러 벌 구현하기

시스템/360의 아키텍트들은 거의 전례가 없는 두 가지 이점을 누렸다. 신중하게 작업할 수 있는 충분한 시간, 그리고 구현자의 그것과 맞먹는 정치적 영향력이다. 충분한 시간은 새로운 기술에 힘입은 일정에서 나왔고, 정치적 대등함은 여러 구현체를 동시에 구축한 데서 비롯되었다. 이 구현체들 간에는 엄격한 호환성이 요구되었으며, 이것은 명세를 강제할 수 있는 가장 강력한 수단이었다.

컴퓨터 관련 프로젝트를 진행하다 보면 기계와 매뉴얼이 일치하지 않는 것을 발견할 때가 있기 마련이다. 뒤이어 벌어지는 대결에서는 보통 매뉴얼 쪽이 지는데, 기계보다 매뉴얼을 고치는 편이 훨씬 빠르고 싸게 먹히기 때문이다. 하지만 구현체가 여럿이라면 얘기가 달라진다. 매뉴얼을 충실히 따른 기계들을 수정한다면, 잘못된 기계를 고치는 것보다 더 많은 비용과 시간이 들 수 있다.

이런 개념은 새로운 프로그래밍 언어를 정의할 때도 효과적으로 적용할 수 있다. 그럴 경우 다양한 목적을 위한 여러 종류의 인터프리터나 컴파일러가 조만간 만들어질 것을 확신할 수 있게 된다. 처음부터 구현체를 두 개 이상 만든다면, 언어의 정의는 더 깔끔해지고 질서도 좀 더 잡힐 것이다.

통화 일지

구현이 진행됨에 따라 설계상의 해석에 관한 질문이 수도 없이 생기게 되는데, 이것은 명세의 명확한 정도와는 무관하다. 많은 경우 이런 질문은 추가적인 검토와 명세의 보완으로 이어지지만 단순히 오해에서 비롯된 것들도 있다.

그렇기는 해도, 구현에 불명확한 점이 있을 경우 지레짐작으로 진행하기보다 담당 아키텍트에게 전화를 걸어서 물어보기를 권장하는 것은 반드시 필요하다. 또한, 그런 질문에 대한 답변은 아키텍처에 대한 '권위 있는' 해석이며 모두에게 공유되어야 함을 인지하는 것도 꼭 필요하다.

유용한 방법 하나는, 아키텍트가 통화 일지를 관리하면서 모든 질문과 답변 내용을 기록해 두는 것이다. 아키텍트들의 통화 일지는 매주 병합하여 사용자 및 구현자들에게 배포된다. 이 방법은 다소 비공식적이기는 하지만 신속하고 알기 쉽다는 장점이 있다.

제품 테스트

프로젝트 관리자의 가장 좋은 친구는 매일 적군 역할을 하는 독립적인 제품 테스팅 조직이다. 이들은 명세를 기준으로 기계와 프로그램을 점검하고, 있음직한 결함과 불일치를 모두 집어냄으로써 선의의 비판자 역할을 한다. 모든 개발 조직은 건전성을 담보하기 위해 이처럼 독립된 기술 감사 조직이 필요하다.

하지만 결국에 가서는 고객이 독립된 감사인이며, 실제 사용이라는 가차 없는 빛 아래 모든 결함은 드러날 것이다. 그렇다면 제품 테스팅 조직은 결함 발견에 전문화된 고객의 대리인이라 하겠다. 주의 깊은 제품 테스터들은 말이 제대로 전달되지 않았거나 설계상의 결정이 잘못 이해되었거나 정확하게 구현되지 않은 곳을 몇 번이고 찾아낼 것이다. 이런 이유로 인해 테스팅 조직은 설계 내용의 전달 계통에 필수적인 연결 고리이며, 설계와 동시에 초반부터 가동될 필요가 있다.

바벨탑은 왜 실패했는가?

모든 인류는 몇 안 되는 단어들로 이루어진 하나의 언어를 사용하였다. 인간들은 동쪽으로부터 옮겨가다가 시나르 땅의 평지를 발견하고 거기에 정착하였다. 그들이 서로 이르기를 "자, 벽돌을 만들고 단단히 구워내자." 그리하여 벽돌로 돌을 대신하고 역청으로 회반죽을 대신하였다. 그리고 이르기를, "자, 도시를 만들고 그 탑의 꼭대기가 하늘에 닿아 우리 이름을 떨치게 하자. 그리하면 우리가 땅의 곳곳으로 흩어지지 않으리라."

이에 주께서 인간이 지은 도시와 탑을 보러 내려오셨다. 주가 이르시기를, "그들은 한 족속이며 같은 말을 쓰고 있다. 시작이 이 정도라면 결심한 일은 무엇이든 해낼 것이다. 자, 내려가서 그 언어를 혼란하게 만들어 서로 알아듣지 못하게 하자."

이리하여 인간들의 도시 짓기를 중단시키기 위해 주께서 그들을 거기로부터 온 세상으로 흩으셨다.

- 「창세기」 11장 1-8절

◀ 대(大) 피터르 브뤼헐¹, "바벨의 탑", 1563
빈 미술사 박물관

바벨 프로젝트의 경영 감사

「창세기」에 따르면 바벨탑은 노아의 방주를 잇는 인류의 두 번째 대규모 엔지니어링 프로젝트였다. 또한 바벨은 첫 번째 엔지니어링적 대실패였다.

이 이야기는 여러 가지 층위에서 심오하고 교훈적이다. 하지만 여기서는 순수한 엔지니어링 프로젝트로 검토하면서 어떤 관리 측면의 교훈을 얻을 수 있을지 살펴보자. 이 프로젝트는 성공하기 위한 전제 조건을 얼마나 잘 갖추고 있었을까?

1. 명확한 임무? 순진할 정도로 불가능하긴 했지만 그랬다. 프로젝트는 이런 기본적인 한계에 부딪치기 훨씬 이전부터 실패했다.
2. 인력? 많았다.
3. 재료? 진흙과 아스팔트는 메소포타미아에 풍부하다.
4. 충분한 시간? 시간적 제약에 대한 암시는 없었다.
5. 적절한 기술? 피라미드나 원뿔 구조는 원래 안정적이며 압축 하중을 잘 분산하는 것으로 알려져 있다. 그들이 석조 기술을 잘 이해하고 있었음은 분명하다. 그러나 프로젝트는 기술적 한계에 부딪치기 이전에 실패했다.

자, 그들이 이 모든 것을 갖추고 있었다면 프로젝트는 왜 실패했을까? 무엇이 부족해서였을까? 두 가지를 들 수 있다. '의사소통', 그리고 거기서 귀결되는 '조직'이다. 그들은 서로 이야기를 나눌 수가 없었으므

---

1 (옮긴이) Pieter Brueghel, the Elder(1525~1569). 르네상스 시대에 활동했던 네덜란드 화가. 같은 이름의 큰 아들 소(小) 피터르 브뤼헐과 구분하기 위하여 대(大)를 붙여 부른다.

로 일을 조율할 수 없었다. 조율을 할 수 없게 되면서 작업은 서서히 중단되어 갔다. 우리는 행간에서 의사소통 부재가 가져온 분쟁과 악감정, 집단 간 질시를 읽을 수 있다. 논쟁보다 고립을 택한 부족들은 머지않아 떠나가기 시작했다.

대규모 프로그래밍 프로젝트 내의 의사소통

다시 현재로 돌아오자. 일정 붕괴, 기능적 부조화, 시스템 버그 같은 일들은 모두 오른손이 하는 일을 왼손이 알지 못해서 생긴다. 일이 진척되어 가면서 몇몇 팀이 자신들 프로그램의 기능, 크기, 속도를 조금씩 바꾸고 입출력에 대한 가정 역시 명시적·암묵적으로 변경한다.

예를 들면 오버레이 기능의 구현 담당자가 무슨 문제엔가 봉착해서, 그 기능이 응용 프로그램 중에서 사용되는 빈도에 의거하여 실행 속도를 늦추기로 했을 수 있다. 그런데 한편으로는 옆자리 동료가 이 기능의 실행 속도에 매우 의존적이도록 관리 기능의 중요한 부분을 설계하고 있을 수도 있다. 이런 실행 속도 변경은 그 자체로 명세상의 주요한 변경이 되며, 널리 공유되고 전체 시스템 관점에서 검토될 필요가 있다.

그러면 팀들은 어떻게 서로 소통해야 할까? 가능한 한 여러 가지 방법을 동원해야 한다.

- 비공식적으로 소통한다. 전화 서비스 품질이 괜찮고 그룹 간 의존관계가 명확하다면, 전화로 빈번하게 소통하면서 문서에 대한 공통된 해석을 이끌어낼 수 있다.
- 회의를 이용한다. 각 팀이 차례로 기술적 브리핑을 하는 정기 프로젝트 회의는 매우 유용하다. 수많은 사소한 오해가 이 회의를 통해 드러나게 된다.

- 워크북을 활용한다. 공식적인 프로젝트 워크북을 초반부터 가동해야 한다. 이것은 따로 떼어 설명할 가치가 있다.

프로젝트 워크북

워크북이란 무엇인가. 프로젝트 워크북은 별개의 문서라기보다는 프로젝트를 진행하면서 어차피 생산될 문서들로 구성한 하나의 체계다.

프로젝트의 '모든' 문서는 이 체계의 일부분이 되어야 한다. 프로젝트 목표, 외부 명세, 인터페이스 명세, 기술 표준, 내부 명세, 관리 메모 등이 여기에 포함된다.

왜 만드는가. 기술적인 글의 생명은 거의 영원하다. 만약 어떤 하드웨어나 소프트웨어에 대한 고객용 매뉴얼의 계보를 거슬러 올라간다면, 제품을 제안하고 최초 설계를 기술했던 초창기 메모에서 아이디어뿐 아니라 구체적인 문장이나 단락까지 그대로 이어져 왔음을 볼 수 있다. 기술 작가에게는 풀 통[ii]이 펜만큼이나 위력 있는 것이다.

그런 이유로 인해, 또한 내일의 제품 매뉴얼은 오늘의 메모에서 비롯되는 까닭에, 문서 산출물의 구조를 제대로 잡는 일은 아주 중요하다. 초기에 프로젝트 워크북의 구조를 설계해 두면 문서화가 마구잡이로 진행되는 것을 방지할 수 있다. 또한 그런 구조가 있음으로 해서 차후에 작성될 문건들이 그 구조 속에 들어맞는 조각으로 자리 잡을 수 있다.

프로젝트 워크북을 만드는 두 번째 이유는 정보 전달 통제다. 여기서는 정보의 제한이 문제가 아니라, 필요한 사람 모두에게 관련 정보가 전달되도록 하는 것이 문제다.

---

ii (옮긴이) 타자기로 문서를 작성하던 시절에는 문서를 편집할 때 풀(paste)과 자 같은 도구를 썼다. 워드프로세서의 붙여넣기(paste)는 물론 여기에서 유래했다.

그 첫걸음은 모든 메모에 번호를 붙여서 목록으로 정리하는 것이다. 이 목록을 보고 작업자들은 자신에게 필요한 문건이 있는지를 확인할 수 있다. 워크북의 구성은 여기에 머무르지 않고 메모들의 계층적인 트리 구조로 나아간다. 이런 트리 구조는 필요할 경우 배포 목록을 서브트리 단위로 관리할 수 있도록 해준다.

어떻게 운영하나. 많은 프로그래밍 관리 문제와 마찬가지로, 기술적 메모 역시 분량이 늘어남에 따라 문제가 비선형적으로 증가한다. 10명이 있으면 문서에 번호만 매기면 된다. 100명이라면 몇 개의 순번 체계를 두는 것으로 충분할 것이다. 1000명 규모에서는 물리적으로 여러 곳에 분산해야 하는 수준이 되며, 구조화된 워크북에 대한 '필요성'도 커지지만 워크북의 '크기' 또한 커지게 된다. 그렇다면 어떤 식으로 워크북을 운영해야 할까?

내 생각에 OS/360 프로젝트에서는 워크북이 잘 운영된 것 같다. 이전에 1410-7010 운영 체제 프로젝트에서 그 효율성을 경험했던 로켄 O. S. Locken이 구조화된 워크북의 필요성을 강하게 주장했다.

우리는 '모든' 프로그래머가 '모든' 자료를 보아야 한다고, 다시 말해 모두가 자기 사무실에 워크북 사본을 하나씩 갖고 있어야 한다고 신속히 결정했다.

여기서 대단히 중요한 것은 때맞게 갱신하는 일이다. 워크북에는 최신 내용이 담겨야 한다. 변경 내용을 반영하기 위해 문서 전체를 다시 타이핑해야 한다면 굉장히 힘든 일이 될 것이다. 하지만 삼공노트 같은 루스리프looseleaf식 제본이라면 변경되는 몇 장만 교체하면 된다. 우리에게는 전산화된 텍스트 편집 시스템이 있었는데, 워크북을 시기적절하게 관리하는 데 아주 유용하다는 것이 입증되었다. 오프셋 인쇄 원본은 프린터에서 바로 준비되었고, 갱신에는 하루가 채 걸리지 않았다. 하지만 갱신본을 받은 사람들에게는 동기화 문제가 남아 있었다. 변경된 부분을 처음 받아들 때는 "무엇이 바뀌었는지"를 알고자 할 것이며, 나중에 그 부분을 참고할 때는 "현재 어떻게 정의되어 있는지"를 알고 싶을 것이다.

후자는 지속적으로 문서를 관리함으로써 충족될 수 있지만, 변경 부분을 하이라이팅하는 것은 추가적인 단계가 필요하다. 우선 변경된 부분에 표시를 해둔다. 예를 들면 변경된 행의 옆쪽 여백에다 수직선을 긋는 식이다. 그 다음에는 변경 사항 목록과 각 항목의 중요성을 짧게 기술한 별도의 요약문을 새로 갱신된 내용과 함께 배포할 필요가 있다.

우리 프로젝트는 여섯 달이 못 되어 또 다른 문제에 부닥쳤다. 워크북의 두께가 1.5미터에 이르렀던 것이다! 우리 사무실 내 프로그래머들에게 배포된 워크북 100권을 차곡차곡 쌓으면 사무실이 있던 맨해튼 타임-라이프 빌딩보다도 더 높아질 지경이었다. 게다가 매일 배포되는 변경 사항이 평균 5센티미터 두께로, 정리해서 철해둘 분량은 모두 150쪽이나 되었다. 이제 업무 시간의 상당 부분이 워크북 유지 관리에 들어가기 시작했다.

이 시점에서 우리는 마이크로피시microfiche[III]로 워크북을 전환했다. 각 사무실에 리더기를 놓는 비용을 감안하더라도 이 조치로 인해 100만 달러가량이 절감되었다. 우리는 마이크로피시 제작에 소요되는 시간을 크게 줄일 수 있었다. 3세제곱피트[IV]이던 워크북의 덩치는 1/6세제곱피트[V]가 되었으며, 무엇보다 변경 사항이 100쪽 단위로 배포되면서 문서의 편철 문제가 100분의 1로 경감되었다.

마이크로피시는 단점도 있다. 관리자 입장에서, 문서 사이에 종이를 끼우며 철하는 불편함은 다른 한편으로 그 변경 사항들이 원래 목적대로 '읽혀짐'을 보장하는 측면도 있다. 마이크로피시를 쓰는 경우

III (옮긴이) 마이크로필름과 비슷한 용도로 쓰이는 A6 크기의 평판 필름
IV (옮긴이) 약 85리터
V (옮긴이) 약 4.7리터

변경 사항을 담은 종이 문서를 함께 배포하지 않으면 워크북 유지 관리가 지나치게 손쉬워지는 면이 있게 된다.

또한 마이크로피시로 된 문서는, 읽으면서 바로 하이라이팅하거나 표시와 주석을 달 수 없다. 독자와 상호 작용하는 문서라야 작성자에게 더 효과적이고 독자에게도 유용할 것이다.

그런 모든 것을 감안해도 마이크로피시는 아주 좋은 방법이었다. 대단히 큰 프로젝트라면 종이로 된 워크북보다 이 방법을 추천한다.

오늘날이라면 어떻게 운영할 것인가? 오늘날 사용 가능한 기술을 고려한다면, 워크북을 직접 접근식 파일에 두고 변경 표식과 개정 일자를 명기하는 방법이 좋을 것 같다. 모든 사용자는 디스플레이가 달린 터미널에서 워크북을 참조할 것이다(타이프라이터는 너무 느리다). 매일 준비되는 변경 사항 요약본은 정해진 곳에 후입선출[VI] 방식으로 저장해 둔다. 프로그래머는 날마다 그것을 읽을 것이고, 혹시 하루 분량을 놓치더라도 그 다음 날에 조금 더 많이 읽으면 된다. 변경 요약을 보는 도중에, 변경된 본문 자체를 확인하기 위해 보기를 잠시 중단할 수도 있을 것이다.

여기서 워크북 자체는 변하지 않았음에 주목해야 한다. 워크북은 여전히 세심한 설계에 따라 구성된 프로젝트 문서 전체의 모음이다. 유일하게 바뀐 것은 배포와 참조 방법이다. 스탠포드 연구소Stanford Research Institute의 엥겔바트D. C. Engelbart와 그 동료들은 이와 같은 시스템을 구축하여 ARPA 네트워크[VII]의 문서 생산과 유지에 활용하고 있다.

카네기-멜론Carnegie-Mellon 대학교의 파르나스D. L. Parnas는 더욱 급

VI (옮긴이) LIFO(Last in, first out)
VII (옮긴이) Advanced Research Projects Agency Network. TCP/IP가 최초 구현된 네트워크로 현재 인터넷의 전신이다.

진적인 해결책을 제시했다.[1] 프로그래머는 자기 담당이 아닌 부분의 세부 내용에 노출될 때가 아니라 그로부터 차단될 때에 가장 효율적이라는 것이 그의 학위 논문 내용이다. 이 주장은 모든 인터페이스가 완전하고 정확하게 정의됨을 상정하고 있다. 이는 분명 견실한 설계이지만, 그것이 완벽하게 이루어질 것을 가정하고 거기 의존한다면 재앙이 닥칠 것이다. 좋은 정보 시스템은 인터페이스상의 오류를 드러내기도 하지만 그 오류의 정정 또한 고무시킨다.

대규모 프로그래밍 프로젝트의 조직 구성

프로젝트 내의 작업자가 n명일 때, 의사소통이 존재할 수 있는 상호 인터페이스 수는 $(n^2-n)/2$이고[VIII], 조율이 일어나야 하는 팀의 잠재적인 숫자는 거의 2^n에 이른다[IX]. 조직의 목적은 필요한 의사소통 및 팀 간 조율의 양을 줄이는 것이다. 그러므로 조직이란 개념은 앞서의 의사소통 문제에 대한 근본적인 대응책이다.

의사소통을 줄이기 위한 방도는 '분업'과 '전문화'다. 트리 형태의 조직 구조에는 분업과 전문화가 적용될 때 세세한 의사소통의 필요가 줄어드는 것이 나타나 있다.

사실, 트리 형태의 조직은 권한과 책임 구조로부터 파생된 것이다. 두 명의 상사를 동시에 모실 수 없다는 원칙은 권한 구조가 트리 모양이 되도록 만든다. 하지만 실제 소통은 그 구조에 별로 제약이 없으므로, 본래 그물망 형태인 의사소통 구조를 트리가 잘 반영한다고 하기는 어렵다. 참모 그룹, 태스크포스, 위원회, 그리고 많은 엔지니어링 연구소에서 사용되는 매트릭스형 조직 같은 것들이 트리 구조의 이런

VIII (옮긴이) 정다각형에서 변과 대각선 개수의 합과 같다.
IX (옮긴이) n명 중에서 1명, n명 중에서 2명, …과 같이 하여 그 조합의 수를 모두 더하면 2^n-1이 된다. 즉 $_nC_1+_nC_2+\ldots+_nC_n=2^n-1$이다.

부적당함으로부터 생겨나게 된다.

이제 트리 형태의 프로그래밍 조직을 가정할 때, 효율적인 운영을 위해 서브트리에 해당하는 하위 조직이 반드시 갖춰야 할 핵심 사항들을 알아보자.

1. 임무
2. 프로듀서
3. 기술 총괄 또는 아키텍트
4. 일정
5. 업무 분장
6. 각 파트 간 인터페이스 정의

여기서 프로듀서와 기술 총괄의 구분을 제외하면 나머지는 자명한 것들이다. 이 두 가지 역할과 그 사이의 관계를 고찰해 보자.

프로듀서의 역할은 무엇인가? 이 사람은 팀을 조직하고 업무를 나누며 일정을 수립한다. 그리고 필요한 자원을 지속적으로 확보할 책임을 맡는다. 이것은 프로듀서의 역할 대부분이 팀 외부와 위로든 옆으로든 소통하는 것임을 의미한다. 또한 프로듀서는 팀 내의 의사소통 및 보고 체계를 수립한다. 마지막으로, 그는 주위 환경의 변화에 대응하여 자원 투입과 조직 구성을 조정해 가며 일정이 지켜질 수 있도록 한다.

기술 총괄은 어떤 역할일까? 그는 설계를 구상하고, 하위 요소를 결정하며, 시스템을 외부에서 볼 때 어떻게 보일지를 명세하고, 내부 구조를 스케치한다. 그는 전체 설계에 통일성과 개념적 일관성을 부여하며, 그럼으로써 시스템 복잡도가 일정 수준을 넘지 않도록 한다. 기술적인 문제가 발생하면 해결책을 고안해 내거나 필요에 따라 설계를 변경하기도 한다. 이 사람은 앨 캡 Al Capp의 멋진 구절을 빌리자면

"비밀 연구소의 내부자"ˣ다. 그의 의사소통은 주로 팀 안에서 이루어지며, 업무는 거의 대부분 기술적인 것이다.

이 두 가지 역할에 서로 다른 재능이 요구된다는 것은 명확하다. 재능이란 여러 가지 서로 다른 조합으로 나타나므로, 프로듀서와 기술 총괄이 가지고 있는 특정한 조합으로부터 그들 사이의 관계가 정해져야 한다. 조직이란 현재 있는 사람들을 중심에 두고 구성하는 것이지, 이론적인 조직에다가 사람들을 끼워 맞춰서는 안 된다.

두 사람의 역할 관계는 세 가지 경우가 가능하고, 모두 성공적인 실제 사례가 있다.

프로듀서와 기술 총괄이 같은 사람일 경우. 이 상황은 세 명에서 여섯 명 정도의 아주 작은 팀에 잘 맞는다. 조금 더 큰 규모에서는 두 가지 이유로 운영이 아주 힘들다. 먼저, 관리적 재능과 기술적 재능이 모두 뛰어난 사람은 찾기가 어렵다. 생각하는 사람은 드물고, 행동하는 사람은 더 드물며, 생각하면서 행동하는 사람은 가장 희귀하다.

두 번째는, 좀 더 큰 규모라면 각 역할이 상근직 또는 그 이상의 일이 되기 때문이다. 프로듀서가 다른 일을 위임하고 기술적인 업무를 볼 시간을 확보하기는 어렵다. 또한 기술 총괄이 자기 일을 위임하는 것은 설계의 개념적 일관성에 대한 타협 없이는 불가능하다.

프로듀서가 수장이고 기술 총괄이 그의 오른팔인 경우. 이 상황에서는, 기술 총괄을 명령 계통상에 두어서 시간을 뺏기게 하지 않고도 기술적 결정에 대한 '권위'가 서도록 하는 것이 과제다.

프로듀서가 기술 총괄의 권위를 공언해 두어야 함은 명백하며, 향후 발생할 많은 시험적 사례에 있어 그의 권위를 강하게 뒷받침해 주

ˣ (옮긴이) 원문은 "inside-man at the skunk works"다. 미국의 만화가 앨 캡의 만화에서 유래한 표현이다.

어야 한다. 이것이 가능하려면 기본적인 기술적 철학에 대해 프로듀서와 기술 총괄이 같은 관점을 공유하고 있어야 한다. 두 사람은 주요한 기술 이슈가 전면에 부상하기 전에 개별적으로 논의해야 하며, 프로듀서는 기술 총괄의 기술적 기량을 깊이 존중해야 한다.

조금 덜 명백해 보이지만, 프로듀서는 기술 총괄이 명령 계통의 바깥에 있더라도 의사 결정권을 갖고 있음을 보여주기 위해 방 크기나 카펫, 실내 의장, 문서 배포시 참조와 같은 지위의 상징을 적절히 활용할 수 있다.

이와 같은 상황은 아주 효과적으로 운영될 수 있지만 유감스럽게도 거의 시도되지는 않는다. 프로젝트 관리자가 가장 잘해 내지 못하는 것이, 이처럼 관리적 재능이 떨어지는 기술 분야 귀재를 활용하는 일이다.

기술 총괄이 수장이고 프로듀서가 그의 오른팔인 경우. 로버트 하인라인 Robert A. Heinlein[XI]은 『The Man Who Sold the Moon』[XII]에서 생생한 사례로 이 조합을 묘사하고 있다.

> 코스터는 손바닥에 얼굴을 파묻고 있다가 고개를 들었다. "압니다. 뭘 해야 하는지 알아요. 하지만 기술적인 문제에 착수하려고 할 때마다 어떤 바보 멍청이가 트럭, 아니면 전화, 아니면 다른 빌어먹을 것에 대해 결정을 내려달라고 온단 말입니다. 미안합니다, 해리먼 씨. 난 내가 할 수 있을 줄 알았어요."
>
> 해리먼은 아주 온화하게 말했다. "그런 일에 휘둘리지 말게, 밥. 요

XI   (옮긴이) 미국의 작가(1907~1988). 아이작 아시모프(Isaac Asimov), 아서 클라크(Arthur C. Clarke)와 함께 SF의 3대 거장으로 불린다. 주요 작품으로 『스타십 트루퍼스(Starship Troopers)』, 『여름으로 가는 문(The Door into Summer)』, 『달은 무자비한 밤의 여왕(The Moon is a Harsh Mistress)』 등이 있다.

XII   (옮긴이) 번역서로 『달을 판 사나이』(불새, 2013)가 있다.

즘 잠도 별로 못 잤지 않나? 이렇게 한번 해 보세. 퍼거슨은 속여 넘기도록 하지. 지금 앉아 있는 그 책상은 며칠간 치워버리고, 자네를 잡다한 일에서 지켜줄 방어막을 쳐둘까 하네. 난 자네 두뇌가 트럭 계약이 아니라 반작용 벡터나 연료 효용성, 설계변형력 같은 걸 생각하기를 바라네." 해리먼은 문으로 가서 바깥쪽을 둘러보고 사무실 서기장일 수도 아닐 수도 있는 사내 하나를 발견했다. "어이 거기! 이리 와보게."

그 사내가 깜짝 놀라 일어나서 문 쪽으로 왔다. "네?"

"저 구석에 있는 책상하고 그 위의 물건 모두를 이 층에 있는 빈 사무실로 옮겨주게. 지금 당장."

그는 코스터가 다른 책상과 함께 새 사무실로 옮겨가는 것을 지켜보았고, 새 방의 전화선이 끊긴 것을 확인한 다음, 뒤늦게 생각이 나서 침상도 하나 옮겨오도록 했다. "영사기, 제도기, 책장, 기타 잡다한 것들은 오늘 밤에 설치할 걸세." 그가 코스터에게 말했다. "엔지니어링에 집중하기 위해 필요한 것이라면 뭐든 알려만 주게." 그는 명목상의 수석 엔지니어 사무실로 돌아가서, 즐거운 마음으로 현재의 조직 상황과 거기서 뭐가 잘못되었는지를 파악하기 시작했다.

네 시간여가 지난 뒤 그는 버클리를 데리고 코스터를 만나러 갔다. 수석 엔지니어는 책상에서 팔을 베고 잠들어 있었다. 해리먼이 되돌아나가려는데 코스터가 깨어났다. "아, 죄송합니다." 그가 낯을 붉히며 말했다. "깜박 잠이 들었나 봐요."

"그래서 침상을 갖다 놨다네." 해리먼이 말했다. "거기가 훨씬 편할 것이네. 밥, 이쪽은 잭 버클리, 자네의 새 노예일세. 자네는 여전히 수석 엔지니어고 의심할 바 없는 최고 우두머리지. 잭은 그 외 모든 것을 맡을 걸세. 지금부터 자네는 아무것도 걱정할 게 없네. 달로 갈 우주선을 만들기 위한 약간의 세부 사항 말고는."

그들은 악수를 나누었다. "딱 한 가지만 부탁드리겠습니다, 코스터 씨." 버클리가 진지하게 말했다. "저는 원하시는 대로 건너뛰어도 됩니다. 당신은 기술적인 일을 처리해야 하니까요. 하지만 아무쪼록 녹음을 남겨서 일이 어떻게 돌아가는지 제가 알도록 해 주셨으면 합니다. 제 책상의 봉인된 녹음기를 작동시키는 스위치를 여기 책상 위에다 설치해 두겠습니다."

"좋고말고요!" 해리먼은 코스터가 벌써부터 훨씬 젊어 보인다는 생각을 했다.

"그리고 기술적이 아닌 뭔가를 원하신다면 직접 나설 것 없이 스위치를 젖히고 휘파람만 부세요. 그럼 해결될 겁니다." 버클리는 해리먼을 흘낏 보았다. "해리먼 씨가 당신과 중요한 이야기를 하고 싶으신 것 같군요. 저는 이만 물러나서 일에 착수하겠습니다." 그는 떠나갔다.

해리먼이 앉고 코스터도 따라 앉았다. "휴!"

"좀 나아졌는가?"

"저 버클리라는 친구 마음에 드네요."

"그거 좋구먼. 저 친구는 지금부터 자네의 쌍둥이 형제일세. 걱정 말게. 저 친구 전에도 써본 적이 있다네. 이제 자네는 잘 운영되는 병원에서 사는 기분을 느낄 걸세."[2]

이 이야기에는 그다지 분석적인 설명이 필요치 않을 것이다. 이런 조합 역시 효과적으로 운영이 가능하다.

내 생각에 마지막 조합은 3장 '외과 수술 팀'에서 논한 것 같은 소규모 팀에 가장 잘 맞지 않을까 싶다. 아주 큰 프로젝트 내의 규모 있는 하위 조직이라면 프로듀서가 우두머리를 맡는 편이 좀 더 적절할 것 같다.

바벨탑은 최초의 엔지니어링적인 대실패였지만 마지막 대실패는 아니었다. 의사소통, 그리고 거기서 귀결되는 조직 편제는 성공을 위해 대단히 중요하다. 그에 관한 기법들은 관리자에게 더 깊이 생각할 것과 소프트웨어 기술 자체에 못지않은 노련함을 갖출 것을 요구하고 있다.

8
예고 홈런

> 연습이야말로 가장 훌륭한 교사다.
> - 푸블릴리우스 Publilius[I]
>
> 경험은 소중한 스승이지만, 어리석은 자들은 아무에게서도 배우지 못할 것이다.
> - 리처드 연감 Poor Richard's Almanac[II]

[I] (옮긴이) 푸블릴리우스 시루스(Publilius Syrus). 기원전 1세기 로마 시대의 작가.
[II] (옮긴이) 북미 대륙 식민지 초기에 벤자민 프랭클린(Benjamin Franklin)이 리처드라는 가명으로 발행했던 팸플릿 형태의 연감

◀ 더글러스 크록웰(Douglass Crockwell), "홈런을 예고하는 루스," 월드 시리즈, 1932 에스콰이어지와 더글러스 크록웰의 허가를 얻어 게재. © 1945(1973년 갱신) 에스콰이어 (Esquire, Inc.,) 및 미국 야구 박물관의 호의에 의함.

시스템 프로그래밍 작업에는 시간이 얼마나 필요할까? 공수는 어느 정도나 들까? 이런 추정은 어떻게 할 수 있을까?

앞선 장에서 계획, 코딩, 구성 요소 테스트, 시스템 테스트에 할당할 시간 비율을 제안한 적이 있다. 첫 번째로, 코딩 부분만을 추정한 다음에 비율을 역산해서 전체 작업량을 추정해서는 안 된다. 코딩은 전체의 6분의 1 정도에 불과하고, 그에 대한 추정이나 비율이 잘못된 경우 터무니없는 결과가 나올 수 있다.

두 번째로, 독립된 소규모 프로그램에 대한 데이터를 프로그래밍 시스템 제품에 적용해서는 안 된다. 예컨대 색먼, 에릭슨, 그랜트에 의하면 평균 3200워드[III] 규모의 프로그램을 한 명이 코딩하고 디버깅하는 데 178시간 정도가 소요되었다. 이 수치를 바탕으로 추정하면 연간 생산성은 3만 5800문장 정도가 된다. 크기가 그 절반 정도인 프로그램은 소요 시간이 4분의 1도 되지 않았는데, 그걸로 연간 생산성을 추정하면 거의 8만 문장이나 된다.[1] 여기에는 계획 수립, 문서화, 테스트, 시스템 통합, 훈련에 드는 시간이 추가되어야 한다. 이런 단기 수치를 가지고 선형적으로 외삽한 추정치는 의미가 없다. 100야드(91.44미터) 단거리 기록으로 외삽을 한다면 1마일(약 1.60킬로미터)을 3분 내에 뛸 수 있다는 결론이 나온다.

하지만 이 수치들을 무시해 버리기 전에 짚고 넘어갈 부분이 있다. 비록 각 경우를 엄격하게 비교하는 것은 곤란하지만, 이 수치들은 작업에 드는 노력이 프로그램 크기의 거듭제곱에 비례하여 늘어남을 시사한다. 이것은 의사소통이 전혀 개입되지 않는 경우도 마찬가지다.

III (옮긴이) CPU가 한 번에 처리할 수 있는 데이터 단위. 예를 들어 32비트 컴퓨터에서는 32비트 =4바이트가 한 워드다.

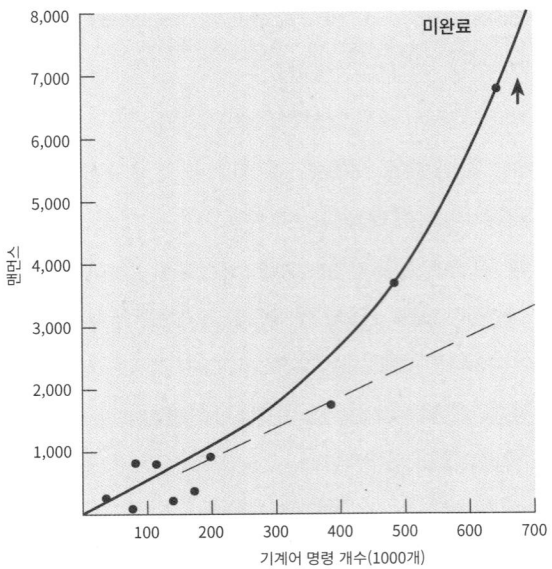

그림 8.1 프로그램 크기와 투입 공수의 함수 관계

그림 8.1이 이런 애석한 상황을 말해준다. 이 그림은 시스템 디벨롭먼트 코퍼레이션System Development Corporation, SDC[IV]의 네이너스Nanus와 파Farr에 의한 연구 결과[2]를 보여주며, 여기서 거듭제곱의 지수는 1.5이다. 즉, 다음과 같다.

투입 공수 = (상수) × (명령문 개수)$^{1.5}$

SDC의 바인부름Weinwurm이 수행한 다른 연구[3] 역시 지수가 1.5 정도임을 보여준다.

프로그래머의 생산성에 대한 연구가 수 건 진행되었고, 추정 기법도 몇 가지 제시되었다. 모린Morin은 발표된 데이터들을 총괄적으로 조사

IV (옮긴이) 1950년대에 설립된 미국의 소프트웨어 기업으로 1980년 다른 회사에 인수되었다.

했는데[4], 그중에서 특히 눈에 띄는 자료 몇 가지를 살펴보고자 한다.

포트먼Portman의 데이터

영국 맨체스터Manchester에 위치한 ICL[v] 컴퓨터 사업부 내 소프트웨어 부서 관리자인 찰스 포트먼Charles Portman은 또 다른 유익한 통찰을 제시하고 있다.[5]

    그는 개발 팀이 일정을 절반 정도밖에 지키지 못한다는 것을 발견했다. 각 작업은 애초 추정한 것보다 대략 두 배의 시간이 소요되었다. 그 추정치는 PERT 차트상의 하위 작업 수백 개에 대해 경험 많은 팀들이 맨-아우어man-hour 단위로 아주 주의 깊게 만든 것이었다. 일정이 어긋나는 패턴이 나타났을 때, 그는 개발자들에게 하루 시간을 어떻게 썼는지 상세히 기록해 달라고 요청했다. 그 결과, 개발 팀들이 실제 프로그래밍과 디버깅에 쓸 수 있었던 시간은 전체의 50%밖에 되지 않았고, 일정 추정상의 오류는 전적으로 그것 때문일 수 있음이 밝혀졌다. 장비 정지 시간, 긴급하게 치고 들어오는 짧고 연관성 없는 작업들, 회의, 서류 작업, 회사 일, 질병, 개인 시간 등이 나머지를 이루었다. 요컨대, 원래의 추정은 기술적인 업무를 처리할 시간에 대해 비현실적인 가정을 깔고 있었던 것이다. 내 자신의 경험도 포트먼의 이와 같은 결론을 뒷받침한다.[6]

아론Aron의 데이터

미국 메릴랜드Maryland 주 게이더스버그Gaithersburg에 소재한 IBM 시스템 기술부서의 관리자인 조엘 아론Joel Aron은 아홉 건의 대형 시스템

---

[v]   (옮긴이) International Computers Limited. 영국의 컴퓨터 제조 회사로 2002년 후지츠(Fujitsu)에 인수되었다.

개발을 수행하는 과정에서 프로그래머들의 생산성을 연구했다.[7](여기서 '대형'이라 함은 대략 25명 이상의 프로그래머와 3만 명령어 이상의 프로그램 규모를 뜻한다). 그는 아홉 개의 시스템을 프로그래머 간의 상호 작용 정도에 따라 나누었으며, 그 생산성에 대해 다음과 같은 결과에 도달했다.

  상호 작용이 거의 없는 경우: 맨이어man-year당 1만 명령어
  약간의 상호 작용이 있는 경우: 맨이어당 5000 명령어
  상호 작용이 많은 경우: 맨이어당 1500 명령어

이것은 지원 업무와 시스템 테스트가 포함되지 않은, 설계 및 프로그래밍만의 수치다. 시스템 테스트를 반영하기 위해 이 결과에 두 배를 하면, 하Harr의 데이터에 대략 근접하게 된다.

하Harr의 데이터

벨 연구소Bell Telephone Laboratories 전자 교환 시스템의 프로그래밍 매니저인 존 하John Harr는 그와 다른 이들의 경험을 논문으로 정리하여 1969년 스프링 조인트 컴퓨터 콘퍼런스Spring Joint Computer Conference에서 발표하였다.[8] 이 데이터는 그림 8.2, 8.3, 8.4에 나타나 있다.

이 중에서는 그림 8.2가 가장 상세하면서도 유용하다. 처음 두 작업은 기본적으로 제어 프로그램이며, 그다음 두 개는 프로그래밍 언어 번역기VI다. 생산성은 맨이어당 디버깅된 워드 단위로 표시되었다. 여기에는 프로그래밍, 구성 요소 테스트, 시스템 테스트가 포함되어 있다. 기획이나 장비 지원, 저술 같은 부분은 얼마나 포함되어 있는지

VI (옮긴이) 컴파일러, 어셈블러 등을 뜻한다.

	단위 프로그램 개수	프로그래머 수	소요 기간 (년)	투입 맨이어	프로그램 크기(워드)	맨이어당 워드 수
운영	50	83	4	101	52,000	515
유지 관리	36	60	4	81	51,000	630
컴파일러	13	9	2¼	71	38,000	2230
번역기 (데이터 어셈블러)	15	13	2¼	11	25,000	2270

그림 8.2 ESS[VI] 내 상위 4개 프로그램에 대한 요약

확실하지 않다.

생산성도 마찬가지로 두 부류로 나뉜다. 제어 프로그램의 경우 맨이어당 600워드, 언어 번역기는 2200워드였다. 네 프로그램 모두 크기는 비슷하지만 작업 그룹 크기, 시간 길이, 모듈 수에서 차이가 난다는 점을 주목하자. 무엇이 원인이고 무엇이 결과일까? 제어 프로그램이 더 복잡하기 때문에 더 많은 인원이 필요했던 것인가? 아니면 더 많은 인원이 배정되었기 때문에 더 많은 모듈과 맨먼스가 필요해진 것인가? 시간이 더 걸린 것은 복잡도가 더 크기 때문이었는가, 아니면 인원이 더 많기 때문이었는가? 확언할 수는 없다. 물론 제어 프로그램이 더 복잡하기는 했다. 불확실한 부분은 제쳐두고라도, 이 수치들은 현대의 프로그래밍 기법을 적용한 대규모 시스템에서 달성된 실제 생산성을 나타내고 있다. 그러므로 이것은 우리 분야에 대한 실제적인 기여라 하겠다.

그림 8.3과 8.4는 프로그래밍과 디버깅의 진척도를 예측치와 비교한 흥미로운 데이터 몇 가지를 보여준다.

[VII] (옮긴이) 전자 교환 시스템(Electronic Switching System)

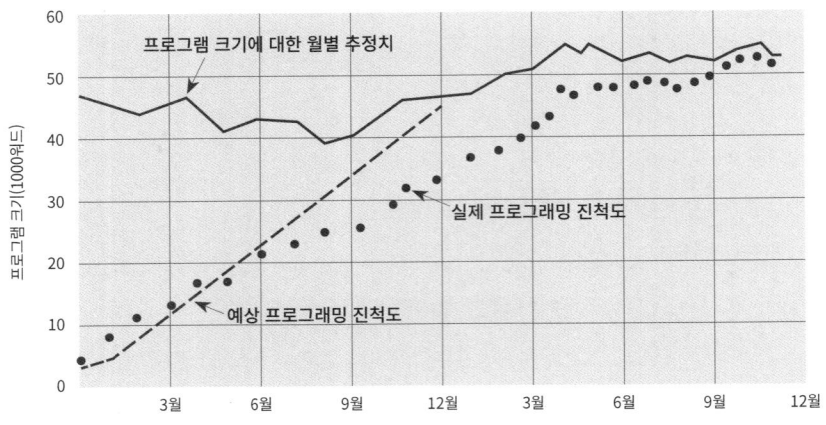

그림 8.3 ESS에서 프로그래밍 예측치와 실제 진척도

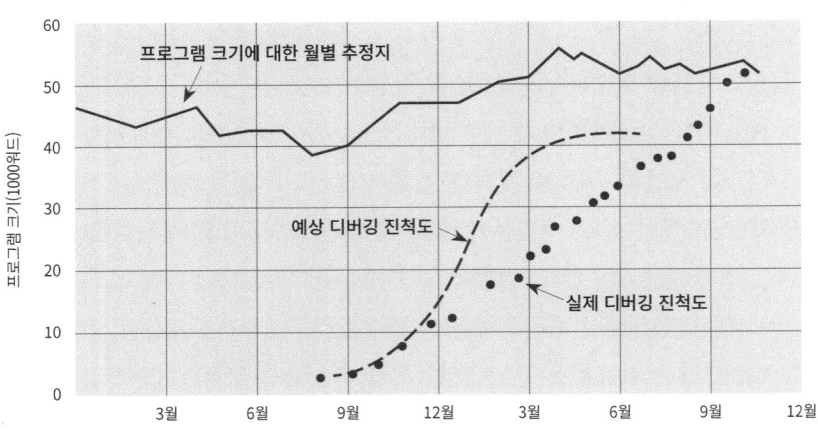

그림 8.4 ESS에서 디버깅 예측치와 실제 진척도

OS/360의 데이터

하Harr의 데이터만큼 상세한 자료는 없지만, IBM OS/360에서의 경험 역시 그런 결론을 확인해 준다. 제어 프로그램 그룹의 경우 생산성은 맨이어당 디버깅된 명령어 단위로 600~800 정도였고, 언어 번역기 그룹은 2000~3000 수준으로 나타났다. 이 수치는 해당 그룹 내의 계획 수립, 코딩, 구성 요소 테스트, 시스템 테스트, 일부 지원 활동을 포함한 것이다. 이 수치들은 내가 말할 수 있는 범위 내에서는 하Harr의 데이터와 비슷하다.

아론, 하, OS/360 데이터 모두, 작업 자체의 복잡도 및 난이도와 관련된 생산성의 차이가 현저함을 확인해준다. 복잡도 추정이라는 난감한 작업에 대한 내 조언은, 컴파일러는 통상적인 일괄 처리 응용 프로그램보다 세 배, 운영 체제는 컴파일러보다 세 배 복잡하다는 것이다.[9]

코르바토Corbató[VIII]의 데이터

하Harr와 OS/360의 데이터는 둘 다 어셈블리 언어로 프로그래밍한 경우였다. 시스템 프로그래밍에 더 고수준 언어가 사용되었을 때의 생산성 자료는 별로 알려진 것이 없다. 하지만 MIT의 프로젝트 맥Project MAC[IX] 소속인 코르바토Corbató에 의하면, 크기가 100만~200만 워드 사이인 멀틱스 시스템의 평균 생산성이, 맨이어당 디버깅된 PL/I 코드 단위로 1200라인이라고 한다.[10]

이 숫자는 아주 흥미진진하다. 다른 프로젝트와 마찬가지로 멀틱

VIII (옮긴이) 미국 MIT 교수로 초창기 시분할 시스템인 멀틱스 프로젝트를 이끌었다.
IX (옮긴이) http://en.wikipedia.org/wiki/MIT_Computer_Science_and_Artificial_Intelligence_Laboratory#Project_MAC

스에도 제어 프로그램과 언어 번역기가 포함되어 있다. 그리고 다른 것들과 마찬가지로 이것 역시 테스트되고 문서화된 시스템 프로그래밍 제품을 만드는 프로젝트다. 어떤 노력이 투입되었는가로 보면 이 데이터는 다른 사례들과 비슷한 듯하다. 그리고 생산성 수치도 여타 프로젝트들의 제어 프로그램과 번역기 사이에 평균적으로 위치하고 있다.

하지만 코르바토의 수치는 맨이어당 '워드'가 아니라 '라인' 수이며, 그 시스템의 문장 하나하나는 수작업한 코드로 세 워드에서 다섯 워드에 해당하는 것이다! 여기서 우리는 두 가지 중요한 결론에 도달한다.

- 생산성은 기본적인 문장 단위로 볼 때 일정 수준으로 유지되는 것 같다. 이런 결론은 문장 하나가 필요로 하는 사고의 양과 거기에 포함되었을 수 있는 오류를 고려해 볼 때 타당해 보인다.[11]
- 프로그래밍의 생산성은 적절한 고급 언어가 사용될 경우 다섯 배까지도 늘어날 수 있다.[12]

5파운드 자루에 담은 10파운드

작가는 노아를 주목해야 하며, … 그들이 방주 안에서 그랬듯이 아주 작은 공간에 굉장히 많은 것을 집어넣는 방법을 배워야 한다.

- 시드니 스미스 Sydney Smith[1], 에든버러 리뷰 Edinburgh Review

---

[1] (옮긴이) 영국의 작가이자 성공회 사제(1771~1845)

◀ 헤이우드 하디(Heywood Hardy)[II]의 회화에 의한 인각(印刻).
베트만 문서 보관소

프로그램 공간도 비용이다

프로그램 크기는 얼마나 되는가? 실행 시간 말고도 프로그램이 차지하는 공간 역시 주요한 비용이다. 이것은 사용자가 사용료를 내면서 사실상 개발비를 일부 부담하는 상용 프로그램의 경우도 마찬가지다. IBM의 APL 대화식 소프트웨어 시스템을 보자. 이 시스템은 1개월당 400달러에 대여되는데, 실행시에는 최소 160KB의 메모리를 차지한다. 모델 165 컴퓨터에서 메모리 대여 비용은 매달 KB당 12달러 수준이다. 만약 프로그램이 항상 가동된다면 사용자는 소프트웨어 대여에 400달러, 메모리 대여에 1920달러를 지불해야 한다. APL 시스템을 하루에 네 시간만 사용한다면 월간 비용은 소프트웨어 400달러, 메모리 320달러가 된다.

흔히 2MB 용량의 컴퓨터에서 운영 체제가 400KB를 잡아먹는다고 불평하는 이야기를 듣곤 한다. 이것은 보잉 747이 2700만 달러나 한다고 비난하는 것처럼 어리석은 일이다. 우리는 "그것이 어떤 일을 하는가?"라는 질문도 던져야 한다. 그렇게 지불하는 돈으로 사용자는 (효율적인 시스템 활용을 통해) 사용의 용이성과 성능 면에서 무엇을 얻는가? 메모리 대여로 매달 지출된 4800달러를 가지고 다른 하드웨어나 프로그래머, 응용 프로그램을 위해 썼더라면 더 유익했을 것인가?

시스템 설계자가 전체 하드웨어 자원의 일부를 상주 프로그램 메모리에 할당하는 것은, 그렇게 하는 것이 가산기[III]나 디스크에 할당하기보다 사용자에게 더 유용하다고 판단했기 때문이다. 그러지 않는다

II (옮긴이) 영국의 화가(1842~1933)
III (옮긴이) 덧셈 연산을 수행하는 회로. http://ko.wikipedia.org/wiki/가산기

면 그것은 대단히 무책임한 일이 될 것이다. 이런 선택의 결과는 전체적으로 판단되어야만 한다. 누구도 크기 그 자체만으로 프로그래밍 시스템을 비난하면서 그와 동시에 하드웨어와 소프트웨어 설계가 긴밀하게 통합되어야 한다고 주장할 수는 없다.

이처럼 프로그램 크기는 사용자가 지불해야 하는 비용 중에서 많은 부분을 차지하므로, 하드웨어 제작자가 부품 개수에 대한 목표치를 세우고, 부품 수를 통제하며, 개수를 줄일 방법을 모색하듯이, 프로그래밍 시스템의 구현자 또한 크기에 대한 목표치를 세우고, 그것을 통제하며, 크기를 줄일 기법을 개발해야 한다. 다른 비용과 마찬가지로, 크기 그 자체는 나쁜 것이 아니지만 불필요한 크기는 나쁜 것이다.

크기의 통제

프로젝트 관리자에게 있어 프로그램 크기를 통제하는 일은 기술적이면서도 한편 관리적인 일이다. 만들어질 시스템 크기를 정하기 위해서는 우선 시스템 사용자와 그들이 쓰게 될 응용 프로그램을 조사해야 한다. 그다음에 이 시스템들은 더 세분화되고, 각 구성 요소는 크기에 대한 목표치를 배정받는다. 크기와 속도의 절충점은 한 번에 움직이는 폭이 상당히 크므로, 크기의 목표치를 정하는 것은 각 요소 내의 절충 가능한 부분에 대한 지식을 요하는 까다로운 일이다. 현명한 관리자라면 나중에 작업이 진행되면서 아쉬워질 때를 대비하여 얼마간의 여지를 남겨둘 것이다.

OS/360에서는 이 모든 것이 아주 신중하게 수행되었지만, 고생하면서 배워야 할 교훈이 아직도 더 남아 있었다.

첫 번째는, 메모리에 대한 목표치를 설정하는 것만으로는 충분하지 않으며, 크기의 모든 측면에 대한 예산을 세워야 한다는 것이다.

이전의 운영 체제들 대부분은 상주 시스템이 테이프에 저장되어 있었고, 테이프의 긴 탐색 시간 때문에 프로그램 세그먼트를 적재하는 용도로 쓸 엄두를 내지 못했다. 바로 앞서 만들어진 스트레치 운영 체제와 1410-7010 디스크 운영 체제처럼, OS/360은 디스크에 상주하는 형태였다. 구현자들은 디스크에 손쉽게 접근하는 즐거움을 만끽했고, 그 첫 결과물은 처참한 성능을 보여주었다.

우리는 구성 요소별로 메모리 크기를 할당하면서 접근에 관련된 비용을 함께 설정하지는 않았다. 지나간 후에 되짚어 보면 누구나 예상할 일이겠으나, 메모리 사용이 할당치를 넘기게 된 프로그래머 한 명이 자기 프로그램을 오버레이로 쪼개 버렸다. 이 과정은 그 자체로 전체 크기를 증가시키고 실행 속도를 떨어뜨렸는데, 더 심각한 일은 관리 통제 시스템이 그런 상황을 측정하지도 포착하지도 못했다는 것이다. 개별 작업자들은 자신의 '메모리' 사용량만을 보고했고, 그의 경우 할당량 안에 있었기에 걱정하는 사람은 아무도 없었다.

다행스럽게도 프로젝트 초반에 OS/360 성능 시뮬레이터가 작동을 개시했고, 그 첫 결과는 우리가 심각한 문제에 봉착했음을 나타냈다. 자기 드럼 메모리[IV]를 갖춘 모델 65에서 시뮬레이트된 포트란 H 컴파일러가 1분에 다섯 문장을 컴파일했던 것이다! 원인을 파악해 보니, 제어 프로그램 모듈들이 제각기 엄청난 양의 디스크 접근을 수행하고 있었다. 심지어 실행 빈도가 높은 감시 모듈들도 분주하게 오가고 있었고, 결과적인 양상은 페이지 스래싱page thrashing[V]과 상당히 비슷했다.

첫 번째 교훈은 명확하다. 상주 공간만이 아니라 '전체' 공간의 크

[IV] (옮긴이) 금속 원통에 자성 물질을 입혀서 이진 정보를 기록하도록 만든 초창기의 컴퓨터 메모리. 이후에 조그만 반지 형태의 코어(core)를 이용한 자기 코어 메모리로 대체되었다. 코어 덤프(core dump)는 거기에서 유래한 말이다.
[V] (옮긴이) 운영 체제에서 페이지 부재(page fault)가 과도하게 발생하여 프로그램 수행보다 페이지 교환에 더 많은 시간이 소요되는 상황을 말한다.

기를 가지고 예산을 배정하라. 크기뿐 아니라 보조 저장 장치 접근 빈도에도 제한을 두라.

다음 교훈도 상당히 비슷하다. 공간별 예산은 각 모듈에 세부 기능이 배정되기 전에 할당되었다. 그 결과 크기 문제로 고민하게 된 프로그래머들은 자기 코드를 들여다보면서 담 너머 이웃 공간으로 던져버릴 것이 뭐가 있을지 찾게 되었다. 제어 프로그램에 의해 관리되는 버퍼 공간은 그렇게 사용자 공간의 일부가 되어 갔다. 더 큰 문제는 온갖 종류의 제어 블록들도 그런 일을 했다는 것이고, 그 결과 시스템의 보안은 지극히 민망한 수준이 되어 버렸다.

그러므로 두 번째 교훈 역시 명확하다. 어떤 모듈의 크기를 지정할 때는 그 모듈이 할 일도 정확히 정의하라.

세 번째이자 좀 더 심오한 교훈은 앞의 경험들로부터 드러난다. 우리 프로젝트는 너무 컸고 관리를 위한 의사소통은 너무 빈약했기에, 팀의 많은 구성원이 스스로를 프로그래밍 제품을 만드는 구현자가 아니라 상사에게 점수를 따기 위한 경쟁자로 여기게 되었던 것이다. 각자 자기 목표를 달성하기 위해 맡은 부분에 최선을 기울였지만, 고객에게 미칠 전체 효과를 고려하는 이는 드물었다. 이와 같은 방향성의 와해는 큰 프로젝트에서는 심각한 위험이다. 아키텍트들은 구현 기간 전반에 걸쳐 시스템 일관성이 유지되도록 지속적인 주의를 기울여야만 한다. 그러나 이런 규제 위주의 대응책 이면에는 구현자 자신의 태도에 관한 문제가 있다. 전체적인 관점으로 시스템을 바라보며 사용자 중심의 태도를 가지도록 장려하는 일은 아마도 프로그래밍 관리자의 가장 중요한 역할일 것이다.

공간 절약에 관한 기법들

프로그램 공간에 대한 할당치를 세우고 통제한다고 해서 크기가 줄어들지는 않는다. 그 일은 독창성과 장인의 솜씨가 필요한 일이다.

실행 속도에 변함이 없다면 더 많은 기능이 더 많은 공간을 차지함은 명백하다. 그러므로 장인적 기교를 첫 번째로 발휘할 곳은 기능과 크기를 맞바꾸는 일이다. 여기서 초기에 정해야 할 중요한 정책적 문제가 대두된다. 사용자에게 얼마나 많은 선택의 여지를 남겨둘 것인가? 각각 얼마간의 공간을 차지하는 선택적인 기능을 다수 제공하도록 프로그램을 설계할 수도 있다. 선택 가능한 기능 목록을 받아서 거기에 맞춘 프로그램을 생성하는 프로그램을 설계할 수도 있다. 하지만 선택적 기능을 어떻게 묶든 간에, 프로그램에 일체화하는 편이 공간을 덜 차지할 것이다. 이것은 자동차의 경우와 비슷하다. 맵 라이트, 시거잭 라이터, 시계가 하나의 옵션으로 묶여 있다면 각각을 따로 사는 것보다 저렴할 것이다. 그러므로 설계할 때는 사용자가 얼마나 세밀하게 기능을 선택할 수 있을지를 결정해야 한다.

다양한 메모리 크기에 대응하는 시스템을 설계하는 경우에는 또 다른 근본적인 문제가 발생한다. 기능이 세부적으로 나뉘었다 해도, 제한 효과로 인해 적정 메모리 범위를 마음대로 설정할 수가 없게 된다. 메모리가 가장 적은 시스템에서는 모듈 대부분이 오버레이로 동작할 것이다. 이 시스템의 상주 메모리 중 상당 부분은 다른 코드를 적재하기 위한 페이징 영역으로 할당되어야 하는데, 이 영역의 크기가 모든 모듈의 크기를 결정하게 된다. 게다가 기능을 작은 모듈로 쪼개는 것은 성능과 공간 면으로 비용이 드는 일이다. 그러니 20배 더 큰 공간을 페이징 영역으로 활용할 수 있는 대형 시스템도 이대로라면 접근 빈도를 줄이는 정도의 이득밖에는 얻을 수 없다. 모듈 크기가 너무 작은 탓에 여전히 속도와 공간 면에서 문제를 겪는 것이다. 이런 효과로 인해 소형 시스템의 모듈로 구성할 수 있는 효율적인 시스템의 최대 크기는 제한을 받게 된다.

장인적 기교를 발휘할 두 번째 분야는 메모리 공간과 실행 시간 사이의 적절한 타협이다. 어떤 기능에 더 많은 공간을 할당한다면 더 빨리 수행될 수 있다. 이 사실은 놀랄 만큼 다양한 범위에 대해 성립하며, 공간에 할당량을 배정하는 것이 실제로 효과를 얻는 것은 이 때문이다.

속도와 크기 사이에서 적절한 타협점을 찾도록 관리자가 팀을 도울 수 있는 일이 두 가지 있다. 하나는, 그들이 타고난 이해력과 이전의 경험에만 의존하도록 내버려두지 않고 적절한 프로그래밍 기법에 대한 훈련을 받게 하는 것이다. 새로운 언어나 장비를 사용할 경우 이것은 특히 중요하다. 능숙한 사용을 위해 알아두어야 하는 특이 사항들은 신속히 학습해서 널리 공유할 필요가 있으며, 이런 새로운 기법의 확산을 위해 특별한 포상이나 칭찬도 고려할 수 있다.

그다음은, 프로그래밍에는 기술 개발이 필요하며, 기본적인 구성 요소들을 마련해 둘 필요가 있음을 깨닫는 것이다. 모든 프로젝트에는 큐잉, 탐색, 해싱, 정렬을 위한 적절한 서브루틴이나 매크로를 담아둔 노트가 있어야 한다. 노트에는 이런 기능 각각에 대해 적어도 두 벌의 프로그램을 담아야 하는데, 속도 우선 버전과 점유 공간 우선 버전이 그것이다. 이런 기법을 개발하는 일은 시스템 설계와 병렬적으로 수행할 수 있는 중요한 구현 작업이다.

표현 방법은 프로그래밍의 정수

장인적 기교의 너머에는 창조적 발명의 영역이 있다. 군더더기 없고 빠른 프로그램들은 바로 여기에서 태어난다. 이 프로그램들은 전술적 영리함보다도 전략적이고 획기적인 발전의 결과물인 경우가 대부분이다. 가끔은 그런 발전이 쿨리-투키Cooley-Tukey의 고속 푸리에 변환 Fast Fourier Transform이나 n^2번의 비교 회수를 $n \log n$번으로 줄인 정렬처럼 새로운 알고리즘일 때도 있다.

하지만 획기적인 발전은 데이터나 테이블을 새롭게 표현한 것에서 비롯되는 경우가 훨씬 더 많다. 프로그램의 핵심이 바로 여기에 있다. 누가 순서도를 보여주면서 테이블을 감추면 나는 여전히 갸우뚱할 것이다. 하지만 테이블을 보여준다면 순서도는 별로 필요하지 않다. 보지 않더라도 명백할 것이기 때문이다.

표현 방법이 얼마나 영향력이 큰가에 대한 사례를 나열하는 것은 어렵지 않다. 나는 IBM 650의 복잡한 콘솔 인터프리터 작성을 담당했던 젊은이를 기억한다. 그는 기계-사람 간의 상호 작용은 더디고 뜸하지만 프로그램을 위한 공간은 비싸다는 점을 인식했고, 인터프리터를 위한 인터프리터를 만듦으로써 믿을 수 없이 작은 공간에 그 모든 것을 집어넣었다. 또 디지텍Digitek[VI]의 우아하고 자그마한 포트란 컴파일러는, 컴파일러 코드 자체에 대해 아주 조밀하고 특화된 표현 방법을 사용하여 외부 저장소가 필요 없도록 만들었다. 이렇게 표현된 코드를 디코딩하는 데 소모된 시간은 입출력이 배제됨으로 인해 열 배의 이득으로 돌아온다(브룩스Brooks와 아이버슨Iverson이 지은 『Automatic Data Processing』 6장 말미의 연습 문제[1]에 이런 사례들이 있으며, 커누스Knuth의 연습 문제[2]에도 다수 포함되어 있다).

공간 부족 때문에 골머리를 앓는 프로그래머라면, 스스로를 코드로부터 해방시킨 다음 한 발짝 뒤에서 데이터를 바라봄으로써 종종 최상의 결과를 얻을 수 있다. 표현 방법이 바로 프로그래밍의 정수인 것이다.

[VI] (옮긴이) 1960년대 설립된 미국의 소프트웨어 회사

10
기록물 가설

가설:

온갖 서류의 홍수 속에서 몇몇 문서는 점차 모든 프로젝트 관리 업무가 그것을 중심으로 돌아가는 핵심적인 축이 된다. 이 문서들이 관리자의 주요한 개인 도구다.

◀ 벤고우(W. Bengough), "Scene in the old Congressional Library," 1897
베트만 문서 보관소

기술, 주위의 조직, 기예의 전통이 서로 힘을 합치더니, 어떤 프로젝트라도 반드시 준비해야 하는 일련의 서류 목록이 정해진다. 장인 시절이 불과 얼마 전인 새내기 관리자에게 이런 것들은 순전한 골칫거리에 쓸데없이 주의를 흩뜨리는 일이며, 그를 삼켜버리겠다 을러대는 허연 파도처럼 보인다. 그리고 사실 대부분의 경우 정확히 그렇다.

하지만 그가 맡은 관리 업무의 많은 부분이 그중 몇 개의 문서 속에 담겨 있음을 조금씩 깨닫는다. 문서를 하나씩 준비하는 과정은, 생각을 집중하고 무한정 떠돌 수도 있는 논의를 명확히 정리하는 중요한 기회가 되기도 한다. 그 문서의 유지 관리는 감독과 경고 체계의 기능을 하며 문서 자체는 체크리스트, 상황 통제 수단, 보고를 위한 데이터베이스 역할을 한다.

소프트웨어 프로젝트에는 이런 것을 어떻게 적용할 수 있을까? 우선 다른 분야에서 유용하게 쓰이는 문서들을 구체적으로 알아본 뒤에, 일반화가 가능할지 살펴보자.

컴퓨터 제품에 필요한 문서들

컴퓨터 장비를 제작한다고 했을 때 핵심적인 문서에는 어떤 것이 포함될까?

목표. 이 문서는 충족되어야 할 요구 사항, 최종 목표, 필요한 것, 제약 조건, 우선순위를 담고 있다.

명세. 이것은 컴퓨터 매뉴얼에 성능 명세가 더해진 것이다. 신규 제품을 제안할 때 가장 먼저 작성하는 문서 중 하나이며, 가장 마지막에 마무리되는 문서이기도 하다.

일정.

예산. 예산은 단순한 제약 조건이 아니라 관리자에게 가장 유용한 문서 중 하나이기도 하다. 예산의 존재는 그런 제약이 없었으면 내리지 않았을 기술적 결정을 내리게 하며, 더 중요하게는 정책적 결정을 강제하고 그 내용을 명확히 한다.

조직도.

공간 배치.

추정, 예측, 가격. 이 세 가지는 서로 맞물리면서 프로젝트의 성패를 결정한다.

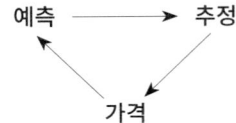

시장을 예측하기 위해서는 성능 명세와 대략의 제품 가격이 필요하다. 이 예측에서 나온 가망 수량은 설계상의 부품 개수와 함께 제조비용 추정치를 결정하고, 거기서 제품 하나당 개발비와 고정비가 나온다. 이 비용은 다시 제품 가격을 결정하게 된다.

이렇게 결정된 가격이 앞서 가정했던 것보다 낮다면, 즐거운 성공의 선순환이 시작된다. 시장 예측치는 올라가고, 단가는 떨어지며, 가격은 더욱 낮아지게 된다.

하지만 그렇지 않다면 재앙의 악순환이 시작되므로 모두 힘을 합해 그 고리를 끊어야 한다. 성능을 어떻게든 높여야 하고 더 많은 가망 수량을 끌어낼 신규 애플리케이션을 개발해야 한다. 제조비용 역시 추정치를 더 낮출 방법을 짜내야 한다. 이 순환이 주는 압박은 종종 마케터와 엔지니어가 최고의 노력을 기울이게 만드는 훈련이 되기도 한다.

그런 압박은 또한 어이없는 우유부단함을 초래하기도 한다. 내가 보았던 어떤 장비는 개발 기간 3년 동안 명령어 카운터ⁱ가 뽑혔다 꽂혔다 하기를 반년마다 반복했다. 어떤 시기에는 좀 더 높은 성능이 필요해서 명령 카운터가 트랜지스터로 구현되고, 다음 단계에서는 비용 절감이 화두여서 카운터를 메모리 내에 위치시키는 식이다. 내가 여태껏 본 중 최고의 엔지니어링 관리자는 다른 모종의 프로젝트에 몸담고 있었는데, 가끔 거대한 플라이휠ⁱⁱ 역할을 하면서 그 관성으로 마케팅과 관리부서 사람들의 변덕을 감쇄시키곤 했다.

대학의 학과에 필요한 문서들

목적과 활동 내용이 컴퓨터와는 엄청난 차이가 있음에도 불구하고, 대학교 학과장에게 필수적인 문서 목록 역시 개수나 종류 면에서 컴퓨터와 별반 다르지 않다. 학생처장, 교수회의, 학과장에 의해 내려지는 거의 모든 결정은 이런 문서의 명세이거나 변경에 해당한다.

>   목표
>   강좌 설명서
>   학위 취득 요건
>   연구 제안서(자금이 지원될 경우 연구 계획서)
>   수업 일정표 및 교수 배정안
>   예산
>   공간 배치
>   사무직원 및 대학원생 배정안

I (옮긴이) 프로세서가 다음에 실행할 명령어의 위치를 담고 있는 레지스터로, 프로그램 카운터라고도 한다.
II (옮긴이) 큰 회전 관성을 가진 바퀴 모양의 장치로, 회전 속도의 변동 폭을 줄이는 데 쓰인다.

이 문서들이 컴퓨터 프로젝트의 그것과 얼마나 비슷한지에 주목하자. 목표, 제품 명세, 시간 할당, 자금 할당, 공간 할당, 그리고 사람 할당이다. 가격과 관련된 문서만 빠졌는데, 대학의 경우는 의회가 그 일을 한다. 이런 유사성은 우연한 것이 아니다. 어떠한 관리 업무라도 그 관심사는 무엇을, 언제, 얼마나, 어디서, 누가 하느냐는 데 있다.

소프트웨어 프로젝트의 문서들

많은 소프트웨어 프로젝트에서는 가장 먼저 구조를 토론할 회의를 소집하며, 그다음에 프로그램 작성을 시작한다. 하지만 관리자들은 프로젝트가 크건 작건 간에 자신의 데이터베이스 역할을 할 조그마한 문서부터라도 즉시 공식화를 시작하는 것이 좋다. 머잖아 그는 다른 관리자들의 경우와 별반 다르지 않은 문서들이 필요함을 알게 될 것이다.

 무엇을: 목표. 여기에는 충족되어야 할 요구 사항, 최종 목표, 필요한 것, 제약 조건, 우선순위가 담겨 있다.

 무엇을: 제품 명세. 이 문서는 제안서로 시작해서 매뉴얼 및 내부 문서화로 끝난다. 속도와 공간의 명세가 핵심적인 부분이다.

 언제: 일정.

 얼마나: 예산.

 어디서: 공간 할당.

 누가: 조직도. 조직도는 콘웨이Conway의 법칙이 말하는 것처럼 인터페이스 명세와 서로 얽혀 있다. "시스템을 설계하는 조직은, 그 조직의 의사소통 구조를 본뜬 시스템을 만들어내게 되어 있다."[1] 이어서 콘웨이는 최초의 조직도에는 첫 설계 내용이 반영될 것이라고 지적한다. 이 설계가 제대로일 가능성은 물론 아주 낮다. 시스템 설계가 자유롭게 변경될 수 있어야 한다면 조직 역시 변화에 대비하고 있어야 한다.

왜 형식을 갖춘 문서를 만드는가?

첫 번째 이유는, 결정된 사항을 글로 적는 것이 필수불가결하기 때문이다. 오로지 글로 적을 때에만 빠진 곳이 나타나고 모순들이 드러난다. 글로 적는 행위에는 수백 가지의 작은 의사 결정이 필요하며, 분명하고 정확한 정책이 모호한 정책과 구별되는 부분은 이런 의사 결정의 존재 여부에서다.

두 번째 이유는, 결정된 내용을 그 문서를 통해 다른 이들에게 알릴 수 있기 때문이다. 자기가 상식이라 생각했던 정책들을 일부 팀 구성원은 전혀 알지 못한다는 사실에 관리자는 계속 놀라게 될 것이다. 관리자의 기본 업무는 모든 사람이 같은 방향으로 계속 가게 하는 것이다. 따라서 그의 일과는 의사 결정보다는 의사소통이 주가 될 것이며, 이때 그의 문서들은 소통에 따르는 부담을 엄청나게 덜어줄 것이다.

끝으로, 관리자의 문서들은 데이터베이스와 체크리스트 역할을 하기 때문이다. 그 문서들을 주기적으로 검토함으로써 자신의 현 위치를 알며, 방향성을 강조해야 하는지, 수정해야 하는지 알 수 있다.

나는 영업 사원이 제시하는 '경영 종합 정보 시스템'의 비전을 믿지 않는다. 그것은 예컨대 경영진이 컴퓨터에 질문을 타이핑하면 디스플레이 화면에 답이 출력된다는 식이다. 여러 가지 근본적인 이유로 인해 이런 일은 결코 생길 수가 없다. 그 이유 중 하나는, 경영진이 외부로부터 정보를 얻는 데 쓰는 시간은 아마도 20% 정도에 지나지 않을 것이라는 점이다. 나머지 시간은 청취, 보고, 교육, 권고, 상담, 격려 같은 의사소통에 사용된다. 하지만 데이터에 근거하는 부분에 대해서는 핵심적인 문서 몇 건이 필수적이며, 그 문서들은 대부분의 요구를 충족할 것이다.

관리자의 과업은 계획을 세우고 그것을 실현하는 것이다. 그러나 오직 글로 적은 계획만이 명확하며 전달 가능하다. 그런 계획은, '무엇을, 언제, 얼마나, 어디서, 누가'라는 내용을 기술한 문서들로 이루어진다. 이 소수의 핵심 문서는 관리자 업무의 대부분을 요약하고 있다. 그것이 포괄적이고 핵심적이라는 사실을 초기에 깨닫는다면, 관리자는 짜증나는 잡무가 아닌 유용한 도구로 그 문서들을 대할 수 있다. 그렇게 함으로써 그는 훨씬 명쾌하고 신속하게 자신의 방향을 정해갈 것이다.

11
버리기 위한 계획

이 세상에서 변하지 않는 것은 모든 것이 변한다는 사실뿐이다.

- 스위프트Swift[I]

방법을 하나 택해서 시도해 보는 것은 상식입니다. 실패한다면 솔직하게 인정하고 다른 방법을 시도하면 됩니다. 하지만 무엇보다도, 뭔가 시도하기부터 하십시오.

- 프랭클린 D. 루즈벨트Franklin D. Roosevelt[1][II]

I   (옮긴이) 조너선 스위프트(Jonathan Swift)(1667~1745). 아일랜드의 작가이며 『걸리버 여행기』로 유명하다.

II   (옮긴이) 미국의 32대 대통령(재임 1933~1945).

◀ 공기역학적으로 잘못 설계된 타코마 내로우즈 브리지(Tacoma Narrows Bridge)의 붕괴, 1940
UPI 사진/베트만 문서 보관소

파일럿 공장과 규모의 확대

화학 분야 엔지니어들은, 실험실에서 동작하던 공정이라 해서 곧바로 공장에서도 돌아가지는 않는다는 것을 오래전에 배웠다. 보호되지 않은 환경에서 대량으로 공정을 가동하는 경험을 쌓으려면 '파일럿 공장'이라는 중간 단계를 거쳐야 한다. 예를 들어 실험실에서 개발된 담수화 공정은, 하루 200만 갤런 규모의 지역 급수 시설에 사용되기 전에 1만 갤런 규모의 파일럿 공장에서 시험이 이루어질 것이다.

프로그래밍 시스템을 만드는 이들 역시 이런 교훈을 알고는 있었지만, 아직 마음에 새기지는 못한 것 같다. 프로젝트마다 제 나름의 알고리즘을 한 묶음 설계하고서 고객에게 납품할 소프트웨어 제작에 뛰어드는데, 그 일정을 보면 가장 처음 나온 결과물을 납품해야 하는 상황이다.

대부분의 프로젝트에서 나온 첫 시스템은 거의 쓸 수 없는 수준이다. 너무 느리거나, 너무 크거나, 쓰기에 불편하거나, 셋 다일 수도 있다. 속은 상하지만 좀 더 현명하게 다시 시작해서, 그런 문제가 해결된 재설계 버전을 만드는 것 외에 다른 대안은 없다. 폐기하고 재설계하는 일은 한꺼번에 진행될 수도, 조금씩 진행될 수도 있다. 그러나 모든 대규모 시스템의 구축 경험이 시사하는 것은, 그런 일이 어쨌거나 일어날 것이라는 점이다.[2] 새로운 개념이나 신기술이 사용되는 경우, 버려지기 위한 시스템을 만드는 것은 피할 수 없다. 아무리 훌륭한 계획이라 해도 한 번 만에 제대로 된 시스템을 만들 정도로 전지적일 수는 없기 때문이다.

그러므로 우리가 해야 할 질문은 파일럿 시스템을 만든 다음에 '버릴 것이냐 말 것이냐'가 아니다. 그 일은 '어차피' 일어날 것이다. 유일하게 할 수 있는 질문은, 버릴 시스템을 만들기 위해 미리 계획을 세울 것인가, 아니면 그것을 고객에게 납품하겠다고 약속할 것인가이다. 이런 관점에서 보면 답은 아주 분명해진다. 버릴 것을 고객에게 납품할 경우 시간은 벌 수 있겠지만 그 대가는 비싸다. 사용자는 힘들어 할 것이고, 개발진은 재설계를 동시에 진행하느라 정신없을 것이며, 제품의 명성은 아무리 최선을 다해 재설계를 해도 만회하기 어려운 상처를 입을 것이다.

그러므로 버리기 위한 계획을 세우라. 어쨌거나 버리게 될 것이다.

변하지 않는 것은 변화 그 자체뿐

파일럿 시스템은 만들어진 후에 폐기되어야 하고, 변화된 발상으로 재설계하는 일이 불가피하다는 것을 인지했다면, 변화라는 현상 전체를 직면하는 것이 도움이 된다. 그 첫걸음은, 재수 없고 짜증나는 예외적 상황이 아닌 하나의 생활 양식으로서 변화를 받아들이는 것이다. 코스그로브Cosgrove는 프로그램이라는 것이 실체를 가진 다른 어떤 제품보다도 사용자 욕구를 만족시킨다는 점을 예리하게 지적한 바 있다. 또, 프로그램이 만들어지고 테스트되고 사용되는 과정에서 사용자의 실제 욕구와 그에 대한 인식도 변해 갈 것이다.[3]

물론 이것은 새 자동차나 새 컴퓨터 같은 하드웨어 제품으로 충족되는 욕구에도 똑같이 적용된다. 하지만 유형의 사물은 형체가 있다는 사실 그 자체가 사용자의 변화에 대한 요구를 어느 정도 담아두는 역할을 한다. 다루기 쉽고 형체가 없는 소프트웨어 제품의 특성 탓에, 개발자들은 요구 사항의 끝없는 변경에 노출된다.

나는 목표와 요구 사항 변경이 모두 설계에 반영되어야 한다거나 반영될 수 있다고 말할 생각은 추호도 없다. 변경을 반영하는 데는 분명히 어떤 기준이 있어야 하고, 이 기준은 개발이 진행됨에 따라 차즘 더 높아져야 한다. 그러지 않는다면 제품은 영영 출시되지 못할 것이다.

그럼에도 불구하고 목표가 얼마간 변경되는 것은 피할 수 없기에, 그런 일이 일어나지 않을 거라 가정하기보다는 사전에 대비해 두는 편이 낫다. 목표뿐 아니라 개발 전략과 기법 면에서도 변화는 피할 수 없다. 만들어서 버린다는 것은, 배움이 늘어감에 따라 설계도 바뀐다는 사실을 인정하는 것과 다르지 않다.[4]

시스템을 변화에 대비시키라

이러한 변화에 대응하도록 시스템을 설계하는 방법들은 잘 알려져 있으며 문헌에서도 폭넓게 논의하고 있는데, 실제로 행해지는 것보다 논의가 더 많은 듯하다. 거기에는 주의 깊은 모듈화, 광범위한 서브루틴의 사용, 모듈 간 인터페이스의 명확하고 완전한 정의, 그리고 이 모든 것에 대한 철저한 문서화가 포함된다. 그 밖에도 표준 호출 절차를 수립한다든가, 가능하다면 테이블 기반 기법을 활용하는 것 등이 있다.

가장 중요한 것은 고급 언어와 자체 문서화 기법을 사용하는 것이며, 이렇게 함으로써 변경 과정에서 비롯되는 오류를 줄일 수 있다. 표준 선언을 포함시키는 컴파일타임 기능[iii]도 프로그램을 변경할 때 많은 도움이 된다.

변경 사항을 일정한 묶음으로 처리하는 것은 필수적인 기법이다. 모든 제품은 버전이 매겨져야 하며, 각 버전은 고유 일정과 코드 프리즈 날짜를 갖고 있어야 한다. 프리즈 이후에 들어오는 변경 사항은 다음 버전으로 이월된다.

---

iii (옮긴이) C 언어의 #include 같은 것을 생각하면 된다.

조직을 변화에 대비시키라

코스그로브는 변화를 용이하게 하기 위해 모든 계획과 일정을 잠정적인 것으로 간주하라고 주장한다. 이 주장은 너무 많이 나간 감이 있다. 요즘의 프로그래밍 그룹에 공통된 약점은 경영적 관리가 너무 부족하다는 것이지, 과한 것이 아니다.

그럼에도 불구하고 코스그로브는 뛰어난 통찰을 보여준다. 그는 설계를 문서화하는 것이 잘되지 않는 이유가 단순히 게으르거나 시간이 모자라서가 아니라고 말한다. 오히려, 현재의 결정 사항이 언제든 변경될 수 있음을 알기에 설계자가 그것을 애써 방어하려 하지 않기 때문이다. "설계를 문서화함으로써 설계자는 모든 이의 비판에 스스로를 노출시키게 되며, 이제 자신이 작성한 모든 것을 방어할 수 있어야 한다. 만약 조직 구조가 어떤 면에서든 위압적인 상황이라면, 완벽한 방어가 가능해질 때까지 그 어떤 내용도 문서화되지 않을 것이다."

조직을 변화에 대응하도록 구성하는 일은 시스템을 그렇게 설계하는 것보다 훨씬 어렵다. 조직 전체가 기술적인 유연함을 가지기 위해, 모든 구성원은 자기 역량을 넓힐 수 있는 업무에 배치되어야 한다. 규모가 큰 프로젝트의 관리자라면 최고의 프로그래머 두세 명을 전투가 가장 치열한 곳에 구조하러 달려갈 기마병으로 예비해 두어야 한다.

관리 구조 또한 시스템이 변경됨에 따라 바뀔 필요가 있다. 이것은 재능이 허락하는 범위 내에서 관리자들과 기술자들이 임무를 교대할 수 있도록 조직의 장이 많은 주의를 기울여야 함을 의미한다.

그것을 가로막는 장벽은 사회학적인 것이며, 그런 장벽들에는 부단한 경계로 맞서야만 한다. 첫째 장벽은, 선임자들이 '너무 소중하기 때문에' 프로그래밍 실무에 투입할 수 없다고 관리자들 스스로가 종종 생각한다는 점이다. 다음 장벽은, 관리 쪽 직군이 더 중요시되는 풍토다. 이런 문제를 극복하기 위해 벨 연구소Bell Labs 같은 일부 연구

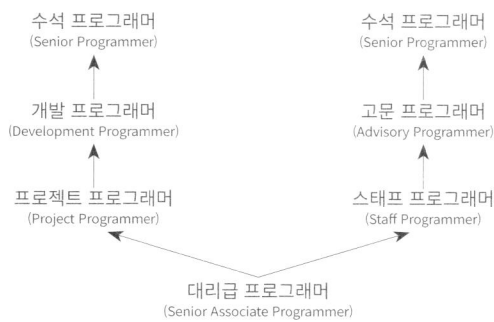

그림 11.1 IBM의 이중 승진 체계

소에서는 모든 직책을 폐지했다. 전문직 직원은 누구나 '기술진의 일원'이다. IBM 등 다른 곳에서는 그림 11.1 같은 이중 승진 체계를 도입했다. 양쪽 직군에서 서로 대응되는 직급은 이론적으로 동등하다.

> 양쪽 직군에 각기 상응하는 급여를 책정하는 일은 쉽다. 하지만 대등한 수준의 위신을 부여하는 일은 한층 어렵다. 사무실은 크기와 설비가 같아야 한다. 비서나 다른 지원 서비스도 동등해야 한다. 기술 직군에서 해당 직급에 대응되는 관리 직군으로 재배치될 때는 결코 승급을 동반해서는 안 되며, 반드시 '승진'이 아닌 '재배치'로 공표되어야 한다. 그 역의 재배치는 항상 승급을 동반해야 한다. 그러한 과잉 보상은 문화적인 측면의 파급력을 감안할 때 필요한 일이다.

또한 관리자들은 기술 분야의 재교육 과정을, 선임 기술자들은 관리 훈련 과정을 이수하도록 할 필요가 있다. 프로젝트의 목표, 진척 상황, 관리적 이슈 등은 선임 직급 모두에게 공유되어야 한다.

재능이 허락하는 한, 선임자들은 조직을 관리하거나 즐거이 프로그램을 직접 만들도록 기술적으로, 감정적으로 준비가 되어 있어야 한다. 물론 그렇게 유지하려면 할 일이 많겠지만, 그만큼의 가치는 충분히 있다.

외과 수술 팀 형태의 조직을 꾸리는 것은 이런 문제에 대한 근본적인 대응책이다. 그런 조직에서는 선임자가 프로그램을 작성한다고 해서 체면이 깎인다고 생각하지 않아도 되며, 그에게서 창조하는 즐거움을 빼앗는 사회적 장애물도 제거할 수 있다.

또, 그런 팀의 구조는 인터페이스 수를 최소화하도록 설계되었다. 따라서 시스템은 변경이 최대로 용이해지며, 조직에 변화가 필요하게 되었을 때 팀 전체를 다른 프로그래밍 작업으로 재배정하는 것도 상대적으로 쉬워진다. 이것은 유연한 조직이라는 문제에 대한 실로 장기적인 안목의 해답이다.

두 걸음 전진, 한 걸음 후퇴

프로그램이 고객에게 납품되었다고 해서 더 이상 변하지 않는 것은 아니다. 납품 이후의 변경은 '프로그램 유지 보수'라고 하지만, 그 과정은 하드웨어 유지 보수와 근본적으로 다르다.

컴퓨터 시스템의 하드웨어 유지 보수는 세 가지 활동을 수반한다. 기능이 저하된 부품의 교체, 청소 및 윤활, 설계 결함을 수정한 엔지니어링적 변경 사항의 반영이 그것이다(결함을 수정하는 변경은, 다는 아니지만 대부분의 경우 아키텍처보다 구현이나 제품화에 관련된 것이어서 사용자에게는 보이지 않는다).

프로그램 유지 보수에는 청소, 윤활, 부품 교체 같은 것은 없으며, 설계 결함을 수정하는 변경이 대부분이다. 변경 사항에는 기능 추가가 포함되는 일이 하드웨어의 경우보다 훨씬 잦은데, 이것은 대개 사용자의 눈으로 보이는 것이다.

널리 쓰이는 프로그램을 유지 보수하는 비용은 통상 개발 비용의 40% 또는 그 이상이다. 이 비용은 놀랍게도 사용자 수에 크게 영향을 받는다. 사용자가 많을수록 더 많은 버그가 발견되는 것이다.

MIT 원자력과학 연구실의 베티 캠벨Betty Campbell은 특정 프로그램이 출시된 후에 흥미로운 순환 주기를 보이는 것에 주목한다. 이것은 그림 11.2에 나타나 있다. 처음에는 이전 버전에서 발견되어 해결됐던 옛날 버그들이 새 버전에 다시 나타나는 경향을 보인다. 새로 포함된 기능에 결함이 있는 것이다. 이 버그들이 일소된 이후 몇 달간은 모든 것이 잘 돌아간다. 그러다가 버그율은 다시 올라가기 시작한다. 캠벨은 이것이 복잡성의 새로운 경지에 도달하여 새 기능을 십분 활용하기 시작한 사용자들의 출현 때문이라고 본다. 이런 심도 있는 사용으로 인해 새 기능에 들어 있던 더욱 미묘한 버그들이 드러나게 된다.[5]

프로그램 유지 보수의 근본적인 문제는, 결함을 수정할 때 상당한 (20~50%) 확률로 또 다른 결함이 유입된다는 것이다. 그러므로 전체 과정은 두 걸음 전진 후에 한 걸음 후퇴가 된다.

결함이 좀 더 깔끔하게 수정되지 못하는 까닭은 무엇인가? 첫 번

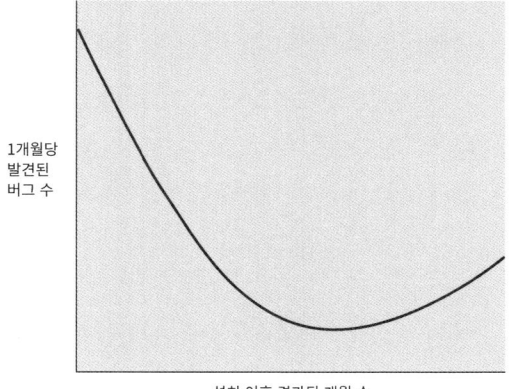

그림 11.2 출시 이후 경과된 시간에 따른 버그 발생율

째 이유는, 미묘한 종류의 결함이라도 겉으로는 국부적 문제로 나타나기 때문이다. 사실 이런 결함은 시스템 전체에 영향을 끼치지만, 대개 그 점이 명백히 드러나지는 않는다. 최소한의 노력으로 그것을 고치려 할 때 국부적이고 명백한 오류는 수정될 수 있겠지만, 프로그램 구조가 순전하거나 문서화가 아주 훌륭하지 않다면 그런 수정 행위가 끼칠 광범위한 영향은 간과될 것이다. 두 번째 이유는, 수리 담당자가 대개 코드를 만들었던 당사자는 아닌 데다가, 하급 직원이나 수습사

원일 때가 많기 때문이다.

새 버그의 유입으로 인해, 프로그램 유지 보수는 다른 어떤 프로그래밍 작업보다도 더 많은 문장 단위의 시스템 테스팅을 필요로 한다. 이론상으로 매번 수정 후에는 시스템이 알 수 없는 방식으로 손상되지 않았음을 보장하기 위해 이전에 수행된 테스트 케이스 전체를 다시 수행해야 한다. 실무에서는 '회귀 테스트'가 이런 이상적인 모습에 실로 가깝겠으나, 거기에는 많은 비용이 든다.

부작용을 없애거나 최소한 드러나도록 만드는 프로그램 설계 방법이라면, 유지 보수 비용 면에서 막대한 이득을 얻을 수 있음이 분명하다. 더 적은 인원, 더 적은 인터페이스로 설계 내용을 구현할 방법이라면 그 역시 버그를 줄일 것이므로 같은 효과가 있다.

한 걸음 전진, 한 걸음 후퇴

리먼Lehman과 벨러디Belady는 대형 운영 체제가 여러 버전에 걸쳐 출시된 이력을 연구했다.[6] 그들은 모듈 총 개수는 버전에 따라 선형적으로 증가하지만, 출시로 영향을 받은 모듈 수는 기하급수적으로 늘어남을 발견했다. 모든 수정 행위는 시스템 구조를 훼손하고 엔트로피와 무질서를 증가시키는 경향을 보였다. 원래의 설계 결함을 수정하는 데 투입되는 노력은 점점 더 줄고, 초반의 수정으로 유입된 새 결함들을 고치는 데 점점 더 많은 시간이 소요된다. 시간이 지나면서 시스템은 점차 질서가 무너져간다. 머지않아 수정 행위는 어떤 효과도 거두지 못하게 된다. 한 걸음 앞으로 나갈 때마다 다시 한 걸음 물러서는 형국이다. 원론적으로 영원히 사용 가능해야 할 시스템은 더 이상 전진의 거점이 되지 못하고 낡아버린 것이다. 게다가 장비가 바뀌고, 설정이 바뀌고, 사용자 요구 사항도 바뀌니, 사실상 한 시스템을 영원히 사용할 수는 없다. 완전히 새롭게 처음부터 다시 설계하는 일이 필요해진다.

벨러디와 리만은 통계역학적인 모델에서 출발해서 프로그래밍 시스템에 도달하는데, 그 결론은 전 세계 사람들의 경험에 의해 뒷받침되는 좀 더 일반화된 것이다. 파스칼Pascal은 "모든 것은 항상 처음이 가장 좋다"라고 말했다. 루이스C. S. Lewis는 이것을 좀 더 통찰력 있게 언급한 바 있다.

> 그것이 역사에 대한 열쇠다. 엄청난 에너지를 쏟아 붓는다. 그리고 문명들이 일어난다. 그러고 나서 훌륭한 제도가 고안된다. 하지만 그때마다 뭔가가 잘못된다. 어떤 치명적인 결함에 의해 항상 이기적이고 잔혹한 인물들이 정상에 오르고, 그다음에는 모든 것이 곤궁과 몰락으로 되돌아간다. 사실 기계도 망가지기는 마찬가지다. 멀쩡히 기동되어 몇 미터를 달리더니, 이내 고장이 나버린다.[7]

시스템 프로그램을 만드는 일은 엔트로피를 감소시키는 과정이므로 본질적으로 준안정적인 상태다. 프로그램 유지 보수는 엔트로피를 증가시키는 과정이고, 아무리 능숙하게 수행된다 해도 시스템이 수리 불가의 구닥다리가 되는 것을 잠시 늦출 수 있을 뿐이다.

12
예리한 도구

좋은 일꾼은 그 도구로 알 수 있다.

- 속담

◀ 피사노(A. Pisano), "조각가(Lo Scultore)", 산타 마리아 델 피오레의 종탑(Campanile di Santa Maria del Fiore), 피렌체, 1335년경
스칼라/아트 리소스(Scala/Art Resource), 뉴욕

그렇게 세월이 지났는데도, 도구에 관해서라면 아직도 많은 프로그래밍 프로젝트가 기계 공작소처럼 운영되고 있다. 숙련공들은 저마다 평생에 걸쳐 모은 공구 세트를 갖추고 있으며, 조심스레 그것을 잠가 두고 지킨다. 이 공구들은 그의 기량을 보여주는 증거인 셈이다. 프로그래머도 마찬가지로 편집기, 정렬 기법, 이진 덤프, 디스크 공간 관련 유틸리티 등을 자기 파일 속 어딘가에 몰래 숨겨둔다.

하지만 이런 접근 방식은 프로그래밍 프로젝트에서는 어리석은 짓이다. 우선, 근본적인 문제는 의사소통이고, 개별 도구들은 의사소통을 돕기보다는 방해하게 된다. 둘째로, 장비나 언어가 바뀌면 기술도 바뀌므로 도구의 수명은 그다지 길지 않다. 마지막으로, 범용 프로그래밍 도구를 공통적으로 개발하고 유지 보수하는 편이 훨씬 더 효율적이라는 점이 명백하다.

그러나 범용적인 도구만으로는 충분하지 않다. 전문화된 요구와 개인적 선호라는 두 가지 요소가 특화된 도구의 수요를 부추긴다. 그런 이유 때문에 앞서 외과 수술 팀에 대해 논의하면서는 팀당 한 명의 도구 담당을 상정했었다. 이 도구 담당은 모든 공용 도구에 숙달되어 있으며, 그의 고객이자 팀의 우두머리인 상사에게 사용법을 가르쳐줄 수 있는 사람이다. 그는 또한 상사가 필요로 하는 특화된 도구들도 만든다.

그렇다면 프로젝트 관리자는 공용 도구 제작과 관련된 정책을 세우고 자원을 확보해 둘 필요가 있다. 동시에 특화된 도구의 필요성도 인지하여, 각 팀이 저마다 도구를 만드는 것을 못마땅해 하지 않아야 한다. 이 유혹은 모르는 새에 서서히 파고든다. 만약 여러 팀에 흩어진 도구 제작 담당자들을 한데 모아 공용 도구 팀을 확대한다면 훨씬

더 효율이 오르지 않을까? 그러나 사실은 그렇지가 않다.

관리자가 정책을 세우고 계획하고 조직해야 할 도구는 어떤 것들이 있을까? 첫 번째는 컴퓨터 설비다. 우선은 장비가 있어야 하므로 장비의 스케줄링 원칙부터 정해야 한다. 운영 체제도 필요하므로 관련 서비스 정책도 수립해야 한다. 언어도 필요할 것이고, 그에 관련된 정책 역시 정해져야 한다. 그 다음에는 유틸리티, 디버깅 보조 도구, 테스트 케이스 생성기, 문서화를 위한 텍스트 처리 시스템 등이 있겠다. 이런 것들을 하나씩 살펴보자.[1]

타깃 장비

컴퓨터 장비는 타깃 장비와 보조 장비로 나누는 것이 유용하다. 타깃 장비는 작성된 소프트웨어가 실행될 곳이며, 그 위에서 최종 테스트가 이루어져야 하는 장비다. 보조 장비는 시스템을 개발하는 과정에 필요한 서비스를 제공하기 위한 장비들이다. 기존 장비에 올릴 새 운영 체제를 개발하는 경우라면, 그 장비는 타깃 역할뿐 아니라 보조 장비 역할도 할 수 있을 것이다.

타깃 장비에는 어떤 설비가 필요한가? 감시 프로그램이나 그 밖의 핵심 시스템 소프트웨어를 새로 만드는 팀들은 물론 전용 장비가 필요하다. 이런 시스템에는 표준적인 지원 사항을 최신으로 유지할 운영 기사와 한두 명의 시스템 프로그래머가 필요할 것이다.

독립된 장비가 필요할 경우 그 사양은 다소 특이할 것이다. 속도는 빠를 필요가 없겠지만, 최소 1MB의 메모리, 수백 MB의 온라인 디스크, 그리고 터미널을 갖춰야 한다. 영문과 숫자를 지원하는 터미널이면 되겠지만, 초당 15글자 수준의 타이프라이터보다는 훨씬 빨라야 할 것이다. 대량의 메모리는 기능 테스트가 수행된 후에 오버레이 설정이나 크기 감축이 가능하게 함으로써 생산성을 크게 높여준다.

또, 온갖 프로그램 인자에 대한 측정치를 디버깅 중에 자동 산출하기 위한 디버깅 장비나 소프트웨어도 마련되어야 한다. 예를 들어 메모리 사용 패턴은 기이한 논리적 작동이나 예상 외로 저조한 성능의 원인을 밝히는 강력한 진단 도구가 된다.

스케줄링. 최초의 운영 체제를 만들 때처럼 타깃 장비가 새로운 것일 때는, 장비를 사용할 수 있는 시간이 부족하기 때문에 스케줄링이 중요한 문제로 대두된다. 장비 사용 요구량은 그래프로 그려보면 특이한 증가 곡선을 보인다. 우리가 OS/360을 개발할 때는 쓸 만한 S/360 시뮬레이터와 다른 보조 장비들이 갖춰져 있었다. 우리는 이전의 경험으로부터 S/360 사용 시간이 얼마나 필요할지 추산했고, 공장으로부터 초기에 사용할 장비들을 수급하기 시작했다. 하지만 그 기계들은 여러 달이 지나도록 하는 일 없이 놀고만 있었다. 그러던 중 갑자기 16대의 시스템 모두가 전면 가동되기 시작했고, 그때부터는 사용 시간을 배정하는 것이 문제가 되었다. 장비 가동률은 그림 12.1 같은 추세를 보였다. 모두들 자기가 만든 첫 구성 요소를 동시에 디버깅하기 시작했고, 그 이후로는 팀의 대부분이 상시로 무언가를 디버깅하고 있었다.

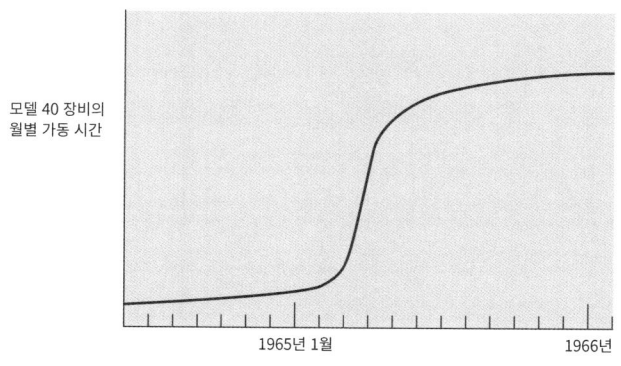

그림 12.1 타깃 장비 사용량의 증가 추세

우리는 모든 장비와 테이프 라이브러리를 중앙 집중식으로 관리하기로 했고, 그것을 운영할 전문적이고 경험 있는 장비실 담당 팀을 꾸렸다. 넉넉하지 않은 S/360 사용 시간을 최대화하기 위해, 모든 디버깅 작업은 어디건 가용한 장비에서 일괄 처리로 수행되었다. 우리는 하루 4회(회송 시간turnaround¹은 두 시간 반)로 운영을 시도해본 후, 네 시간의 회송 시간을 요구했다. 실행 요청을 스케줄링하고, 수천 건의 작업을 추적하고, 회송 시간을 모니터하기 위해 터미널이 부속된 1401 한 대가 사용되었다.

하지만 그 모든 준비는 너무 지나친 것이었다. 느린 회송 시간과 상호 비난, 그 밖의 이런저런 고통으로 몇 달을 보낸 다음, 우리는 컴퓨터 시간을 상당히 큰 블록 단위로 할당하게 되었다. 예를 들어 정렬 팀에 속한 15명 모두는 네 시간에서 여섯 시간 동안 시스템을 쓸 수 있었다. 그 시간을 어떻게 나눌 것인지는 그들에게 일임하였으며, 장비가 놀고 있더라도 다른 누군가가 사용할 수는 없었다.

그 방법이 시간 할당과 스케줄링에 더 나았다. 장비 이용도는 다소 떨어졌을지 몰라도(그렇지 않을 때도 있었다), 생산성은 훨씬 더 높아졌다. 이런 팀에 속한 작업자 개개인에게는 세 시간 간격으로 벌어진 열 번의 실행보다 여섯 시간 블록 안에 잡은 열 번의 실행이 훨씬 더 생산적이다. 긴 시간 집중하게 되면 생각할 시간이 도리어 줄어들기 때문이다. 이런 전력 질주 후에는 또 다른 시간 블록을 요청하기까지 통상 하루 이틀 정도 서류 작업할 시간이 필요했다. 시간 블록 하나를 효과적으로 사용할 수 있는 인원은 겨우 세 명 정도일 때도 가끔 있었다. 새로운 운영 체제를 디버깅할 때 타깃 장비 하나를 사용하는 방법은 이것이 최선인 것 같다.

이론적으로는 결코 그랬던 적이 없지만 실무에서는 사실 항상 그

| (옮긴이) 일괄 처리 등에서 작업을 제출한 후 결과가 돌아올 때까지 걸리는 전체 처리 시간

런 식이었다. 시스템 디버깅은 천문학처럼 늘 밤에 일하는 직업이었다. 20년 전 701[ll]로 작업하면서 나는 동트기 전의 그 비공식적이고도 생산적인 시간을 알게 되었다. 장비실의 높은 분들은 모두 집에서 깊이 잠들었고, 운영자들은 규정대로 따지기를 내켜 하지 않았다. 그 시절 이후로 컴퓨터는 세 번의 세대교체를 겪었고, 관련된 기술은 완전히 바뀌었으며, 운영 체제라는 것도 생겨났다. 그러나 그런 작업 방식은 변함없이 선호되어 왔다. 그것이 살아남은 이유는 가장 생산적이기 때문이다. 이제는 그런 생산성을 인정하면서, 유익한 실무적 관례를 터놓고 받아들일 때가 아닌가 한다.

보조 장비와 데이터 서비스

시뮬레이터. 만약 타깃 장비가 새로운 것이라면, 그 장비에 대한 논리적 시뮬레이터가 필요하다. 이렇게 함으로써 실제 타깃 장비가 만들어지기 훨씬 전에 디버깅용 보조 장비를 확보할 수 있다. 타깃 장비가 사용 가능하게 된 후에도 '믿을 수 있는' 디버깅 장비 역할을 한다는 점 역시 똑같이 중요하다. '믿을 수 있다'는 것은 '정확하다'는 것과 같지 않다. 새로운 장비의 충실하고 정확한 구현체가 되기 위해, 시뮬레이터는 어떤 경우에는 확실히 오류를 발생시킬 것이다. 하지만 하루하루 지나도 시뮬레이터는 변함없이 '동일한' 구현체인 반면 새 하드웨어는 그렇지 못할 것이다.

우리는 오늘날 컴퓨터 하드웨어가 거의 항상 올바르게 작동하는 데 익숙해져 있다. 시스템이 동일한 작업에 대해 일관성 없게 동작하는 것을 목격하지 않은 이상, 응용 프로그램을 작성하는 이는 엔진이 아닌 자신의 코드에서 버그를 찾는 것이 분별 있는 행동일 것이다.

ll (옮긴이) 1952년에 발표된 IBM 최초의 과학용 컴퓨터

하지만 이런 경험은 새 장비를 지원하기 위한 프로그램을 만들 때는 좋지 못하다. 실험실 수준이거나 생산 준비 또는 초기 단계의 하드웨어는, 정의된 대로 동작하지를 않고, 신뢰할 수도 없으며, 동작이 매번 똑같지도 않다. 버그가 발견되면 모든 장비에 엔지니어링적인 변경을 적용하는데, 프로그래밍 쪽에 배정된 장비라고 해서 예외는 아니다. 이렇게 기초부터 흔들리는 것은 그 자체로 별로 좋지 못하다. 이따금씩 일어나는 하드웨어 고장은 더욱 좋지 않다. 불확실함은 그 중에서도 최악이라 할 수 있는데, 개발자가 버그를 찾으려고 코드를 애써 들여다볼 이유를 없애버리기 때문이다. 그 코드에는 버그가 아예 없을 수도 있는 것이다. 그러므로 세월로 검증된 보조 장비에서 돌아가는 믿을 수 있는 시뮬레이터는, 생각보다 훨씬 오래 그 유용함을 간직한다.

컴파일러와 어셈블러 장비. 같은 이유로, 컴파일러와 어셈블러도 신뢰할 만한 장비에서 실행되면서 타깃 장비의 오브젝트 코드를 생성하도록 할 수 있다. 그런 후에는 시뮬레이터상에서 디버깅을 하는 것이 가능해진다.

고급 프로그래밍 언어를 사용하게 되면, 타깃 장비에 맞춰 생성된 코드를 테스트하기 전에라도 보조 장비에서 컴파일하고 테스트하면서 디버깅 작업의 상당 부분을 수행할 수 있다. 이렇게 함으로써 시뮬레이션이 아닌 직접 실행의 효율성을 얻을 수 있고, 안정적인 장비가 주는 신뢰성도 함께 확보된다.

프로그램 라이브러리와 계정 관리. OS/360 프로젝트의 보조 장비 활용 사례 중에서도 대단히 성공적이고 중요했던 것은, 프로그램 라이브러리를 만들고 유지한 것이다. 크롤리W. R. Crowley의 주도로 개발된 이 시스템은 7010이 두 개 연결된 형태에 대형 디스크 데이터 뱅크를 공유하고 있었다. 7010 장비는 S/360 어셈블러도 제공했다. 테스트가 되었거나 테스트 진행 중인 모든 코드는 소스 및 어셈블된 형태 두 가지로 이 라이브러리에 보관되었다. 라이브러리는 접근 규칙이 상이한 서브 라이브러리로 다시 나뉘었다.

첫째, 각 그룹이나 프로그래머들은 자기 프로그램과 테스트 케이스, 구성 요소 테스팅에 필요한 여러 가지를 보관해두는 구역을 가지고 있었다. 이런 '아기 놀이울' 안에서는 자기 프로그램을 가지고 무엇을 하건 아무 제약이 없었다.

자신이 만든 구성 요소가 더 큰 부분에 통합될 준비가 되면 프로그래머는 해당 시스템의 관리자에게 자기 프로그램의 복사본을 전달하고, 관리자는 그것을 다시 '시스템 통합용 서브라이브러리'에 복사해둔다. 이후로는 원 작성자라도 통합 담당 관리자의 허가 없이는 해당 프로그램을 변경할 수 없게 된다. 시스템이 하나로 합쳐지면서, 이 프로그램은 온갖 시스템 테스트를 통해 버그가 발견되고 수정이 이루어진다.

때로는 시스템의 특정 버전이 더욱 폭넓게 사용될 준비를 갖추었을 수 있다. 그런 경우 해당 버전은 '현재 버전 서브라이브러리'로 지위가 상승한다. 이 복사본은 불가침한 것으로, 지극히 심각한 버그를 고칠 때만 손을 대게 된다. 이 라이브러리는 새로운 모듈 버전을 통합하고 테스트할 때도 이용되었다. 7010 내의 프로그램 목록에는 모든 모듈의 버전 각각에 대해 그 상태와 현재 소재한 곳, 변경된 내역을 유지하였다.

여기에는 두 가지 중요한 개념이 들어 있다. 첫 번째는 프로그램의 복사본들이 관리자에게 속하며, 오직 해당 관리자만이 변경을 인가할 수 있다는 '통제' 개념이다. 두 번째는 아기 놀이울로부터 통합과 출시를 향해 '공식적으로 분리'되어 '단계별로 진행'한다는 개념이다.

내 생각에 OS/360 프로젝트에서 가장 잘한 일 중 하나가 이것이다. 이 관리 기법은 몇몇 대규모 프로그래밍 프로젝트에서 독자적으로 발전되어 온 것으로 보이는데, 여기에는 벨 연구소, ICL[III], 캠브리지Cambridge 대학교 등의 프로젝트가 포함된다.[2] 이 기법은 프로그램뿐 아니라 문서화에도 똑같이 적용 가능한, 없어서는 안 될 기술이다.

프로그램 도구. 새로운 디버깅 기법이 출현하면서 옛날 방식이 줄어들기는 했어도 사라지지는 않았다. 여전히 디버깅에는 메모리 덤프, 소스 파일 편집기, 스냅샷 덤프는 물론 트레이스까지도 필요하다.

그와 비슷하게, 덱을 디스크에 올리고, 테이프 복사본을 만들고, 파일을 프린트하고, 카탈로그를 변경하기 위한 일련의 유틸리티 역시 여전히 필요하다. 프로젝트 도구 담당을 초기에 배정한다면, 이런 도구들을 한 번 만든 후에 필요한 시점에 때맞게 사용할 수 있을 것이다.

문서화 시스템. 모든 도구 중에서 가장 품을 많이 덜어주는 것은, 아마도 신뢰할 수 있는 장비에서 운영되는 전산화된 텍스트 편집 시스템일 것이다. 우리는 프랭클린J. W. Franklin이 고안한 아주 유용한 시스템을 갖추고 있었다. 그 시스템이 아니었다면 OS/360 매뉴얼은 훨씬 늦어지고 더 이해하기 어려워졌을 것이다. 혹자는 6피트(약 1.82미터)짜리 책장을 메운 OS/360의 매뉴얼이 병적인 다변증多辯症을 반영하며, 그 분량 자체가 새로운 불가해함을 만든다고 주장한다. 그 말에는 어느 정도 일리가 있다.

하지만 나는 거기에 두 가지로 답하고자 한다. 먼저, OS/360 문서의 분량이 압도적이기는 하지만, 독자를 위한 동선이 주의 깊게 설계되어 있다. 매뉴얼을 선별적으로 참조할 경우에는 문서의 나머지 대부분은 거의 무시할 수 있다. OS/360의 문서화는 필수 교재 모음집이

III (옮긴이) International Computers Limited, 8장 참고

아닌 문고류나 백과사전으로 생각해야 한다.

두 번째로, 프로그래밍 시스템들의 문서화가 대체로 심각하게 빈약함을 고려한다면 이 편이 훨씬 바람직하다. 하지만 몇몇 부분은 더 잘 쓸 수 있는 여지가 많고, 그렇게 할 때 전체 분량도 줄어들 것이라는 주장에는 곧바로 동의한다. '개념과 설비' 같은 부분들은 지금은 아주 잘 쓰였다.

성능 시뮬레이터. 이것은 하나 정도 마련해두는 편이 좋으며, 다음 장에서 논의하듯이 안과 밖을 뒤집어서 구성하도록 한다. 성능 시뮬레이터, 논리 시뮬레이터, 그리고 실제 제품은 동일한 하향식 설계를 채택해야 한다. 이 설비는 아주 초반부터 가동해 두되, 무언가 문제가 나타날 때는 주의를 기울이라.

고급 언어와 대화식 프로그래밍

오늘날 시스템 프로그래밍에서 가장 중요한 두 가지 도구는 거의 10년 전 OS/360을 개발할 당시에는 사용되지 않았던 것들이다. 이 도구들은 아직도 폭넓게 사용되지는 않지만, 여러 가지 근거로 미루어 볼 때 그 강력함과 적용 가능성에 의문은 없어 보인다. 그것은 (1) 고급 언어와 (2) 대화식 프로그래밍이다. 이 두 가지의 보편적인 채택을 막고 있는 것은 오직 관성과 나태함뿐이라고 나는 확신한다. 기술적인 어려움은 더는 타당한 변명이 될 수 없다.

고급 언어. 고급 언어를 사용하는 주된 이유는 생산성과 디버깅 속도다. 생산성에 대해서는 앞서 8장에서 논의한 바 있다. 수치적인 근거가 많은 것은 아니지만, 생산성에 퍼센트 단위가 아닌 몇 배 수준의 개선이 있음이 시사되고 있다.

디버깅 측면의 개선은, 버그가 더 적고 더 찾기 쉽다는 사실로부터 비롯된다. 버그가 더 적다는 것은 오류에 노출되는 단계가 통째로 하나 줄어들기 때문인데, 그것은 예컨대 레지스터를 잘못 사용하는 것처럼 구문 오류뿐 아니라 의미적인 오류까지 범하는 단계를 말한다. 버그를 더 찾기 쉽다는 것은 컴파일러의 진단 메시지가 도움을 주기 때문이며, 더 중요하게는 디버깅 스냅샷을 삽입하기가 아주 쉽기 때문이다.

내게 있어 이런 생산성과 디버깅이라는 이유는 압도적으로 느껴진다. 어셈블리어로 프로그래밍 시스템을 만든다는 것을 나는 상상하기 어렵다.

그러면 이런 도구에 대한 전형적인 반대의 목소리는 어떤 것이 있을까? 세 가지가 있다. 내가 원하는 것을 할 수 없다, 오브젝트 코드가 너무 크다, 오브젝트 코드가 너무 느리다. 기능에 대해서라면, 그런 반대는 더 이상 타당하지 않다고 본다. 모든 증거에 비추어 볼 때 고급 언어를 써서 원하는 일을 할 수 있음은 분명하지만, 그러기 위한 적절한 방법을 찾는 데에는 수고가 들고, 가끔은 썩 보기 좋지 않은 수단을 써야 할 때도 있다.[3][4] 크기에 대해서는, 새로이 등장하는 최적화 컴파일러들이 상당히 만족스러운 결과를 내기 시작했으며, 이런 개선은 지속될 것이다.

속도에 관해서는, 이제 최적화 컴파일러들이 대부분의 프로그래머가 손으로 작성한 것보다 빠른 코드를 일부 생산해 내고 있다. 게다가, 컴파일러가 생성한 코드를 모두 디버깅한 후에는 그중 1~5% 정도를 직접 작성한 코드로 대체하여 속도 문제를 해결할 수도 있다.[5]

시스템 프로그래밍에는 어떤 고급 언어를 사용해야 할까? 현재 유일하게 합리적인 후보는 PL/I이다.[6] 이 언어는 대단히 많은 기능을 갖추고 있으며, 운영 체제라는 환경에 적합하다. 컴파일러 또한 다양하여 어떤 것은 대화식이고, 어떤 것은 속도가 빠르며, 진단 기능이 탁월한 것, 매우 최적화된 코드를 생산해 내는 것도 있다. 나 자신의 경우 알고리즘 작업은 APL로 하는 편이 더 빨라서, 그렇게 한 뒤에 시스템 환경에 맞게 PL/I으로 번역하는 방법을 사용한다.

대화식 프로그래밍. MIT에서 진행된 멀틱스 프로젝트의 추진 명분 중 하나는 프로그래밍 시스템의 구축에 유용하다는 것이었다. 멀틱스는 (또한 그 뒤를 이은 IBM의 TSS는) 시스템 프로그래밍에 필수적이라는 바로 그 측면에서 다른 대화식 시스템과 개념적으로 궤를 달리한다. 데이터와 프로그램에 대한 다양한 수준의 공유와 보호, 광범위한 라이브러리 관리, 터미널 사용자 간의 협업을 위한 기능 등이 그것이다. 나는 많은 응용 프로그램의 경우 대화식 시스템이 일괄 처리 시스템을 결코 대체하지 않을 것으로 확신한다. 그러나 멀틱스 팀은 시스템 프로그래밍이라는 응용 분야에서 가장 설득력 있는 사례를 만든 것 같다.

이처럼 그 강력함이 명백하지만, 이 도구의 진정한 효용성을 입증해 주는 증거는 아직 많지 않다. 시스템 프로그래밍에서 가장 어렵고 더딘 부분은 디버깅이며, 디버깅의 골칫거리는 느린 회송 시간이라는 인식은 분명 일반적으로 퍼져 있다. 그러므로 대화식 프로그래밍의 논리는 거칠 것이 없어 보인다.[7]

또한, 그런 방식으로 소형 시스템이나 전체 시스템 중 일부를 구축한 많은 이들로부터 좋은 소식이 들려오고 있다. 대규모 시스템 프로그래밍에 미치는 영향에 대해 내가 확보한 유일한 수치적 자료는 벨 연구소의 존 하John Harr에 의한 것으로, 그 내용이 그림 12.2에 나타나 있다. 이 수치는 프로그램 작성, 어셈블링, 디버깅까지 포함한다. 첫 번째 프로그램은 대부분 제어 프로그램이며, 다른 세 개는 언어 번역기와 편집기 등이다. 그의 데이터는 시스템 프로그래밍에 대화식 설비를 활용할 때 생산성이 최소 두 배 이상 증가함을 시사해 준다.[8]

프로그램	크기	일괄 처리(B) 또는 대화식(C)	맨아워당 명령어 개수
ESS 코드	800,000	B	500-1000
7094 ESS 지원	120,000	B	2100-3400
360 ESS 지원	32,000	C	8000
360 ESS 지원	8,300	B	4000

그림 12.2 일괄 처리 및 대화식 프로그래밍 환경 하의 생산성 비교

대화식 도구의 효과적인 사용은 대체로 고급 언어의 사용을 요한다. 텔레타이프[IV]와 타자기 방식의 터미널은 메모리를 덤프하면서 디버깅하는 용도에는 사용할 수 없기 때문이다. 고급 언어를 사용하면 소스 코드의 편집이 용이하고 선택적 출력 또한 쉽게 이루어진다. 대화식 도구와 고급 언어는 둘을 합할 때 참으로 예리한 한 쌍의 도구를 이룬다.

[IV] (옮긴이) 타자기에 프린터가 붙은 것 같은 모양의 입출력용 주변 기기. 유닉스 계열 운영 체제에서 터미널을 나타내는 tty가 이 teletypewriter의 약자다. http://en.wikipedia.org/wiki/Teletypewriter 참고

13
전체 그리고 부분들

"나는 저 거대한 심연에서 악마를 불러낼 수도 있지."

"그쯤이야, 나도 할 수 있고 누구든 할 수 있지 않소.
한데 당신이 부르면 악마가 오기는 하는 거요?"

- 셰익스피어Shakespeare[1], 『헨리 4세』 1부

---

[1] (옮긴이) 윌리엄 셰익스피어(William Shakespeare, 1564~1616), 영국의 극작가, 시인

◀ © 월트 디즈니 프로덕션(Walt Disney Productions)

예나 지금이나 마법사 가운데는 뽐내기 좋아하는 이들이 있다. "나는 항공 교통을 관제하고, 탄도 미사일을 방어하고, 은행 수지 결산을 맞추고, 생산 라인을 제어하는 프로그램을 짤 수 있소." 거기에 대한 답은 이렇다. "그런 건 나도 할 수 있고, 누구든 할 수 있소. 그런데 당신이 그런 걸 작성하면 제대로 동작은 하는 거요?"

프로그램이 제대로 동작하도록 만드는 방법은 무엇일까? 프로그램은 어떻게 테스트해야 할까? 이제 막 테스트된 일련의 구성 요소를, 이미 테스트되고 믿을 수 있는 시스템에 통합하려면 어떻게 해야 할까? 우리는 지금까지 그런 기법들을 여기저기서 조금씩 다루었다. 이제 그 내용을 좀 더 체계적으로 검토해 보자.

버그를 줄이는 설계

버그를 방지하는 정의定義. 버그 중에서 가장 치명적이고 찾기 힘든 부류는, 다양한 구성 요소의 개발자들이 나름대로 세운 가정이 서로 어긋날 때 생기는 시스템 버그들이다. 앞서 4, 5, 6장에서 논의했던 개념적 일관성에 의거한 접근은 이런 문제에 직접적으로 대응하는 방안이다. 요약하자면, 개념적 일관성이 있는 제품은 사용하기 쉬울 뿐 아니라 만들기도 쉽고 버그가 생길 가능성도 줄어든다.

그 접근 방식이 내포하고 있는, 아키텍처에 대한 상세하고 공들인 노력 또한 그렇다. 벨 전화 연구소의 세이프가드Safeguard 프로젝트에 속한 비소츠키V. A. Vyssotsky의 말이다. "결정적인 중대 과제는 제품을 정의하는 것입니다. 수없이 많은 실패가 제대로 정의하지 않음에서 비롯됩니다."[1] 세심한 기능 정의, 주의 깊은 명세, 겉치레 기능이나 기술적 공상을 배제하도록 훈련하는 일 모두 시스템 버그의 수를 줄여준다.

명세 테스트. 코드가 한 줄이라도 만들어지기 훨씬 전부터, 명세는 외부 테스팅 그룹으로 넘겨져서 완전성과 명확성을 검토받아야 한다. 비소츠키의 말대로 개발자들은 이런 일을 스스로 할 수가 없다. "그 사람들은 이해가 안 간다는 얘기는 하지 않을 겁니다. 틈새를 메우고 모호함을 없앨 나름의 방법을 즐거이 만들어내겠지요."

하향식 설계. 1971년 발표된 명쾌한 논문에서 니클라우스 워스Niklaus Wirth는 최고의 프로그래머들이 여러 해 동안 사용해 왔던 설계 절차를 형식화했다.[2] 그가 제시한 개념들은 프로그램 설계를 대상으로 한 것이지만, 다수의 프로그램으로 이루어진 복잡한 시스템의 설계에도 완벽하게 적용된다. 시스템 구축을 설계, 구현, 제품화로 나눈 것은 그런 개념이 적용된 것이며 더 나아가서 설계, 구현, 제품화의 각 과정은 하향식으로 이루어질 때 가장 좋은 결과를 가져온다.

간략히 얘기하면, 워스의 절차는 설계라는 것을 일련의 '세분화 단계들'로 파악한다. 우선, 주요한 결과를 달성하도록 대략의 작업을 정의하고 해결 방법을 스케치한다. 다음에는 정의했던 내용을 더욱 면밀히 검토하면서 그 결과가 바라는 바와 어떤 차이가 있는지 살피고, 해결 방법의 큰 단계들을 좀 더 작은 단계들로 나누어간다. 작업 정의를 세분화함에 따라 해법을 담은 알고리즘도 점차 세분화되며, 그 과정에서 데이터 표현법 또한 세분화될 수 있다.

이런 과정에서 해법이나 데이터 내의 '모듈'들이 드러나게 되는데, 각 모듈은 다른 작업과 무관하게 각각 세분화해 나갈 수 있다. 이런 모듈화의 정도가 프로그램의 융통성과 변경 가능성을 결정한다.

워스는 각 단계마다 가능한 한 추상화 수준이 높은 표기법을 쓰라고 권한다. 그럼으로써 더 세분화할 필요가 있을 때까지 개념은 드러내고 세부적인 사항은 숨길 수 있다.

좋은 하향식 설계는 여러 면에서 버그를 회피하도록 해준다. 첫째,

프로그램 구조와 데이터 표현법이 명확하므로 각 모듈의 요구 사항과 기능을 엄밀하게 기술하기가 더 쉬워진다. 둘째, 서로 독립적인 모듈로 분할함으로써 시스템 버그가 예방된다. 셋째, 세부 내용을 숨김에 따라 구조상 결함이 있을 경우 눈에 더 잘 띄게 된다. 넷째, 각 세분화 단계마다 설계를 테스트할 수 있으므로 테스트를 더 일찍 시작할 수 있고, 단계마다 그에 맞는 수준의 세부 사항에 집중할 수 있다.

이렇게 단계별로 세분화해 간다는 것은, 예기치 못하게 세부 사항이 꼬여버렸을 때 다시 돌아가서 전체 설계를 폐기하고 새로 시작하지 말라는 뜻이 아니다. 사실 그런 일은 가끔 일어나는 편이다. 하지만 언제, 무엇 때문에 전체 설계를 버리고 다시 시작해야 하는지 파악하는 일은 훨씬 쉬워진다. 나쁜 기초 설계를 버리지 못하고 온갖 장식을 덧대어 가려 보려는 시도에서 수많은 조잡한 시스템이 생겨난다. 하향식 설계는 그런 유혹을 누그러뜨린다.

나는 하향식 설계가 프로그래밍에 있어서 근래 10년을 통틀어 가장 중요하고도 새로운 형식화 방법이라고 확신한다.

구조적 프로그래밍. 프로그램에서 버그를 줄이려는 또 다른 일련의 아이디어는 주로 데이크스트라Dijkstra로부터 비롯되며,[3] 이것은 뵘Böhm과 야코피니Jacopini에 의한 이론적 구조에 근거를 둔다.[4]

이 접근법은 기본적으로 프로그램의 제어 구조를 DO WHILE 같은 반복문으로만 구성하고, 조건부로 수행될 문장들은 꺽쇠로 둘러싸서 IF ... THEN ... ELSE로 구분하도록 설계하는 것이다. 뵘과 야코피니는 이런 구조가 이론적으로 충분함을 보인다. 데이크스트라는 다른 대안, 즉 GO TO에 의한 무조건 분기가 논리적 오류에 취약한 구조를 만든다고 주장한다.

이런 기본 개념은 확실히 타당하다. 그 위로 다양한 비평이 가해졌는데, 여러 경우를 처리하기 위한 다방향 분기(소위 CASE 문), 장애 상황에서 탈출하기GO TO ABNORMAL END 같은 추가적인 제어 구조는 상당히 편리하다. 매우 교조적인 어떤 이들은 GO TO를 전혀 쓰지 말자고 주장하는데, 이것은 다소 지나친 듯하다.

중요한 것, 즉 버그 없는 프로그램을 만드는 데 필수적인 것은, 시스템의 제어 구조를 개별적인 분기문이 아니라 그야말로 제어 구조로 생각해야 한다는 점이다. 이와 같은 사고방식이 앞으로 한 발 나아가는 큰 걸음이 된다.

구성 요소 디버깅

프로그램을 디버깅하는 절차는 지난 20년에 걸쳐 커다란 주기를 지나왔고, 어떤 면에서는 출발했던 곳으로 다시 돌아와 있다. 그 주기 안에는 네 단계가 있었는데, 하나씩 따라가면서 각각이 등장하게 된 동기를 알아보면 흥미로울 것이다.

온-머신 디버깅. 초창기 컴퓨터들은 입출력 장치가 상대적으로 빈약했고 입력과 출력 간의 시간 간격도 길었다. 이런 장비들은 대개 종이테이프나 자기 테이프를 읽고 썼으며, 테이프 작성과 인쇄에는 오프라인 설비가 사용되었다. 테이프 입출력을 디버깅에 사용하는 것은 참을 수 없이 불편한 일이었으므로 콘솔이 대신 사용되었다. 따라서 디버깅 작업은 할당받은 장비 세션 내에 가능한 한 많은 시도를 하도록 설계되었다.

프로그래머는 디버깅을 할 때 실행을 어디서 중단하고, 메모리의 어느 곳을 조사할 것이며, 거기서 무엇을 찾아야 하고, 만약 찾지 못하면 어떻게 할 것인지 같은 절차를 주의 깊게 설계했다. 이렇게 자기 자신을 디버깅 장비처럼 꼼꼼하게 프로그래밍하는 데 드는 시간은 디버깅할 프로그램을 짜는 시간의 절반에 이르기도 했다.

실행 중단 지점이 계획적으로 설정된 테스트 구획으로 프로그램을 분할해 두지도 않고 대담하게 '시작' 버튼을 누르는 것은, 말하자면 용서받지 못할 죄를 짓는 일이었다.

메모리 덤프. 온-머신 디버깅은 매우 효과적이어서 두 시간 세션이면 열두 번은 돌릴 수 있었다. 하지만 컴퓨터는 몹시 부족했고 비용도 많이 들었기에, 컴퓨터 시간을 낭비한다는 것은 생각만으로도 끔찍한 일이었다.

그러다가 고속 프린터가 온라인으로 연결되면서 방법도 바뀌었다. 프로그램은 검사가 실패할 때까지 수행되었고, 그다음에는 메모리 전체가 덤프되었다. 이후에는 각 메모리 주소의 내용을 해명하기 위한 고된 서류 작업이 시작되었다. 이 작업은 온-머신 디버깅 때와 그다지 다를 바 없었지만, 테스트 수행 전의 계획 단계가 아니라 테스트 후의 해독 단계라는 차이가 있었다. 특정한 사용자의 경우에 대해 디버깅 하는 일은 더 오랜 시간이 걸렸는데, 테스트 수행이 일괄 처리의 회송 시간에 달려 있었기 때문이다. 하지만 이런 절차는 전반적으로 컴퓨터 사용 시간을 최소화해서 가능한 한 많은 프로그래머가 이용하도록 하는 데 중점을 두고 설계됐다.

스냅샷. 메모리 덤프 기법이 개발되던 때의 장비들은 2000~4000워드, 즉 8KB에서 16KB 정도의 메모리를 가지고 있었다. 그러나 메모리 용량이 극적으로 증대되면서 전체 메모리를 덤프한다는 것은 비현실적인 일이 되었다. 그렇게 해서 선택적 덤프, 선택적 추적, 프로그램 내 스냅샷 삽입 같은 기법이 개발되었다. OS/360의 TESTRAN은 이 방식의 종착지라 할 수 있는데, 어셈블이나 컴파일을 다시 하지 않고도 프로그램에 스냅샷을 넣을 수 있게 해 주는 도구였다.

대화식 디버깅. 코드Codd와 동료들[5], 그리고 스트레이치Strachey[6]는 1959년에 제각기 시분할 디버깅을 목표로 한 연구를 발표했다. 이것은 온-머신 디버깅의 즉각적인 회송 시간과 일괄 처리 디버깅의 효율적인 장비 사용에 의한 이점을 모두 얻을 수 있는 방법이었다. 컴퓨터 메모리에는 실행 가능 상태의 프로그램이 여러 개 적재된다. 프로그램으로만 제어되는 터미널이 디버깅할 프로그램별로 한 대씩 할당되고, 디버깅 과정은 관리 프로그램의 제어 아래 놓인다. 프로그래머가 진행 상황을 검토하거나 무언가를 변경하기 위해 터미널에서 자기 프로그램을 중단해도, 관리 프로그램은 다른 프로그램 중 하나를 다시 실행해서 장비는 중단 없이 계속 돌아가게 된다.

코드Codd의 다중 프로그래밍 시스템이 실제로 개발되기는 했지만, 강조된 것은 효율적인 입출력 활용에 의한 처리량 개선이었고 대화식 디버깅은 빠져 있었다. 스트레이치의 아이디어는 그 후 1963년에 MIT의 코르바토Corbató와 동료들이 만든 7090 기반의 실험적인 시스템에서 좀 더 개선된 형태로 구현되었다.[7] 이 시스템의 개발은 멀틱스MULTICS, TSS를 비롯한 오늘날의 시분할 시스템으로 이어졌다.

최초로 접했던 온-머신 디버깅과 오늘날의 대화식 디버깅 사이에서 사용자가 느끼는 주된 차이점은, 관리 프로그램 및 언어 해석기 덕분에 이용 가능해진 여러 가지 도구일 것이다. 개발자는 고급 언어로 프로그램을 짜고 디버깅할 수 있게 되었으며, 효율적인 편집 도구는 프로그램 변경과 스냅샷 작업을 쉽게 해준다.

즉각적인 회송이라는 온-머신 디버깅의 장점으로 다시 돌아오기는 했지만, 디버깅 세션 전의 사전 준비까지도 다시 필요하게 된 것은 아니다. 어떤 의미에서는 이런 준비 작업이 당시만큼 필요하지 않게 되었는데, 앉아서 생각할 동안 컴퓨터 시간이 낭비되지는 않기 때문이다.

그렇긴 해도, 골드Gold의 흥미로운 실험 결과는 대화식 디버깅의 각 세션에서 첫 번째 인터랙션의 진척률이 그 이후에 비해 세 배에 달했음을 보여준다.[8] 이것은 사전 계획의 미비로 인해 대화식 디버깅의 잠재력이 발휘되지 못하고 있음을 강력히 시사한다. 이제 왕년의 온-머신 기법들을 끄집어내서 먼지를 털 시간이 되었다.

좋은 터미널 시스템을 제대로 쓰기 위해서는, 두 시간의 터미널 세션마다 두 시간의 서류 작업이 필요한 것 같다. 그 시간의 절반 동안에는 마지막 세션의 뒷정리를 하는데, 디버깅 로그를 갱신하고, 프로그램 리스팅의 최신판을 노트에 철해두고, 이상한 현상을 해석하는 등의 작업을 하게 된다. 나머지 절반은 준비 작업에 할애한다. 변경하고 개선할 사항을 계획하며, 다음 테스트의 상세 내용을 설계한다. 이런 계획이 없다면 두 시간 동안 생산성을 유지하기는 어려울 것이다. 또, 세션 후의 뒷정리가 없다면 연속된 터미널 세션들을 체계적이고 전향적이도록 유지하기가 어려울 것이다.

테스트 케이스. 실제 디버깅 절차와 테스트 케이스의 설계에 관해서는 그루엔버거Gruenberger의 논의가 훌륭하며[9], 그 외 일반적인 저작들에도 짤막하게 논의되어 있다.[10][11]

시스템 디버깅

프로그래밍 시스템을 만들 때 의외로 어려운 부분이 시스템 테스트다. 그 의외성과 어려움의 이유에 대해서는 이미 어느 정도 논의하였다. 그 모든 것을 감안한다면 다음 두 가지는 수긍할 수밖에 없다. 시스템 디버깅은 예상보다 오래 걸릴 것이다. 그리고 디버깅은 그 어려움 때문에 철저히 체계적이고 계획적인 접근이 필요하다. 이제 이런 접근법은 어떻게 이루어지는지 살펴보자.[12]

디버깅된 구성 요소를 사용하라. 통상적인 관례까지는 아니지만 상식적으로 생각할 때 시스템 디버깅은 각 부분이 제대로 동작하게 된 다음에 시작하는 것이 타당하다.

실제 관례는 두 가지 면에서 이런 상식을 벗어난다. 첫째는 일단 조립하고 보자는 식의 접근법이다. 여기에는 구성 요소 버그 외에도 시스템(즉 인터페이스) 버그가 추가로 더 있을 거라는 인식이 깔려 있다. 각 부분을 일찍 통합할수록 시스템 버그도 일찌감치 드러난다는 것이다. 약간 덜 세련된 것으로, 각 부분을 서로 테스트에 이용함으로써 테스트용 비계 만드는 일을 상당히 줄일 수 있다는 견해도 있다. 둘 다 분명히 옳은 얘기다. 하지만 현장의 경험은 그것만이 전부가 아님을 말해준다. 디버깅되어 깨끗한 상태의 구성 요소를 사용함으로써 시스템 테스트에서 얻는 시간적 이득은, 비계를 만들고 구성 요소를 철저히 테스트하는 데 소요된 시간보다도 훨씬 크다.

좀 더 미묘한 것은 '문서화된 버그' 접근법이다. 여기서는 어떤 구성 요소의 결함이 모두 '발견되었을 때' 시스템 테스트에 들어갈 준비가 된 것으로 본다. 물론 이것은 결함이 모두 '수정될 때'보다는 훨씬 전이다. 이 이론에 의하면, 발견된 버그에 의한 효과가 어떤 것인지는 파악된 상태이므로, 시스템 테스팅에 들어가서는 그런 효과를 무시하고 새로운 현상에 집중할 수 있다는 것이다.

그러나 이 모든 이야기는 단지 늦어진 일정을 합리화하고자 만들어낸 희망 사항일 뿐이다. 알려진 버그가 어떤 효과를 일으키는지 모두 알 도리는 없다. 세상 일이 그리 간단했다면 시스템 테스트도 어렵지 않았을 것이다. 게다가 문서화된 버그들을 고치는 과정에서 새로운 버그가 필연적으로 숨어드니, 시스템 테스트는 혼란스러울 수밖에 없다.

비계飛階를 많이 만들라. 여기서 비계라고 함은, 디버깅을 목적으로 만들어졌지만 최종 제품에 포함될 일은 전혀 없는 프로그램과 데이터를 두루 일컫는 말이다. 비계의 코드 분량이 제품 코드의 절반에 이르는 것은 그리 이상한 일이 아니다.

비계의 종류 중 하나로 '더미 구성 요소'가 있다. 이것은 단순히 인터페이스만 맞춰놓은 것으로, 약간의 가짜 데이터나 테스트 케이스를 포함할 수 있다. 예를 들어 시스템의 구성 요소 중 하나로 정렬 프로그램이 있는데 아직 완성 전이라고 하자. 이런 경우 정렬과 연관된 다른 구성 요소들은 더미 프로그램을 이용해 테스트를 진행할 수 있다. 이 더미 프로그램은 입력 데이터를 읽어 형식이 맞는지 검사한 다음에, 정렬은 되어 있으되 아무 의미 없는 데이터를 출력 형식에 맞춰 돌려준다.

다른 유형으로 '축소판 파일'이 있다. 시스템 버그 중 아주 흔한 부류는 테이프와 디스크 파일의 포맷을 오해해서 생기는 것들이다. 그러므로 데이터 레코드는 전형적인 종류 몇 개뿐이지만 헤더나 각종 포인터는 빠짐없이 들어 있는 이런 조그만 파일들은 만들어 둘 가치가 있다.

축소판 파일의 극단적인 경우가 '더미 파일'인데, 이것은 그 안에 정말로 아무것도 없는 파일이다. OS/360의 JCL Job Control Language[11]에서도 이 기능을 지원하는데, 구성 요소를 디버깅할 때에 대단히 유용하다.

또 다른 유형으로는 '보조 프로그램'이 있다. 테스트 데이터 생성기, 특수 분석용 출력기, 상호참조표 분석기 등이 모두 특수 용도로 만들어 봄직한 보조 도구들이다.[13]

변경을 통제하라. 테스트 도중의 엄격한 통제는 하드웨어 디버깅에서 볼 수 있는 인상적인 기법인데, 이것은 소프트웨어 시스템에도 적용할 수 있다.

---

11 (옮긴이) IBM 메인프레임 운영 체제에서 일괄 처리 작업을 제어하는 데 쓰인 스크립트 언어

우선 책임을 맡을 누군가가 있어야 한다. 오직 그 사람만이 구성 요소를 변경하거나 다른 버전으로 교체하는 것을 인가할 권한이 있다. 그리고는 앞서 논의한 것처럼 통제된 시스템 사본들을 만들어야 한다. 자물쇠로 잠가두고 구성 요소 테스트에 사용하는 최신판 사본, 수정 사항이 반영되고 있는 테스트용 사본, 각자 수정이나 확장 작업을 하는 '아기 놀이울' 사본이 그것이다.

시스템/360을 개발할 때, 사람들은 통상적인 노란 배선 사이로 보라색 배선 가닥이 섞여 있는 것을 종종 볼 수 있었다. 버그가 발견될 때면 두 가지 조치가 취해졌다. 우선 테스트가 계속될 수 있도록 시스템에 응급조치가 이루어졌다. 이 변경 사항은 보라색으로 배선되었고 눈에 아주 잘 띄었다. 그리고 변경 내용은 로그에 기록되었다. 그러는 동안에 공식적인 변경 문서가 만들어지고 설계 자동화 작업이 시작되었다. 마침내 갱신된 도면과 배선 목록이 나오면, 해당 변경 사항은 인쇄 회로 기판이나 노란색 배선으로 구현되어 새로운 후면 패널에 장착되었다. 이로써 실제 기계와 문서가 다시 일관성을 가지게 되고 보라색 배선은 없어졌다.

프로그래밍에도 보라색 배선 기법이 필요하다. 그리고 결국은 제품이라 할 수 있는 '문서'에 대한 엄격한 통제와 깊은 존중이 절실히 필요하다. 이 기법에서 중요한 요소는, 모든 변경 사항을 일지에 기록해 두는 것, 그리고 충분한 검토와 테스트와 문서화를 거친 수정 사항과 응급조치 간의 차이점을 소스 코드상에 두드러지도록 구분해두는 것이다.

구성 요소 추가는 한 번에 하나씩. 이 교훈 역시 너무 뻔해 보이지만, 낙관주의와 게으름이 우리로 하여금 이것을 어기도록 유혹한다. 교훈대로 하자면 더미 종류를 비롯한 이런저런 비계가 필요하고, 그러려면 작업을 해야 한다. 그리고 어쨌거나, 그 모든 작업은 아마도 괜한 일이 되지 않을까? 버그가 없을지도 모르는 일 아닌가?

그렇지 않다! 유혹을 물리쳐라! 그것이 체계화된 시스템 테스트가 목표로 하는 모든 것이다. 시스템에 버그가 많을 거라는 가정을 한 다음에, 그 버그들을 제거하기 위한 정연한 절차를 준비해야만 한다.

유의할 것은, 완전한 테스트 케이스를 확보해 두고 새로운 요소가 추가될 때마다 시스템의 해당 부분을 테스트해야 한다는 점이다. 또, 다른 요소들이 바로 전까지 잘 동작했다 해도, 새 요소가 추가된 후에는 회귀 테스트를 통해 다시 검사되어야 한다.

변경은 묶음으로. 시스템이 모양을 갖춰가는 중에는 이따금씩 구성 요소 개발자들이 나타나서 좀 더 빠르고 작고 완전한, 또는 버그가 더 적을 듯한 새 버전을 내밀 것이다. 작동 중인 구성 요소를 새 버전으로 교체할 때도 구성 요소를 새로 추가할 때처럼 체계적인 테스트가 필요하지만, 대개는 더 완전하고 효율적인 테스트 케이스가 있을 것이므로 소요되는 시간은 더 짧을 것이다.

구성 요소를 개발하는 각 팀은 자기 결과물을 디버깅할 테스트베드로 가장 최근 버전의 통합 시스템을 사용해 왔을 것이다. 테스트베드가 변경될 경우 그들의 작업은 지연될 것이다. 물론 변경은 당연한 일이지만, 변경 사항들은 묶어서 처리될 필요가 있다. 그렇게 함으로써 개발자들은 테스트베드의 돌발적인 변경이라는 방해 요소 사이사이에 생산성 높은 안정기를 확보할 수 있게 된다. 소소한 변화에 끊임없이 노출되는 것보다는 이런 방식이 훨씬 지장을 덜 주는 것 같다.

리먼Lehman과 벨러디Belady는 변경 사항의 묶음이 아주 크고 띄엄띄엄하거나, 아니면 아주 작고 빈번해야 한다는 증거를 제시하고 있다.[14] 그들의 모델에 따르면 후자의 전략이 더 불안정하며 내 경험도 그렇다. 나는 그런 전략을 택함으로써 위험을 감수할 생각이 전혀 없다.

변경 사항을 묶어서 처리하는 것으로 보라색 배선 기법은 멋지게 수용되는 셈이다. 응급적인 조치는 해당 수정 사항이 테스트와 문서화를 거쳐 다음번 정규 배포에 포함될 때까지 유지될 것이다.

14
재앙의 알을 품다

나쁜 소식을 가져온 이는 누구도 반기지 않는다.
- 소포클레스 Sophocles[1]

프로젝트는 어떻게 해서 1년 늦어지는가?
… 한 번에 하루씩.

---

[1] (옮긴이) 고대 그리스의 비극 시인(B.C. 496~406)

◀ 카노바A. Canova", "헤라클레스와 리카스", 1802. 헤라클레스가 아무것도 모른 채 독 묻은 옷을 갖다 준 시종 리카스를 집어던져 죽이다.
스칼라/아트 리소스Scala/Art Resource, 뉴욕

프로젝트에 엄청난 일정 지연이 발생했다는 얘기를 들으면, 아마도 큰 재난이 잇달아 닥쳐왔나 보다 상상하게 된다. 하지만 재앙의 원인은 대개 토네이도라기보다 흰개미 때문일 경우가 많다. 그리고 일정은 알지 못하는 사이에, 하지만 확실히 늦어진다. 사실 대재난이라면 오히려 더 대응하기가 쉽다. 주력 인원이 배치되고, 조직은 급진적으로 재구성되며, 새로운 접근법이 고안될 것이다. 모든 팀이 난관에 대처하기 위해 나설 것이다.

그러나 매일매일 조금씩 일어나는 지연은 더 알아차리기 어렵고, 예방하기도 어려우며, 만회하기도 더 힘들다. 어제는 핵심 인물이 아파서 회의가 취소되었다. 오늘은 건물 변압기에 벼락이 떨어져서 장비들이 모두 다운되었다. 내일은 공장에서 오기로 된 첫 번째 디스크가 일주일이나 늦어져서 디스크 관련 루틴 테스트를 시작하지 못할 것이다. 폭설, 배심원 의무, 가정 문제, 긴급한 고객 미팅, 임원 감사…, 나열하자면 끝이 없다. 하나하나만 보면 예정된 일을 반나절이나 하루 정도 늦출 뿐이다. 그리고 일정은 한 번에 하루씩, 지연되어 간다.

마일스톤인가, 맷돌인가?ᴵᴵᴵ

일정이 빠듯한 대형 프로젝트는 어떻게 관리하는 것이 좋을까? 그 첫 걸음은 일정을 잡는 것부터 시작된다. 일정의 이벤트 목록에 기재된 각 항목은 마일스톤이라 부르며, 목표 날짜가 부여된다. 날짜를 선택

II (옮긴이) 안토니오 카노바(Antonio Canova, 1757-1822), 이탈리아의 조각가
III (옮긴이) 원문은 "Milestones or Millstones?"

14장 재앙의 알을 품다   **155**

하는 것은 추정의 문제인데, 이미 논의했듯이 경험에 의해 크게 좌우된다.

마일스톤의 선택에는 오직 하나의 규칙만이 의미를 가진다. 마일스톤은 구체적이고 명확하고 측정 가능한 이벤트여야 하며, 날이 선듯이 분명하게 정의되어야 한다. 반대의 예를 들어보자면, 코딩의 경우 전체 코딩 시간의 절반 동안은 '90퍼센트 완료'된 상태다. 디버깅은 대부분의 시간 동안 '99퍼센트 완료'다. '기획 완료'는 거의 마음 내키는 대로 선언할 수 있는 이벤트다.[1]

그 반면에 구체적인 마일스톤은 100퍼센트짜리 이벤트다. "명세에 아키텍트들과 구현자들이 서명함", "소스 코딩 100% 완료, 키펀치되고 디스크 라이브러리에 입력됨", "디버깅된 버전이 모든 테스트 케이스를 통과함". 이런 구체적인 마일스톤들은 기획, 코딩, 디버깅의 모호한 단계에 경계선을 긋는다.

마일스톤이 분명하고 모호하지 않아야 한다는 것은, 상사에게 검증받기 쉬워야 한다는 것보다 더 중요하다. 만약 마일스톤이 너무나 분명해서 스스로를 속일 수 없을 정도라면, 진행 상황에 대해 거짓을 말하기는 쉽지 않을 것이다. 그러나 마일스톤이 불분명하다면 보고된 내용을 상사가 원래 의도와 다르게 이해하는 일이 종종 벌어질 것이다. 소포클레스의 말에 덧붙이자면, 나쁜 소식 전하는 것을 좋아하는 사람도 없다. 그러므로 그 소식은 기만할 의도가 전혀 없이도 원래보다 수위가 낮아지게 된다.

대규모 개발 프로젝트에서 정부 계약업체들의 추정 행태를 조사한 두 건의 흥미로운 연구는 다음과 같은 결과를 보여준다.

1. 어떤 활동의 소요 시간은 활동 개시 전에 추정되어 2주마다 신중하게 변경되었다. 추정치는 시작 시기가 다가와도 크게 바뀌지 않았는데, 이런 양상은 추정의 정확도와 무관했다.

2. 과대평가된 추정치는 활동이 진행됨에 따라 도중에 그 값이 꾸준히 떨어졌다.
3. 과소평가된 추정치는 활동 도중에 애초 예정된 종료 시점 3주 전까지 큰 변동이 없었다.[2]

분명한 마일스톤은 실제로는 팀에 대한 봉사이며, 관리자로부터 정당하게 기대할 수 있는 것이다. 불분명한 마일스톤은 일을 진행할 때 더 힘겨운 짐이 된다. 그것은 잃어버린 시간을 더 어떻게 할 수 없는 지경이 될 때까지 사람을 속이므로, 사실상 의욕을 갈아 으깨는 맷돌millstone과도 같다. 그리고 만성적인 일정 지연은 사기를 꺾는 주범이다.

"어차피 다른 쪽도 늦었는걸"

일정이 하루씩 지연된다, 그게 어떻단 말인가? 하루 늦어진 걸로 흥분할 사람이 어디 있다고? 나중에 따라잡으면 되지 않나. 그리고 우리랑 맞춰야 할 다른 쪽도 어차피 늦어진 상태인걸.

야구 감독들은, 뛰어난 선수나 뛰어난 팀이라면 반드시 허슬hustle이라는 비신체적 자질을 갖추고 있음을 알고 있다. 이 재능은 필요 이상으로 빨리 뛰고, 필요 이상으로 신속히 움직이며, 필요 이상으로 열심히 노력한다는 특성을 가지고 있다. 이것은 뛰어난 프로그래밍 팀에도 마찬가지로 필수적이다. 허슬은 팀이 완충을 위한 예비 역량을 갖추게 해서, 일상적인 불상사에 대처하고 덜 심각한 재난을 내다보며 대비하도록 해준다. 계획적인 반응과 계산적인 일 처리는 허슬에 찬물을 끼얹는 것들이다. 앞서 보았듯이 우리는 일정이 하루 지연되었다 해도 흥분해야만 한다. 그런 것들이 재앙을 이루는 요소이기 때문이다.

하지만 하루 지연된 것이 모두 똑같은 정도로 심각한 것은 아니다. 그러므로 허슬이 다소 꺾이는 것을 감수하더라도 어느 정도 계산된 반응은 필요하다. 그러면 심각한 경우를 어떻게 구분할 수 있을까? 여기에는 PERT 차트[IV]나 임계 경로 계획법[V]을 대신할 만한 것이 없다. 이렇게 네트워크로 표시된 도표를 보면 누가 무엇을 기다리는지가 나타난다. 또, 약간의 지연에 의해서도 전체 종료 시점이 늦어지는 임계 경로상에 있는 사람이 누구인지, 어떤 작업이 임계 경로로 이동되기 전에 얼마나 지연이 허용되는지도 알 수 있다.

PERT는 엄밀히 말하자면 모든 이벤트에 대해 추정 일정을 맞출 확률을 세 가지로 두어 소요 시간을 산출해 내는 복잡한 임계 경로 계획 기법이다. 그만큼 세분화에 노력을 들일 가치가 있어 보이지는 않지만, 간결함을 위해 임계 경로 네트워크라면 모두 PERT 차트로 부르기로 하겠다.

PERT 차트의 준비 과정은 그 쓰임새 중에서 가장 가치 있는 부분이다. 네트워크를 배치하고, 종속 관계를 식별하며, 소요 시간을 추정하는 행위들, 이 모두가 프로젝트의 아주 이른 시점에 대단히 구체적인 계획이 이루어지도록 만든다. 첫 번째로 나온 차트는 항상 엉망이며, 두 번째를 만드는 과정 속에서 여러 가지 고안이 이루어진다.

프로젝트가 진행되어 가면서 PERT 차트는 "어차피 다른 쪽도 늦었다"라는, 사기를 저하시키는 구실에 대해 답을 제시한다. 이 차트는 자기가 맡은 부분이 임계 경로로 빠지지 않기 위해서 얼마나 허슬이 필요한지 보여주며, 다른 부분에서 손실된 시간을 어떻게 만회할지 알려준다.

IV   (옮긴이) http://en.wikipedia.org/wiki/Program_Evaluation_and_Review_Technique
V   (옮긴이) http://en.wikipedia.org/wiki/Critical_path_method

덮어 둔 것들

작은 팀을 맡은 일선 관리자가 일정 지연을 알게 되었을 때 바로 보스에게 달려가는 경우는 드물다. 아마 팀이 지연된 부분을 만회할 수 있을 것이고, 관리자가 문제를 해결할 방법을 찾거나 팀 편제를 바꿀 수도 있으리라. 그렇다면 왜 그런 일로 상사를 걱정시키겠는가? 지금까지 잘 해왔는데 말이다. 이런 일을 해결하는 것이야말로 일선 관리자의 존재 이유가 아닌가. 그리고 상사에게는 그의 조치가 필요한 진짜 근심거리들이 충분히 많을 것이다. 그러므로 모든 먼지는 양탄자 밑으로 쓸어 넣고 덮어 둔다.

하지만 보스들은 두 종류의 정보가 필요하다. 계획에 차질을 가져와서 조치가 필요한 문제들, 그리고 상황 파악을 위한 프로젝트의 전체 모습이 그것이다.[3] 그러므로 보스는 모든 팀의 상황을 알고 있을 필요가 있다. 하지만 상황을 있는 그대로 알아내기란 쉽지 않다.

일선 관리자와 상사의 이해관계는 여기서 근본적인 갈등을 빚는다. 일선 관리자는 자신이 문제를 보고했을 때 상사가 거기에 대해 조치를 취하는 것을 두려워한다. 그렇게 할 때 상사의 조치는 관리자의 일을 가로챌 것이고, 자기 권위는 떨어지며, 다른 계획들도 엉망이 될 것이다. 그러니 자신이 혼자서 그 문제를 해결할 수 있다고 생각하는 한, 관리자는 상사에게 그 일을 알리지 않게 된다.

이런 경우 보스에게는 양탄자를 들출 방법이 두 가지 있으며 둘 다 사용해야 한다. 하나는 역할 갈등을 줄이고 상황 공유를 장려하는 것이다. 다른 하나는 양탄자를 다시 홱 젖히는 것이다.

역할 갈등 줄이기. 보스는 우선 행동이 필요한 정보와 상황 파악을 위한 정보를 구별해야 한다. 그는 부하 관리자들이 해결할 수 있는 문제에는 나서지 않도록, 그리고 명시적으로 상황 검토를 하는 자리라면 절대로 행동을 취하지 않도록 스스로를 자제해야 한다. 내가 알던 어떤 보스는 상황 보고서의 첫 단락이 끝나기도 전에 지시를 내리려고 수화기를 들곤 했었다. 그런 반응을 접한다면, 있는 그대로 이야기할 생각은 당연히 사라지게 된다.

반대로, 보스가 당황하거나 역할을 가로채는 일 없이 상황 보고를 받아들일 것이라는 점을 알고 있다면, 일선 관리자는 솔직한 평가를 올리게 된다.

보스가 각종 회의와 회고를 '상황 점검'과 '문제 해결'로 나누고 거기에 맞춰 스스로를 통제한다면 이 모든 과정에 도움이 된다. 물론 문제가 감당할 수 없는 수준이라고 판단되면 상황 점검에 이어서 문제 해결을 위한 회의를 소집할 수 있을 것이다. 하지만 적어도 현재 상황이 어떤지는 모두 알고 있으므로, 보스는 행동에 나서기 전에 한 번 더 생각하게 된다.

양탄자 젖히기. 그럼에도 불구하고, 그 과정이 협조적이든 아니든 간에, 실제 상황을 있는 대로 알기 위한 점검 기법을 동원하는 일 역시 필요하다. 뚜렷한 마일스톤이 자주 설정된 PERT 차트는 이런 점검 과정의 기초가 된다. 대규모 프로젝트라면 매주 몇몇 부분을 점검하고, 그 주기를 한 달에 한 번 정도가 되도록 정할 수 있을 것이다.

핵심적인 문서는 마일스톤과 실제 완료 시점을 나타내는 보고서다. 그림 14.1에 그런 보고서의 일부가 발췌되어 있다. 이 보고서는 현재 몇 가지 문제가 있음을 보여준다. 몇몇 구성 요소의 명세 승인이 기한을 넘겼다. 다른 구성 요소는 매뉴얼 SLR 승인이 늦어지고 있고, 또 다른 하나는 독립 시행되는 제품 테스트에서 첫 번째 상태 Alpha를 끝내지 못하고 있다. 그러므로 이런 보고서는 2월 1일에 있을 회의에서 의제 역할을 할 것이다. 문제가 무엇인지는 모두가 알고 있으므로 해당 구성 요소의 관리자는 왜 작업이 지연되었고, 언제 완료될 것이며, 어떤 조치를 취하는 중이고, 상사나 다른 그룹이 도와줄 일은 없는지 설명할 준비가 되어 있어야 한다.

벨 전화 연구소의 비소츠키V. Vyssotsky는 다음과 같은 의견을 덧붙이고 있다.

> 나는 마일스톤 보고서에 '예정된' 날짜와 '추정된' 날짜 둘 다 적는 것이 유용하다는 것을 알게 되었습니다. 예정된 날짜들은 프로젝트 관리자에 속한 것으로, 프로젝트 전체에 대한 일관성 있는 작업 계획을 나타내며 이 계획은 선험적으로 타당합니다. 추정된 날짜들은 당해 작업을 맡고 있는 최일선 관리자들의 몫으로, 그에게 가용한 자원과 선행 입력을 수령한(또는 그렇게 약속받은) 시점을 근거로 해서 그 일이 실제로 언제 일어날지 판단한 최선치가 반영되어 있습니다. 프로젝트 관리자는 추정된 날짜에는 손을 대지 말고, 최일선 관리자들이 구미에 맞는 낙관적 수치나 방어를 위한 보수적 수치가 아닌 정확하고 치우침 없는 추정치를 얻도록 강조해야 합니다. 이런 것들이 모든 이의 마음속에 자리 잡은 다음이라면, 프로젝트 관리자는 자신이 어떤 일을 하지 않을 경우 곤란함에 처하게 될 장래의 여러 길을 내다볼 수 있게 됩니다.[4]

PERT 차트를 준비하는 것은 보스 및 그에게 보고하는 관리자들의 업무다. 그 차트의 갱신, 개정, 보고는 보스의 수족 격인 소규모(1~3명) 스태프 그룹이 담당할 필요가 있다. 이런 '계획 및 통제' 팀은 대형 프로젝트에서 대단히 유용하다. 이 팀에 주어진 것은 일선 관리자들에게 마일스톤이 언제 설정될지 또는 변경될지, 그리고 마일스톤이 충족되었는지 물어볼 권한뿐이다. 모든 서류 작업을 '계획 및 통제' 팀이 담당하므로, 일선 관리자들의 책무는 필수적인 것, 즉 결정을 내리는 것만으로 경감된다.

우리에게는 피에트라산타A. M. Pietrasanta가 이끄는 숙련되고 열정적

SYSTEM/360 SUMMARY STATUS REPORT
OS/360 LANGUAGE PROCESSORS + SERVICE PROGRAMS
AS OF FEBRUARY 01,1965

A=APPROVAL
C=COMPLETED

*=REVISED PLANNED DATE
NE=NOT ESTABLISHED

PROJECT	LOCATION	COMMITMNT ANNOUNCE RELEASE	OBJECTIVE AVAILABLE APPROVED	SPECS AVAILABLE APPROVED	SRL AVAILABLE APPROVED	ALPHA TEST ENTRY EXIT	COMP TEST START COMPLETE	SYS TEST START COMPLETE	BULLETIN AVAILABLE APPROVED	BETA TEST ENTRY EXIT
OPERATING SYSTEM										
12K DESIGN LEVEL (E)										
ASSEMBLY	SAN JOSE	04/--/4 C 12/31/5	10/28/4 C	10/13/4 C 01/11/5	11/13/4 C 11/18/4 A	01/15/5 02/22/5 C				09/01/5 11/30/5
FORTRAN	POK	04/--/4 C 12/31/5	10/28/4 C	10/21/4 C 01/22/5	12/17/4 C 12/19/4 A	01/15/5 02/22/5 C				09/01/5 11/30/5
COBOL	ENDICOTT	04/--/4 C 12/31/5	10/28/4 C	10/15/4 C 01/20/5 A	11/17/4 C 12/08/4 A	01/15/5 02/22/5 C				09/01/5 11/30/5
RPG	SAN JOSE	04/--/4 C 12/31/5	10/28/4 C	09/30/4 C 01/05/5 A	12/02/4 C 01/18/5 A	01/15/5 02/22/5 C				09/01/5 11/30/5
UTILITIES	TIME/LIFE	04/--/4 C 12/31/5	06/24/4 C		11/20/4 C 11/30/4 A					09/01/5 11/30/5
SORT 1	POK	04/--/4 C 12/31/5	10/28/4 C	10/19/4 C 01/11/5	11/12/4 C 11/30/4 A	01/15/5 03/22/5 C				09/01/5 11/30/5
SORT 2	POK	06/--/4 C 06/30/6	10/28/4 C	10/19/4 C 01/11/5	11/12/4 C 11/30/4 A	01/15/5 03/22/5 C				03/01/6 05/30/6
44K DESIGN LEVEL (F)										
ASSEMBLY	SAN JOSE	04/--/4 C 12/31/5	10/28/4 C	10/13/4 C 01/11/5	11/13/4 C 11/18/4 A	02/15/5 03/22/5 C				09/01/5 11/30/5
COBOL	TIME/LIFE	04/--/4 C 06/30/6	10/28/4 C	10/15/4 C 01/20/5 A	11/17/4 C 12/08/4 A	02/15/5 03/22/5 C				03/01/6 05/30/6
NPL	HURSLEY	04/--/4 C 03/31/6	10/28/4 C							
2250	KINGSTON	03/30/4 C 03/31/6	11/05/4 C	12/08/4 C 01/04/5	01/12/5 C 01/29/5	01/04/5 01/29/5 C				01/03/6 NE
2280	KINGSTON	06/30/4 C 09/30/6	11/05/4 C			04/01/5 04/30/5				01/28/6 NE
200K DESIGN LEVEL (H)										
ASSEMBLY	TIME/LIFE		10/28/4 C							
FORTRAN	POK	04/--/4 C 06/30/6	10/28/4 C	10/16/4 C 01/11/5	11/11/4 C 12/10/4 A	02/15/5 03/22/5 C				03/01/6 05/30/6
NPL	HURSLEY	04/--/4 C 03/31/7	10/28/4 C			07/--/5				01/--/7
NPL H	POK	04/--/4 C	03/30/4 C			02/01/5 04/01/5				10/15/5 12/15/5

그림 14.1

이며 외교적인 '계획 및 통제' 팀이 있었다. 그는 효과적이면서도 주제 넘지 않는 통제 방법을 고안하기 위해 적잖은 재능을 쏟아 부었다. 결과적으로 그의 그룹은 널리 존중받았으며 참아주는 것 이상의 대우를 받았다. 본시 그런 그룹의 역할이란 것이 짜증스러운 종류임을 감안하면, 이것은 대단한 성취라 할 수 있다.

숙련된 인원들을 '계획 및 통제'에 약간 명 배치하는 것은 상당한 보상을 가져다준다. 이것은 그 인원들이 프로그램 작성에 직접 투입될 때보다도 프로젝트 성과 면에서 더 큰 차이를 만들어낸다. '계획 및 통제' 그룹은 경미한 지연을 드러내고 결정적인 요소를 강조하는 감시인이기 때문이다. 이 그룹은 한 번에 하루씩 1년의 시간을 잃지 않게 해주는 조기 경보 체계다.

15
또 다른 면

이해하지 못하는 것을 소유할 수는 없다.

- 괴테Goethe[1]

오 나에게 평범한 주석자를 다오,

머리를 괴롭히는 심오한 연구 같은 것은 하지 않는.

- 크랩Crabbe[2]

---

[1] (옮긴이) 요한 볼프강 폰 괴테(Johann Wolfgang von Goethe, 1749-1832), 독일의 시인, 소설가, 극작가

[2] (옮긴이) 조지 크랩(George Crabbe, 1754-1832), 영국의 시인

◀ 세계 최대의 문서화되지 않은 컴퓨터인 스톤헨지(Stonehenge)[III]의 복원도
베트만 문서 보관소

컴퓨터 프로그램은 인간이 기계에게 보내는 메시지다. 엄격하게 배열된 구문과 꼼꼼한 정의들은 모두 우둔한 기계에게 인간의 의도를 명확하게 전하기 위해 존재한다.

그러나 작성된 프로그램에는 인간 사용자에게 자기 이야기를 들려주는 또 다른 측면이 있다. 가장 사적인 프로그램의 경우라도 이런 의사소통은 필요하다. 저자이자 사용자인 사람의 기억은 시간에 따라 희미해질 것이며, 자기가 만든 작품이지만 세부적인 내용은 기억을 되살려야 할 것이다.

하물며 저자와 사용자가 시공간적으로 떨어져 있는 공개 프로그램이라면 문서화는 얼마나 더 절실할 것인가! 프로그램 제품에 있어서 사용자를 향한 또 하나의 측면은 기계를 향한 것만큼이나 똑같이 중요하다.

그동안 우리는 문서화가 빈약한 프로그램을 쓸 때면, 어딘가 있을 낯모를 저자를 향해 말 없는 비난을 퍼부어 왔다. 그래서 게으름과 일정의 압박을 떨쳐내고 평생 동안 간직할 문서화에 대한 자세를 신입 프로그래머들에게 주입시키려고 많은 이들이 시도했다. 그리고 대체적으로 우리는 실패했다. 내 생각에 우리는 잘못된 방법을 택했던 게 아닐까 싶다.

토마스 왓슨 1세Thomas J. Watson, Sr.[IV]가 뉴욕 주 북부에서 금전등록기 판매원으로 첫 경력을 시작하던 때의 이야기다. 의욕에 넘쳐 금전등록기를 마차에 싣고 기운차게 나섰던 그는, 담당 구역을 부지런히 다녔지만 한 대도 팔지 못했다. 풀이 죽어서 보고하는 것을 한동안 듣던 상사가 말했다. "마차에 물건 싣는 것을 좀 도와주게. 마구를 채우

III (옮긴이) 영국 윌트셔(Wiltshire)에 있는 고대 거석 유적
IV (옮긴이) IBM의 창업자

15장 또 다른 면   **167**

고, 다시 나가 보세." 그들은 그렇게 고객들을 잇달아 방문했고, 상사는 그 과정에서 금전등록기를 어떻게 파는지 몸소 '보여주었다'. 이후의 모든 증거로 볼 때 상사의 가르침이 효과가 있었음은 분명하다.

나는 수년간 소프트웨어 공학 시간에 문서화를 잘할 필요성과 당위성에 대해 어느 때보다도 열렬하고 웅변적으로 강의했다. 하지만 통하지 않았다. 나는 그들이 문서를 제대로 만드는 법은 배웠지만 열성이 부족해서 잘 안 되는 거라고 생각했다. 그러다가 이번엔 마차에 금전등록기를 몇 대 실어보기로 했다. 다시 말해 그 일을 어떻게 하는지 '보여주기로' 한 것이다. 이 시도는 상당히 성공적이었다. 이제 이 글의 남은 부분에서는 문서화를 잘해야 한다고 권고하기보다 '어떻게' 문서화를 잘하느냐에 집중하고자 한다.

어떤 문서들이 필요한가?

프로그램 문서화를 어느 수준으로 할 것인가는, 사용자가 그 프로그램을 일반적인 용도로 쓰는 것인지, 거기에 의존해야 하는 상황인지, 아니면 환경과 목적에 맞춰서 변경해야 하는지에 따라 달라진다.

프로그램을 사용하기. 모든 사용자에게는 프로그램에 대한 상세한 설명이 필요하다. 하지만 많은 문서의 경우 전체적인 개관을 제시하는 데 인색하다. 나무들이 묘사되고 껍질과 잎사귀에 대해 주석이 붙었지만, 정작 숲의 지도는 없는 격이다. 쓸모 있는 상세 설명을 작성하려면, 뒤로 한 발 물러난 다음 찬찬히 들여다봐야 한다.

1. 목적. 주된 기능, 다시 말해 이 프로그램을 쓰는 이유는 무엇인가?
2. 환경. 프로그램이 수행될 장비, 하드웨어 설정, 운영 체제 설정은 어떤가?

3. 정의역과 치역. 유효 입력값이 정의된 영역은 어디이며 유효 출력값의 범위는 어떤가?
4. 구현된 기능들과 사용된 알고리즘. 그것이 하는 일은 정확하게 무엇인가?
5. 정확하고 빠짐없는 입출력 데이터 형식.
6. 작동 지침. 정상 및 비정상 종료시 콘솔과 출력물에 나타나는 동작 양상을 포함한다.
7. 옵션. 각 기능에 대해 사용자는 어떤 선택을 할 수 있는가? 그 선택을 명시하는 방법은 정확히 무엇인가?
8. 실행 시간. 특정한 환경 설정에서 특정 분량의 문제를 처리하는 데 걸리는 시간은 얼마나 되는가?
9. 정밀도와 검증. 처리 결과의 정밀도는 어느 정도로 예측되는가? 정밀도를 검증할 방법은 무엇이 있는가?

이 모든 정보는 서너 쪽 내외로 담을 수 있는 경우가 흔하다. 그러기 위해서는 간명함과 정확성에 세심한 주의를 쏟아야 한다. 이 문서들은 대부분 기본 계획에 관련된 결정 사항들이 구체화된 것이므로, 프로그램을 만들기 전에 초안을 작성할 필요가 있다.

프로그램을 신뢰하기. 프로그램이 어떻게 사용되는가 하는 것은, 제대로 동작하는지 어떻게 알 수 있는가에 대한 내용으로 보충되어야 한다. 이것은 테스트 케이스를 의미한다.

출하된 모든 프로그램 사본에는 소규모의 테스트 케이스가 포함되어서, 해당 사본이 신뢰할 수 있고 정확히 동작함을 사용자가 일상적으로 재확인할 수 있어야 한다.

다음으로 필요한 것은 좀 더 면밀한 테스트 케이스로, 대개 프로그램에 수정이 일어난 후에만 실행하면 된다. 이것은 입력 데이터의 범위에 따라 다음과 같은 세 가지 범주로 나눌 수 있다.

1. 통상적인 범위의 데이터로 프로그램의 중요 기능들을 테스트하는 주 케이스.
2. 입력 범위의 가장자리를 검사하기 위해 간신히 유효한 값들로 구성한 케이스. 이것은 입력 가능 범위에서 가장 큰 값, 가장 작은 값, 그리고 예외적이지만 유효한 여러 가지 입력에 대해 제대로 동작함을 보장한다.
3. 입력 범위의 가장자리를 다른 쪽에서 검사하기 위해 아슬아슬하게 부적합한 값들로 구성한 케이스. 이것으로 유효하지 않은 입력에 대해 적절한 진단 메시지가 출력되는지 확인할 수 있다.

프로그램을 수정하기. 프로그램을 개작하거나 고치기 위해서는 상당량의 정보가 더 있어야 한다. 당연히 세부 내용 전체가 필요하며, 적절하게 주석이 달린 리스팅 안에 담겨져야 한다. 일반적인 사용자는 물론 수정하는 사람에게도 명확하고 뚜렷한 개관은 절실히 필요하지만, 이번에는 내부 구조에 대한 것이 필요하다. 이런 개관은 어떤 내용으로 구성되는지 알아보자.

1. 순서도 또는 서브프로그램 구조 그래프. 여기에 대해서는 나중에 더 언급될 것이다.
2. 사용된 알고리즘에 대한 완전한 설명, 또는 그 설명이 기록된 문헌에 대한 참조 표시.
3. 사용된 모든 파일의 내부 레이아웃에 대한 설명.
4. 데이터나 프로그램을 테이프 또는 디스크로부터 읽어 들이는 순서의 개요, 그리고 각 단계에서 어떤 일이 이루어지는지에 대한 설명.

5. 설계 원안에서 고려되었던 수정 사항에 대한 논의, 각종 후크[v]와 종료 지점의 성질과 위치, 그리고 어떤 변경이 바람직하고 어떻게 착수하면 좋을지에 대한 원 저자의 이런저런 의견들. 숨겨진 위험에 대한 소견 역시 유용한 내용이다.

순서도의 저주

순서도는 프로그램 문서화 중에서도 가장 과대 선전된 기법이다. 대개는 순서도 자체가 전혀 필요하지 않고, 한 페이지를 넘는 순서도가 필요한 경우는 드물다.

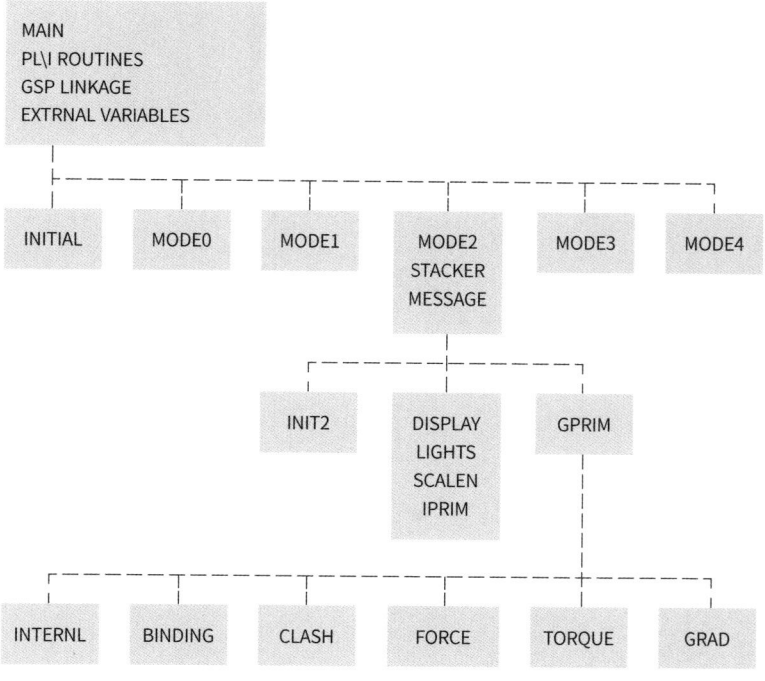

그림 15.1 프로그램 구조 그래프(라이트W. V. Wright의 허락으로 실음)

---

[v] (옮긴이) 디버깅 등을 목적으로 구성 요소 사이의 함수 호출, 메시지 전달 등을 가로채는 기법

순서도는 어떤 프로그램의 판단 구조를 보여주는데, 이것은 프로그램이 가진 구조의 한 가지 측면에 지나지 않는다. 순서도가 한 쪽에 들어갈 수 있다면 판단 구조가 그나마 우아하게 나타나지만, 여러 쪽에 걸쳐 번호 붙은 연결선으로 덕지덕지 이어진 경우에는 전체 모습을 파악하기가 쉽지 않다.

규모 있는 프로그램의 순서도를 한 쪽으로 나타내어 보면 결국 프로그램 구조와 단계들을 표현한 다이어그램이 되며, 이것은 상당히 유용하다. 그림 15.1에 이러한 서브프로그램 구조 그래프가 나와 있다.

물론 이런 구조 그래프는 공들여 만들어진 ANSI[VI] 순서도 표준을 따르지 않으며 따를 필요도 없다. 상자 도형, 연결선, 번호 매기기 등에 관련된 모든 규칙은 상세한 순서도에 명료함을 부여하기 위해서만 필요한 것들이다.

하지만 그 정도로 상세한 순서도는 사실 한물간 폐단이며, 초보자들에게 알고리즘적 사고를 가르칠 때나 유용한 것이다. 순서도가 골드스틴Goldstine과 폰 노이만von Neumann에 의해 처음 소개되었을 당시,[1] 각종 상자와 그 안의 내용은 고급 언어의 역할을 했으며 불가해한 기계어 문장들을 의미 있는 무리로 묶어주었다. 하지만 아이버슨Iverson이 일찍이 간파한 것처럼[2] 체계적인 고급 언어에서는 이런 묶음이 이미 만들어져 있으므로 각 상자는 문장을 하나씩 담게 된다(그림 15.2). 그렇다면 이 상자들은 그리기 따분하고 공간만 낭비하는 노동에 불과하므로 생략해도 무방할 것이다. 이제 남은 것은 화살표뿐이다. 문장을 순서대로 이어주는 화살표는 불필요하므로 제거할 수 있다. 그러면 GO TO만 남게 된다. 모범적인 관례를 따르면서 GO TO를 최소화하기 위해 블록 구조를 사용한다면 이런 화살표가 별로 없

[VI] (옮긴이) 미국 국립 표준 협회(American National Standards Institute)

겠지만, 어쨌거나 이것은 프로그램에 대한 이해를 한층 쉽게 해준다. 이제 이 화살표들을 코드 리스팅에 포함시키면서 순서도 자체를 없애 버릴 수 있다.

사실 순서도는 실제로 쓰이는 것보다도 더 강조되어 왔다. 나는 경험 있는 프로그래머가 프로그램을 짜기 전에 일상적으로 상세한 순서도를 만드는 것을 한 번도 본 적이 없다. 규정상 순서도가 필요한 곳이라면 거의 틀림없이 사후에 작성된다. 완성된 코드로부터 이 '필수적인 설계 도구'를 생성하는 프로그램을 많은 매장에서 자랑스레 사용하고 있다. 나는 이런 보편적인 경험들이 신경질적인 웃음으로 마지못해 인정해야 할, 모범적인 관례를 벗어나는 당혹스럽고 개탄스러운 일이라고 생각하지는 않는다. 오히려 이것은 올바른 판단의 결과이며, 우리에게 순서도의 효용성에 대해 무언가를 가르쳐주고 있다고 본다.

사도 베드로는 비유대인 개종자와 유대 율법에 관해 이렇게 말했다. "어찌하여 우리 조상과 우리도 감당하지 못했던 짐을 그들의 등에 지우려 하는가?"(사도행전 15:10). 나는 신참 프로그래머들과 한물간 순서도라는 관행에 대해서도 똑같다고 얘기하고 싶다.

자체 문서화 프로그램

데이터 처리의 기본 원칙에서는 별개의 파일들을 동기화하면서 유지하려는 시도를 어리석은 일이라고 가르친다. 같은 키값에 대응하는 모든 정보를 각 파일로부터 모아서 한 레코드에 담고 하나의 파일로 두는 것이 훨씬 낫다.

그러나 프로그래밍 문서화에 있어서 우리 현실은 스스로의 가르침을 어기고 있다. 우리는 보통 기계가 읽을 수 있는 형태의 프로그램과, 상세 설명 및 순서도로 구성되어 사람이 읽을 수 있는 문서를 별개로 유지하려고 한다.

```
         PGM4: PROCEDURE OPTIONS (MAIN);

                DECLARE SALEFL FILE
                   RECORD
                   INPUT
                   ENVIRONMENT (F(80) MEDIUM (SYSIPT,2501));
                DECLARE PRINT4 FILE
                   RECORD
                   OUTPUT
                   ENVIRONMENT (F(132) MEDIUM (SYSLST,1403) CTLASA);
                DECLARE 01 SALESCARD,
                   03 BLANK1          CHARACTER (9),
                   03 SALESNUM        PICTURE '9999',
                   03 NAME            CHARACTER (25),
                   03 BLANK2          CHARACTER (7),
                   03 CURRENT_SALES   PICTURE '9999V99',
                   03 BLANK3          CHARACTER (29);
                DECLARE 01 SALESLIST,
                   03 CONTROL         CHARACTER (1) INITIAL (' '),
                   03 SALESNUM_OUT    PICTURE 'ZZZ9',
                   03 FILLER1         CHARACTER (5) INITIAL (' '),
                   03 NAME_OUT        CHARACTER (25),
                   03 FILLER2         CHARACTER (5) INITIAL (' '),
                   03 CURRENT_OUT     PICTURE 'Z,ZZZV.99',
                   03 FILLER3         CHARACTER (5) INITIAL (' '),
                   03 PERCENT         PICTURE 'Z9',
                   03 SIGN            CHARACTER (1) INITIAL ('%'),
                   03 FILLER4         CHARACTER (5) INITIAL (' '),
                   03 COMMISSION      PICTURE 'Z,ZZZV.99',
                   03 FILLER5         CHARACTER (63) INITIAL (' ');

                OPEN FILE (SALEFL),FILE (PRINT4);

                ON ENDFILE (SALEFL) GO TO ENDOFJOB;
```

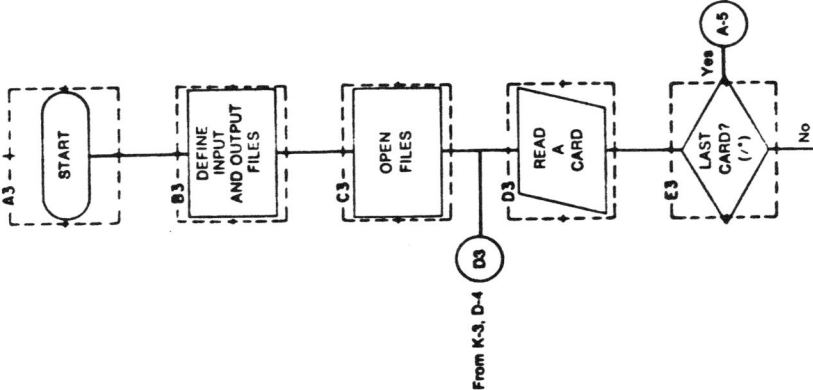

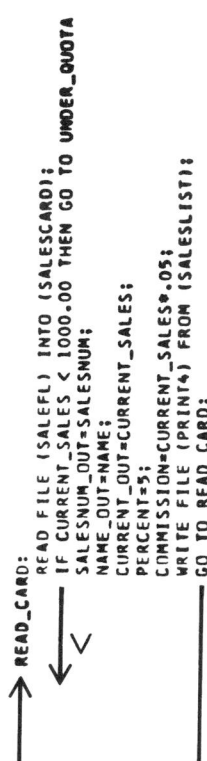
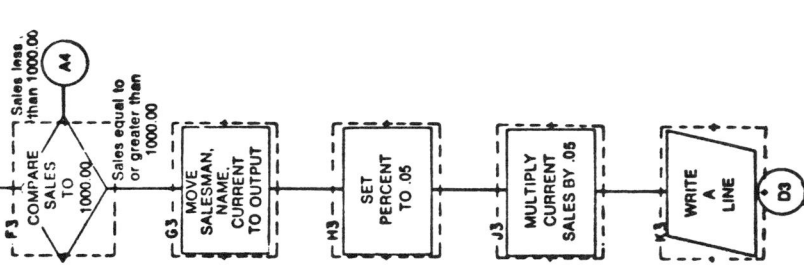

그림 15.2 어떤 순서도와 그에 대응되는 PL/I 프로그램간의 비교
[캐쉬맨(Thomas J. Cashman)과 키즈(William J. Keys)의 저서 「Data Processing and Computer Programming: A Modular Approach」(Harper & Row, 1971)의 그림 15-41, 15-44를 바탕으로 요약하고 각색함]

15장 또 다른 면   **175**

그 결과는 파일을 따로 유지하는 어리석음에 대한 우리의 가르침을 실제로 확인해 주고 있다. 프로그램 문서화는 빈약함으로 악명 높으며 그 문서의 유지 관리는 더 심각하다. 프로그램의 변경 사항이 문서에 즉시, 정확하게, 빠짐없이 반영되는 일은 보기 힘들다.

내가 생각하기에 여기에 대한 해결책은, 파일을 합쳐서 문서 내용이 프로그램 소스에 포함되게 하는 것이다. 이것은 그 즉시로 문서의 유지 관리를 제대로 해야 할 강력한 동기가 되고, 프로그램의 문서가 언제나 사용자 손닿는 곳에 있음을 보장해준다. 이것을 '자체 문서화' 프로그램이라고 칭한다.

이제 여기에 순서도가 포함되어야 한다면 어떨까? 불가능하지는 않더라도 분명히 어색할 것이다. 하지만 순서도는 이미 한물갔으며 고급 언어가 대세임을 인정한다면, 프로그램과 문서를 통합하는 일에는 무리가 없게 된다.

프로그램 소스를 문서화의 매체로 사용하는 일에는 몇 가지 제약이 따른다. 그 반면, 문서를 읽는 이가 프로그램 소스 한 줄 한 줄을 이용할 수 있다는 사실은 새로운 기법이 가능하도록 한다. 이제 프로그램 문서화에 대해 근본적으로 새로운 접근 방식을 고안해 낼 때가 왔다.

그 주된 목적으로, 우리는 문서화에 대한 부담, 즉 우리 자신과 전임자들도 제대로 짊어질 수 없었던 그런 부담을 최소화하고자 시도해야 한다.

접근 방법. 첫 번째 아이디어는, 문서화할 내용을 최대한 많이 포함시킬 목적으로, 프로그램 언어의 특성상 어차피 있어야 할 부분들을 이용하자는 것이다. 이에 따라 독자에게 가능한 한 많은 의미를 전달하기 위해 레이블label[VII], 선언문, 기호로 된 이름들이 모두 동원된다.

[VII] (옮긴이) GO TO 문이 분기할 목적지를 기호로 나타낸 것

두 번째는, 가독성을 높이고 종속과 내포 구조를 드러내기 위해 공백과 서식을 최대한 활용하는 것이다.

세 번째는 상세한 문서화의 내용을 프로그램 안에 단락 형태의 주석문으로 삽입하는 것이다. 대부분의 프로그램에 달린 행 단위 주석은 충분한 수준이다. 그리고 '바람직한 문서화'에 관한 경직된 조직 표준에 맞추기 위해 만들어진 프로그램들에는 종종 과하게 달려 있기도 하다. 하지만 이런 프로그램들조차도 전체 모습에 대한 이해와 개관을 제공할 단락 형태의 주석은 결여되어 있는 것이 보통이다.

이 방법에서는 문서화할 내용이 프로그램의 구조, 명명법, 서식 속으로 들어가므로, 대부분의 작업은 프로그램이 처음 작성될 때 이루어져야만 한다. 하지만 사실 그때가 바로 그런 내용을 작성해야 할 시점이다. 자체 문서화라는 접근 방법이 가외의 작업을 최소화해 주기 때문에, 그 시점에 그런 작업을 하는 데는 걸림돌이 많지 않을 것이다.

몇 가지 기법. 그림 15.3은 자체 문서화 기법이 적용된 PL/I 프로그램 코드다.[3] 동그라미가 처진 숫자는 코드의 일부가 아니라 본서의 논의를 위한 기호다.

1. 매번 실행할 때마다 다른 작업명을 부여하고, 무엇을 언제 시도했으며 그 결과는 어땠는지를 실행 로그에 기록해둔다. 작업명이 약호(여기서는 QLT) 뒤에 숫자(여기서는 4)가 붙는 형태라면, 뒤의 숫자 부분을 실행 순번으로 하여 코드 리스팅과 실행 로그를 묶을 수 있다. 이 방법은 실행할 때마다 새로운 작업 카드를 필요로 하지만, 공통된 부분을 복제해서 여러 묶음을 미리 만들어둘 수 있을 것이다.
2. 프로그램 이름은 약호로 붙이되 버전 번호를 포함시킨다. 즉 프로

① `//QLT4 JOB ...`

② `QLTSRT7: PROCEDURE (V);`

```
     /*****************************************************************/
③    /*A SORT SUBROUTINE FOR 2500 6-BYTE FIELDS, PASSED AS THE VECTOR V.  A */
     /*SEPARATELY COMPILED, NOT-MAIN PROCEDURE, WHICH MUST USE AUTOMATIC CORE */
     /*ALLOCATION.                                                      */
     /*                                                                 */
④    /*THE SORT ALGORITHM FOLLOWS BROOKS AND IVERSON, AUTOMATIC DATA PROCESSING,*/
     /*PROGRAM 7.23, P. 350.  THAT ALGORITHM IS REVISED AS FOLLOWS:     */
⑤    /*   STEPS 2-12 ARE SIMPLIFIED FOR M=2.                            */
     /*   STEP 18 IS EXPANDED TO HANDLE EXPLICIT INDEXING OF THE OUTPUT VECTOR. */
     /*   THE WHOLE FIELD IS USED AS THE SORT KEY.                      */
     /*   MINUS INFINITY IS REPRESENTED BY ZEROS.                       */
     /*   PLUS INFINITY IS REPRESENTED BY ONES.                         */
     /*   THE STATEMENT NUMBERS IN PROG. 7.23 ARE REFLECTED IN THE STATEMENT */
     /*     LABELS OF THIS PROGRAM.                                     */
     /*   AN IF-THEN-ELSE CONSTRUCTION REQUIRES REPETITION OF A FEW LINES. */
     /*                                                                 */
     /*TO CHANGE THE DIMENSION OF THE VECTOR TO BE SORTED, ALWAYS CHANGE THE */
     /*INITIALIZATION OF T.  IF THE SIZE EXCEEDS 4096, CHANGE THE SIZE OF T,TOO.*/
     /*A MORE GENERAL VERSION WOULD PARAMETERIZE THE DIMENSION OF V.    */
     /*                                                                 */
     /*THE PASSED INPUT VECTOR IS REPLACED BY THE REORDERED OUTPUT VECTOR. */
     /*****************************************************************/

⑥ /* LEGEND    (ZERO-ORIGIN INDEXING)                                  */

     DECLARE
       (H,                  /*INDEX FOR INITIALIZING T                  */
        I,                  /*INDEX OF ITEM TO BE REPLACED              */
        J,                  /*INITIAL INDEX OF BRANCHES FROM NODE I     */
        K) BINARY FIXED,    /*INDEX IN OUTPUT VECTOR                    */

       (MINF,               /*MINUS INFINITY                            */
        PINF) BIT (48),     /*PLUS INFINITY                             */

        V (*)  BIT (*),     /*PASSED VECTOR TO BE SORTED AND RETURNED   */

        T (0:8190) BIT (48); /*WORKSPACE CONSISTING OF VECTOR TO BE SORTED, FILLED*/
                             /*OUT WITH INFINITIES, PRECEDED BY LOWER LEVELS */
                             /*FILLED UP WITH MINUS INFINITIES           */

     /* NOW INITIALIZATION TO FILL DUMMY LEVELS, TOP LEVEL, AND UNUSED PART OF TOP*/
     /* LEVEL AS REQUIRED.                                                */

⑦ INIT: MINF= (48) '0'B;
          PINF= (48) '1'B;

          DO L=    0 TO 4094;   T(L) = MINF;      END;
          DO L=    0 TO 2499;   T(L+4095) = V(L); END;
          DO L=6595 TO 8190;    T(L) = PINF;      END;
                                                                      ⑩
⑧ K0:  K = -1;
   K1:     I = 0;                   /*                        ⑪        <------|  */
   K3:     J = 2*I+1;               /*SET J TO SCAN BRANCHES FROM NODE I. <-----||  */
   K7:     IF T(J) <= T(J+1)        /*PICK SMALLER BRANCH            ____>__||  */
             THEN                   /*                                    |||  */
          ⑨ DO;      ⑫              /*                                    |||  */
   K11:        T(I) = T(J);  /*REPLACE                                     |||  */
   K13:        IF T(I) = PINF THEN GO TO K16; /*IF INFINITY, REPLACEMENT_+∞_|||  */
                             /*    IS FINISHED                             ||||  */
   K12:        I = J;        /*SET INDEX FOR HIGHER LEVEL                  ||||  */
             END;            /*                                      <---+-||  */
             ELSE            /*                                           |||  */
             DO;             /*                                           |||  */
   K11A:       T(I) = T(J+1); /*                                          |||  */
   K13A:       IF T(I) = PINF THEN GO TO K16;      /*              _+∞_|  ||  */
   K12A:       I = J+1;      /*                                         |  ||  */
             END;            /*                                     <___|  ||  */
   K14:  IF 2*I < 8191 THEN GO TO K3;  /*GO BACK IF NOT ON TOP LEVEL ----+-||  */
   K15:  T(I) = PINF;       /*IF TOP LEVEL, FILL WITH INFINITY             |  |  */
   K16:  IF T(0) = PINF THEN RETURN;   /*TEST END OF SORT          <---|   |  */
   K17:  IF T(0) = MINF THEN GO TO K1; /*FLUSH OUT INITIAL DUMMIES  _∞____|  */
   K18:  K = K+1;                      /*STEP STORAGE INDEX              |  */
           V(K) = T(0);  GO TO K1; ⑫   /*STORE OUTPUT ITEM       -------|  */
   END QLTSRT7;
```

그림 15.3 자체 문서화 프로그램의 예

그램 하나에 여러 버전을 가정하는 것이다. 여기서는 연도(1967)의 일 자리 숫자를 사용했다.
3. 상세한 설명을 PROCEDURE에 대한 주석으로 달아 둔다.
4. 기본 알고리즘의 문서화를 위해, 가능한 곳이면 어디에든 기준이 되는 문헌을 언급해 둔다. 주석으로 다는 것보다 훨씬 더 상세한 논의가 이루어진 곳을 알려줌으로써 공간이 절약되며, 해당 내용에 식견이 있는 독자라면 이해했다는 확신을 가지고 그 부분을 건너뛸 수 있을 것이다.
5. 책에 나온 알고리즘과 코드 간의 관계를 일러둔다.
   a) 변경된 내용 b) 특화된 내용 c) 데이터 표현 방식
6. 모든 변수를 선언하되 약호화된 이름을 사용한다. 주석을 이용하여 DECLARE 문을 완전한 범례가 되도록 만든다. 코드에 이미 이름과 구조에 관련된 설명이 포함되어 있으므로, 주석에는 '목적'에 대한 내용만 보충하여 기술한다. 이렇게 함으로써 별도로 이름과 구조에 대한 설명을 반복하지 않아도 된다.
7. 초기화 부분은 레이블로 표시해둔다.
8. 문헌 내의 알고리즘 설명에 사용된 문장들과 실제 문장 간의 대응 관계를 표시하기 위해 관련 문장을 그룹으로 묶고 레이블을 붙인다.
9. 프로그램의 구조와 그룹을 나타내기 위해 들여쓰기를 사용한다.
10. 논리적인 흐름을 표현하기 위한 화살표를 리스팅에 수작업으로 덧붙인다. 이것은 디버깅과 코드 수정에 큰 도움이 되며, 주석 영역 오른쪽 여백에 포함시켜서 기계가 읽는 텍스트의 일부로 만들 수 있다.
11. 자명하지 않은 내용에 대해서는 행 단위의 주석을 이용한다. 만약 지금까지 언급된 기법을 사용했다면, 이런 주석은 종래보다 짧고 개수도 적을 것이다.

12. 한 행에 여러 문장을 두거나 한 문장을 여러 라인으로 나누어서, 생각과 코드를 일치시키고 다른 알고리즘 설명과의 유사성을 나타낸다.

도입하지 않을 이유. 이런 문서화 방법에는 어떤 단점이 있을까? 아직은 실재하고 있지만 시간에 따라 점차 옅어져 가는 몇 가지 문제점이 존재한다.

가장 심각한 반대 이유는 저장할 소스 코드 크기의 증가다. 소스를 점차 온라인으로 저장하게 되면서 이런 면도 고려할 필요성이 커지고 있다. 내 경우 카드[VIII]로 저장하는 PL/I 프로그램보다 디스크에 저장될 APL 프로그램의 주석이 아무래도 좀 더 간략해지는 것 같다.

그러나 그와 동시에 문서 역시 온라인으로 저장해 두고 전산화된 텍스트 편집기를 통해 갱신하는 추세로 가고 있다. 앞에서 본 것처럼, 문서와 프로그램을 합치면 저장할 총 글자 수는 '줄어든다'.

자체 문서화 프로그램들이 더 많은 타이핑을 필요로 한다는 주장에도 비슷하게 답할 수 있다. 타이핑된 문서는 원고마다 글자 하나당 키 입력이 최소 한 번 필요하다. 자체 문서화 프로그램은 초안을 다시 타이핑할 필요가 없으므로 전체 글자 개수 및 글자당 키 입력 횟수가 더 적다.

순서도와 구조 그래프는 어떨까? 만약 최상위 구조 그래프만 사용한다면, 자주 변경되지는 않을 것이므로 별도 문서로 저장하는 것도 좋다. 하지만 당연히 소스 코드에 주석으로 포함시킬 수 있으며, 그 편이 더 나을 것이다.

앞에 언급된 기법들이 어셈블리 언어 프로그램에는 어느 정도까지 적용될 수 있을까? 내 생각에 자체 문서화의 기본 접근 방식은 전적으

VIII (옮긴이) 펀치(천공) 카드를 말한다. http://ko.wikipedia.org/wiki/천공_카드 참고

로 적용 가능하다고 본다. 여백과 서식은 덜 자유로우므로 썩 유연하게 사용되기 어렵다. 이름과 구조적 선언부는 당연히 적용될 수 있다. 매크로가 큰 도움이 될 것이다. 단락형 주석은 널리 사용하는 것이 어떤 언어에서든 좋은 관행이다.

하지만 자체 문서화라는 접근법은 고급 언어의 사용에서 자극받은 것이니만큼, 일괄 처리든 대화식이든 온라인 시스템에서 고급 언어와 함께 사용될 때 가장 큰 효용과 정당성을 찾을 수 있다. 앞서 논했던 것처럼 이런 언어와 시스템은 프로그래머에게 많은 도움을 준다. 사람이 기계를 위해 만들어진 것이 아니라 기계가 사람을 위해 만들어졌으므로, 기계의 사용은 실용적이든 인간적이든 어떤 면으로도 타당한 일이다.

16

은 탄환은 없다: 소프트웨어 공학에 있어 본질과 부수성

향후 10년간은 기술이든 관리 기법이든 그 자체로 생산성, 신뢰성, 단순성을 자릿수 하나만큼이라도[1] 향상시킬 발전은 나타나지 않을 것이다.

---

[1] (옮긴이) 열 배 단위를 말한다

◀ 에셴바흐의 늑대인간(The Werewolf of Eschenbach), 독일: 선(線) 조각화, 1685년. 뉴욕 그레인저 컬렉션(Grainger Collection)의 호의로 게재.

초록[1]

모든 소프트웨어 제작에는 두 가지 일이 수반된다. 추상적인 소프트웨어 개체를 구성하는 복잡한 개념적 구조를 만드는 본질적인 일, 그리고 이러한 추상적 개체를 프로그래밍 언어로 표현하여 시공간적 제약 안에서 기계의 언어로 대응시키는 부수적인 일이 그것이다. 과거 소프트웨어 생산성 측면에서 이루어진 큰 진보들은 대개 그런 부수적인 일을 너무 어렵게 만드는 인위적 장벽을 제거한 데서 비롯되었다. 예를 들면 심각한 하드웨어적 제약, 불편한 프로그래밍 언어, 부족한 컴퓨터 사용 시간 같은 것들이다. 소프트웨어 엔지니어들이 지금 하고 있는 일 중에서 어느 정도가 여전히 본질적이지 않은 것에 할애되고 있을까? 그 비율이 전체의 9/10를 넘지 않는다면, 모든 부수 작업을 0으로 줄인다 해도 자릿수 하나만큼의 발전을 기대하기는 어렵다.

그러므로 이제 소프트웨어를 만드는 일 중에서 본질적인 부분, 즉 복잡도가 엄청난 추상적 개념 구조를 만드는 일에 초점을 맞출 때가 오지 않았나 한다. 나는 다음과 같이 제안한다.

- 구매할 수 있는 것이라면 직접 만들기보다 대량 판매용 제품을 활용하자.
- 요구 사항을 수립할 때는 계획된 반복 주기의 일부로 고속 프로토타이핑rapid prototyping[ii]을 사용하자.
- 새로운 기능은 써 보고 테스트한 다음에 시스템에 추가하는 식으로 하여 소프트웨어가 유기적으로 자라게 하자.

ii (옮긴이) 원래는 3차원 CAD 데이터로부터 시제품을 신속히 제작하게 해주는 기술의 총칭

- 떠오르는 세대에서 개념적 설계에 탁월한 이들을 찾아내어 성장시키자.

서론

무서운 옛날 이야기에 나오는 온갖 괴물 중에서도, 친숙한 모습을 하고 있다가 느닷없이 공포스러운 존재로 변하는 늑대인간만큼 두려운 것은 없다. 그래서 우리는 그들을 영원한 잠들게 할 마법의 은 탄환을 찾는다.

친숙해 보이는 소프트웨어 프로젝트에도 (최소한 비기술직 관리자의 눈에는) 이런 면이 존재해서, 평소에는 무해하고 단순해 보이지만 어느 순간 어긋난 일정, 초과된 예산, 결함 있는 제품이라는 괴물로 변할 가능성이 있다. 그리하여 우리는 소프트웨어 제작비용을 컴퓨터 하드웨어 수준으로 급속히 떨어뜨려줄 은 탄환을 갈구하는 간절한 외침을 듣게 된다.

그러나 10년 후를 내다보아도 은 탄환은 시야에 들어오지 않는다. 기술이든 관리 기법이든 그 자체로 생산성, 신뢰성, 단순성을 자릿수 하나만큼이라도 향상시킬 발전은 나타나지 않을 것이다. 이 장에서는 소프트웨어 문제의 본질과 후보로 나선 탄환들의 속성을 같이 검토함으로써 왜 그럴 수밖에 없는지 그 이유를 알아보려 한다.

그렇지만 회의주의가 곧 비관주의는 아니다. 비록 우리가 놀랄 만한 돌파구를 찾을 수 없고 그런 돌파구 자체가 소프트웨어의 본질과 배치된다고 믿고 있지만, 여러 가지 고무적인 혁신 또한 진행되고 있다. 그런 혁신을 개발하고 전파하며 활용하기 위해 훈련되고 일관성 있는 노력을 기울인다면, 마침내는 자릿수 하나만큼의 향상이 이루어질 것이다. 왕도는 없지만 길은 있다.

질병을 관리하기 위한 첫 걸음은 악령설과 체액설[III]을 세균 이론으로 대체하는 것이었다. 이 첫 걸음은 희망의 시작이기도 했지만, 그 자체만으로 마술적 처방에 대한 모든 희망을 산산이 부쉈다. 세균 이론의 교훈은, 진전이란 많은 노력을 들여서 차례차례 이루어지는 것이며, 청결이라는 규율에 끊임없이 주의를 기울여야 한다는 것이다. 오늘날의 소프트웨어 공학도 마찬가지다.

힘들 수밖에 없는가: 본질적인 어려움

지금 시점에서는 은 탄환이 눈에 띄지 않음은 물론, 소프트웨어의 본성 자체가 그런 은 탄환이 있음직하지 않도록 만들고 있다. 컴퓨터 하드웨어 분야에 전자공학, 트랜지스터, 대규모 집적이 기여한 것처럼 소프트웨어의 생산성, 신뢰성, 단순성에 기여할 만한 발명은 없을 것이다. 2년마다 두 배의 발전[IV]같은 것을 기대할 수는 더군다나 없다.

먼저 우리는 소프트웨어 분야가 그토록 더디게 진보하는 것이 이상한 일이 아니라, 하드웨어의 진보가 그토록 빠른 것이 오히려 이례적인 일임을 알아야만 한다. 문명이 시작된 이래 그 어떤 기술도 30년 사이에 가격 대 성능 면에서 여섯 자릿수[V] 단위의 발전을 이루지는 못했다. 다른 어떤 기술도 개선된 성능과 절감된 비용 중에서 하나를 선택하게 해주지는 못한다. 이와 같은 발전은 컴퓨터 생산이 조립 산업 assembly industry[VI]으로부터 장치 산업 process industry[VII]으로 전환된 것에 기인한다.

둘째로, 소프트웨어 분야에 기대할 수 있는 발전 속도를 알아보기

III   (옮긴이) 인체의 질병은 네 가지 체액의 균형이 깨져서 생긴다는 이론으로, 히포크라테스에서 비롯되어 중세 때까지 통용되었다.
IV   (옮긴이) 트랜지스터의 집적도가 대략 2년마다 두 배가 된다는 무어(Moore)의 법칙을 일컫는다.
V   (옮긴이) 100만 배를 뜻한다.
VI   (옮긴이) 부품을 조립하여 완제품을 생산하는 산업
VII   (옮긴이) 대규모 장치로 대량 생산이 가능한 산업

위해 거기 내재된 어려움이 어떤 것인지를 살펴보자. 나는 아리스토텔레스를 따라 그것을 본질적인 것, 즉 소프트웨어의 본성에서 비롯된 어려움, 그리고 부수적인 것, 즉 오늘날 소프트웨어 생산에 수반되지만 본질적이지는 않은 어려움들로 나누고자 한다.

부수적인 어려움에 대해서는 다음 절에서 논하기로 하고, 먼저 본질적인 것을 검토해 보자.

소프트웨어 개체의 본질은 데이터 세트, 데이터 항목 간 관계, 알고리즘, 함수 호출처럼 서로 맞물리는 개념으로 이루어진 구조물이다. 표현 방법을 여러 가지로 달리 하더라도 개념적 구조물은 동일하다는 점에서 이 본질은 추상적이다. 추상적이라 해도 그 구조물은 고도로 정밀하며 풍부한 세부 내용을 담고 있다.

나는 소프트웨어를 만드는 데 있어 어려운 부분은 이런 개념적 구조물의 명세, 설계 및 테스트이며, 그것을 표현하거나 표현의 충실함을 검사하는 데 드는 수고로움은 아니라고 믿는다. 확실히 우리는 아직도 문법 오류를 범하지만, 개념적 오류에 비하면 대부분의 시스템에서 그런 것은 솜털에 지나지 않는다.

만약 이것이 진실이라면 소프트웨어를 만드는 일은 언제나 힘들 수밖에 없다. 은 탄환은 본래 없는 것이다.

이제 현대 소프트웨어 시스템의 축소 불가한 본질에 내재된 속성, 즉 복잡성, 호환성, 변경 가능성, 비가시성에 대해 살펴보자.

복잡성. 소프트웨어 개체들은 그 크기에 비하면 인간이 만든 어떤 구조물보다도 복잡한데, 이는 어느 하나라도 다른 것과 (최소한 문장 이상의 수준에서는) 비슷하지 않기 때문이다. 만약 두 부분이 비슷하다면 그 둘은 개방형이든 폐쇄형이든[VIII] 하나의 서브루틴으로 묶을 수

[VIII] (옮긴이) 당시에는 매크로처럼 인라인 확장되는 것을 개방형 서브루틴, 우리가 현재 서브루틴이라 부르는 것을 폐쇄형 서브루틴이라 칭했다.

있을 것이다. 이런 점에서 소프트웨어 시스템은 반복되는 요소를 허다하게 포함하고 있는 컴퓨터, 건축물, 자동차와 근본적으로 다르다.

디지털 컴퓨터는 그 자체로 인간이 만들어 낸 대부분의 사물보다 복잡하며 상태의 수가 아주 많다. 그래서 컴퓨터를 상상하고 기술하며 테스트하는 일은 힘들다. 소프트웨어 시스템은 컴퓨터와 비교할 때 자릿수가 다를 정도로 상태가 더 많다.

유사하게, 소프트웨어 개체의 확장 역시 동일한 요소를 더 많이 반복한다고 되는 일이 아니어서, 상이한 요소의 개수는 필연적으로 늘어난다. 대부분의 경우 그 요소들은 비선형적인 방식으로 상호 작용하므로, 전체 복잡도는 선형적인 수준을 훨씬 넘어서는 증가율을 보인다.

소프트웨어의 복잡성은 본질적인 속성이며 부수적인 것이 아니다. 그런 이유로, 소프트웨어를 기술하는 추상화 과정에서 그 복잡성이 망실된다면 본질적인 부분 또한 잃어버리기 쉽다. 수학과 물리학은 지난 3세기 동안 복잡한 현상에 대해 단순화된 모델을 만들고, 그 모델에서 특성들을 이끌어 내고, 실험을 통해 그 특성을 검증하는 방식으로 장족의 발전을 이루어 왔다. 이것이 가능했던 것은, 모델에서 무시된 복잡성이 그 현상의 본질적 특성이 아니었기 때문이다. 복잡성이 본질일 때 이런 방식은 더는 통하지 않는다.

소프트웨어 개발의 많은 고전적 문제가 이와 같은 본질적 복잡성 및 그 비선형적 증가 양상에서 비롯된다. 복잡성 때문에 팀 구성원들 간 의사소통이 어려워지며, 그로 인해 제품 결함, 비용 초과, 일정 지연이 발생한다. 복잡성 때문에 프로그램의 모든 가능한 상태를 일일이 나열하거나 이해하는 일이 어려워지며, 그로 인해 신뢰성이 훼손된다. 함수의 복잡성 때문에 그것을 호출하는 일이 어려워지며, 그로 인해 프로그램이 사용하기 힘들어진다. 구조의 복잡성 때문에 부작용 없이 프로그램의 기능을 확장하는 일이 어려워진다. 구조의 복잡성 때문에 가시화되지 않은 상태가 생겨나서 보안상의 허점이 만들어진다.

기술적인 것뿐 아니라 관리적인 문제까지도 복잡성에서 비롯된다. 이 복잡성 때문에 전체를 개관하기가 힘들어지고, 그로 인해 개념적 일관성을 유지하는 일이 방해받는다. 미해결 사안들을 모두 찾아내고 통제하는 일이 어려워지며, 학습과 이해에 엄청난 부담을 주어 인원 교체가 재앙이 된다.

호환성. 복잡성을 마주하고 있는 것은 소프트웨어 업계만이 아니다. 물리학도 '기본적인' 입자 수준에서조차 어마어마하게 복잡한 대상을 다루고 있다. 하지만 물리학자들의 노고는, 쿼크든 통일장 이론이든 무언가 일관된 원칙이 발견될 것이라는 굳은 믿음에 기초한다. 아인슈타인은 조물주가 변덕쟁이거나 제멋대로이지 않은 이상 자연에 대한 단순한 설명이 존재해야 한다고 거듭 주장했다.

소프트웨어 엔지니어에게는 마음을 편안하게 해줄 그런 믿음은 없다. 그가 통달해야 할 복잡성은 상당 부분 임의성을 띤 것으로, 수많은 기관과 시스템에 의해 별 이유 없이 강제되어 인터페이스를 맞춰야 하는 것들이다. 이것은 인터페이스마다 다르고 시기마다 또 다른데, 무슨 필요성 때문에 그렇다기보다는 단지 조물주가 아닌 여러 명의 인간에 의해 각기 설계되었기 때문이다.

소프트웨어는 많은 경우 가장 최근에 나왔다는 이유로 호환성을 갖추어야 한다. 또는 가장 호환성이 뛰어나다고 알려져 있기 때문에 호환성을 갖추어야 하기도 한다. 그러나 어떤 경우에라도 다른 인터페이스에 맞추는 것 자체가 많은 복잡성을 초래한다. 이런 복잡성은 해당 소프트웨어만을 어떻게 재설계하든지 간에 단순화될 수 없다.

변경 가능성. 소프트웨어 개체는 끝없는 변경 요구에 노출되어 있다. 물론 건물이나 자동차, 컴퓨터도 마찬가지겠지만 제조된 물건은 제조 이후에 바뀌는 일이 많지 않다. 그런 경우는 차기 모델로 대체하거나, 기본 설계는 같지만 일련번호가 후순번인 제품에 필수 변경 사항을 추가로 적용시키기도 한다. 자동차의 리콜은 상당히 드문 일이며, 컴퓨터의 현장 교체는 약간 덜하다. 두 경우 모두, 현장 투입된 소프트웨어의 수정에 비하면 변경이 훨씬 뜸한 편이다.

어떤 면에서 이것은 해당 소프트웨어가 구현하는 시스템의 특정 기능이 변경의 압박을 가장 많이 받는 부분이기 때문일 수 있다. 어떤 면에서 이것은 소프트웨어의 변경이 좀 더 쉽기 때문이기도 하다. 소프트웨어는 순수한 사고의 부산물이며 가변성이 무한하다. 건물도 실제로는 변경이 이루어지지만, 모두가 알고 있는 대로 그러려면 많은 비용이 든다는 사실이 변경을 바라는 이들의 변덕을 약화시킨다.

성공적인 소프트웨어는 모두 변경을 피할 수 없다. 이 변경에는 두 종류의 과정이 있다. 소프트웨어 제품이 유용하다고 판단되면, 사람들은 원래 의도된 범위의 가장자리 또는 그것을 벗어난 새로운 경우에 대해 그 소프트웨어를 시험하기 시작한다. 기능 확장에 대한 압박은 주로 이처럼 기본 기능을 마음에 들어 하여 새로운 용도를 만들어 내는 사용자들로부터 비롯된다.

두 번째로, 성공적인 소프트웨어는 애초에 동작하도록 의도된 대상 장비의 통상적인 수명 이후까지 살아남는다. 새 컴퓨터는 아니더라도 최소한 새 디스크, 새 디스플레이, 새 프린터들이 나타나고 소프트웨어는 이런 새 장비들과 호환되어야만 한다.

요약하자면, 소프트웨어 제품은 응용 분야, 사용자, 법 조항, 주변 장비들이 만들어내는 문화적 모체 안에 파묻혀 있다. 이 모든 것은 지속적으로 변화하고, 그 변화는 소프트웨어 제품의 변경을 가차 없이 강제한다.

비가시성. 소프트웨어는 보이지 않으며 시각화할 수도 없다. 기하학적 추상화는 강력한 도구다. 건물의 평면도는 설계자와 고객 모두에게 공간, 교통 흐름, 전망을 검토하도록 도와준다. 모순점은 분명해지며 누락된 것들은 드러난다. 추상화된 형태이긴 하지만 기계 부품의 축척도와 볼-스틱 분자 모델도 같은 역할을 한다. 기하학적 실체는, 기하학적 추상화 속에 포착된다.

소프트웨어의 실체는 본질적으로 공간 안에 포함되지 않는다. 그래서 토지가 지도로, 실리콘 칩이 도면으로, 컴퓨터가 접속도로 표현되는 것처럼 소프트웨어를 나타낼 기하학적 표현은 존재하지 않는다. 소프트웨어의 구조를 도표로 나타내려 시도한다면, 우리는 이내 그 구조가 하나가 아닌 여러 개의 일반적인 유향 그래프directed graph로 구성되며, 각각은 서로 겹쳐진다는 것을 알게 된다. 그 그래프들은 제어 흐름, 데이터 흐름, 의존 관계 패턴, 시간적 순서, 이름-공간 관계 같은 것을 표현할 것이다. 이런 것들은 대체로 평면에 나타내기도 어렵거니와 별로 계층적이지도 않다. 실제로 이와 같은 구조를 개념적으로 통제하기 위한 방법 중 하나로 그래프가 계층 구조로 될 때까지 연결선을 끊어내는 것이 있다.[2]

소프트웨어의 구조를 한정짓고 단순화하려는 여러 가지 진전에도 불구하고 그것은 여전히 본질적으로 시각화될 수 없으며, 그로 인해 우리는 가장 강력한 개념적 도구 하나를 사용할 수가 없게 되었다. 이와 같은 결핍은 한 사람의 설계 과정을 지연시킬 뿐 아니라 사람들 사이의 의사소통도 심각하게 저해한다.

부수적 어려움을 해결한 과거의 성과들

소프트웨어 기술 분야에서 과거에 가장 생산적이었던 세 가지 업적을 살펴보면, 각각이 소프트웨어 제작에 따르는 서로 다른 주요 난점을 공략했으나 그것은 본질이 아닌 부수적 어려움이었음을 알게 된다. 또한 그 개별 공략들을 확장하는 데에도 태생적 한계가 있음을 알 수 있다.

고급 언어. 소프트웨어의 생산성, 신뢰성, 단순성에 대한 가장 강력한 일격은, 물론 프로그래밍에 고급 언어를 점진적으로 사용하게 된 것이다. 많은 이들이 그로 인해 최소 다섯 배의 생산성 향상 및 신뢰성, 단순성, 이해 가능성 측면의 부차적인 이득이 있었다고 본다.

그러면 고급 언어가 이루어낸 것은 과연 무엇인가? 고급 언어는 프로그램에서 부수적인 복잡성을 상당 부분 제거해주었다. 추상화된 프로그램은 연산, 자료형, 순서, 정보 교환 같은 개념적인 구조물로 이루어진다. 실제 기계에서 동작하는 구체적인 프로그램은 비트, 레지스터, 조건, 분기, 채널, 디스크 등과 관계가 있다. 고급 언어가 추상적 프로그램에 속한 구조물을 포함하면서 그보다 하위 수준에 속한 구조물들을 모두 배제한다면, 그 프로그램에 결코 본질적이지 않았던 복잡성의 단계는 모두 제거된다.

고급 언어가 할 수 있는 최대치는 프로그래머가 추상적인 프로그램에서 상상하는 모든 구조물을 제공하는 것이다. 확실히 우리가 자료 구조, 자료형, 연산 등에 대해 생각할 때의 복잡도는 꾸준히 높아지지만 그 속도는 계속 줄어드는 추세다. 그리고 언어의 발전 또한 사용자들의 복잡도에 점차로 근접하고 있다.

더구나 고급 언어의 복잡함은 어떤 지점에 이르면 심오한 기능을 쓸 일이 없는 사용자의 지적 업무를 줄여주지 못하면서 오히려 부담으로 작용한다.

시분할 방식. 많은 이들이 시분할 방식에 대해서 고급 언어만큼은 아니지만 프로그래머의 생산성과 제품의 품질에 큰 향상을 가져왔다고 평가한다.

시분할 방식은 고급 언어와는 또 다른 종류의 난점을 공략한다. 시분할은 즉시성을 보존하며 그로 인해 복잡성에 대한 개관을 유지할 수 있도록 해준다. 일괄 처리 프로그래밍은 전환 시간이 느려서, 프로그래밍을 중단한 후 코드를 컴파일하고 실행할 때 그때껏 생각하던 세부 사항을(핵심 내용은 아니더라도) 잊어버릴 수밖에 없게 된다. 나중에 내용을 다시 되살려야 하기 때문에 이런 의식의 단절은 시간적으로 비용이 많이 든다. 아마도 가장 심각한 효과는, 복잡한 시스템 내에서 모든 것이 어떻게 돌아가는지 이해했던 것이 점차 희미해지는 일일 것이다.

느린 전환 시간은 기계어의 복잡성과 마찬가지로 소프트웨어에 본질적이라기보다 부수적인 어려움이다. 시분할 시스템이 기여하는 바는 그 한계가 곧바로 드러난다. 시분할의 주된 효과는 시스템 응답 시간을 줄이는 것이다. 응답 시간이 0에 가까워지면서, 어떤 지점, 즉 대략 100밀리초부터는 사람의 지각 한계를 넘어서게 된다. 그 이후에는 아무런 이득도 기대할 수 없다.

통합된 프로그래밍 환경. 유닉스와 인터리스프Interlisp[IX]는 널리 쓰이게 된 최초의 통합 프로그래밍 환경으로, 생산성을 여러 배 향상시켰다는 평을 듣는다. 왜 그럴까?

그 둘은 통합된 라이브러리, 통일된 파일 형식, 파이프[X]와 필터[XI]를 제공함으로써 여러 프로그램을 '함께' 사용할 때 발생하는 부수적인 난점들을 공략한다. 그 결과, 이론상으로 항상 서로 호출하고 데이터를 공급하고 서로 이용할 수 있는 개념적 구조체들이 실제로도 쉽게 그럴 수 있게 되었다.

IX   (옮긴이) 디버거, 분석 도구 등으로 이루어진 리스프 개발용 통합 환경. 1970년대에 주로 사용되었다.
X   (옮긴이) 한쪽의 출력과 다른 쪽의 입력을 잇는 방식으로 두 프로그램을 연결하는 기법
XI   (옮긴이) 유닉스 계열에서 표준 입력으로 데이터를 받아 표준 출력으로 결과를 내보내는 프로그램(예: grep, sort, tail 등)이다. 파이프와 같이 사용되는 일이 흔하다.

이 획기적인 발전은 한편으로 여러 가지 도구의 개발을 이끌었는데, 새로운 도구들은 표준 형식을 사용하는 프로그램이면 어디에도 활용될 수 있기 때문이다.

이런 성공 덕에, 프로그래밍 환경은 오늘날 소프트웨어 공학에서 주요한 연구 주제가 되었다. 그 장래성과 한계에 대해서는 다음 절에서 살펴보겠다.

은 탄환에 대한 희망

이제 은 탄환의 잠재적인 후보에 오를 만큼 진전을 보인 여러 가지 기술적 발전을 검토해 보자. 그런 발전들은 어떤 문제를 다루고 있는가? 그 문제들은 본질적인 것인가, 아니면 아직 남아 있는 부수적 어려움의 잔재인가? 그것이 이루어 낸 진전은 획기적인가, 점진적인가?

에이다Ada[XII]와 그 밖의 고급 언어들에 의한 진보. 가장 요란스레 홍보되는 최근의 발전 중 하나가 1980년대의 범용 고급 언어인 에이다이다. 에이다에는 언어 개념상의 점진적인 발전 사항들이 반영되어 있을 뿐 아니라 현대적 설계와 모듈화를 촉진하는 기능들도 포함되어 있다. 에이다는 언어 자체보다도 거기 내재된 철학이 아마 더 진보적이라 할 수 있을 텐데, 그 철학에는 모듈화, 추상적 자료형, 계층적 구조화라는 개념이 담겨 있기 때문이다. 에이다는 요구 사항들이 설계에 반영되는 과정의 자연스러운 귀결로 인해 지나치게 풍부한 기능을 갖추게 되었다. 하지만 이것이 큰 문제는 되지 않는다. 부분적인 키워드로 구성된 하위 버전의 언어로 학습 문제를 해결할 수 있고, 하드웨어 발

XII (옮긴이) 미 국방성에서 코볼(COBOL)과 포트란을 대체하기 위해 만든 파스칼 문법 기반의 고급 프로그래밍 언어

전은 컴파일에 소요되는 MIPSmillion instructions per second[XIII]당 비용을 낮춰줄 것이다. 사실 소프트웨어 시스템의 구성을 고도화하는 일은, 비용 대비 추가 확보가 가능해진 MIPS를 활용할 대상으로 아주 적합하다. 운영 체제의 경우만 해도 지난 1960년대에 메모리와 CPU 비용 때문에 소리 높여 매도되었지만, 하드웨어가 급속히 발전하면서 여유로워진 연산 능력과 저렴해진 메모리를 활용할 대상으로 탁월하다는 것이 입증된 바 있다.

물론 에이다가 소프트웨어 생산성이라는 괴물을 쓰러뜨릴 은 탄환이 되지는 않을 것이다. 어쨌거나 그것은 또 하나의 고급 언어일 뿐이고, 이런 언어에서 얻을 수 있는 최고의 대가는 기계어에 내재된 부수적 복잡성으로부터 더 추상화된 문장으로 올라가는 최초의 이행에서 이미 얻어진 바 있다. 일단 그런 부수적인 요소들이 제거된 후에 남은 것들은 더 작을 터이니, 그것을 마저 제거한다고 해도 돌아오는 대가는 미미할 수밖에 없다.

향후 10년 뒤에 에이다의 유효성을 검토한다면 상당한 진전을 이루어 냈다는 평가를 받을 것이다. 하지만 그것은 어떤 언어적 특성 때문은 아니며, 그런 특성들이 모두 한데 결합되었기 때문도 아닐 것이다. 새로운 에이다 개발 환경도 그런 진전의 이유가 되지는 않을 것이다. 에이다의 가장 큰 공헌은, 프로그래머들이 그 언어로 바꿈으로써 현대적 소프트웨어 설계 기법을 연마하도록 한 일이 될 것이다.

객체 지향 프로그래밍. 오늘날 많은 연구자들이 다른 어떤 기술적 유행보다도 객체 지향 프로그래밍에 더 많은 기대를 걸고 있으며[3], 나도 그중 한 명이다. 다트머스Dartmouth 대학의 마크 셔먼Mark Sherman은 객체 지향이라는 이름으로 함께 통칭되는 서로 다른 두 개념을 주의 깊

XIII (옮긴이) 초당 100만 회의 연산이라는 뜻이다. 컴퓨터 속도를 나타내는 단위로 쓰인다.

게 구별해야 한다고 지적한다. 추상적 자료형과, 클래스라고도 하는 계층적 자료형이 그것이다. 추상적 자료형이란 어떤 객체의 타입을 이름, 고유한 값, 고유한 연산들로 정의하면서 바탕에 깔린 저장 구조는 숨겨야 한다는 개념이다. 에이다의 private 타입을 포함한 패키지나 모듈라Modula[XIV]의 모듈이 그 예가 되겠다.

시뮬라Simula-67[XV]의 클래스와 같은 계층적 자료형은, 일반적인 인터페이스 정의에 하위 타입을 제공함으로써 추가적인 세분화가 가능하도록 해준다. 이 두 가지 개념은 서로 독립적이다. 정보 은닉 없는 계층 구조가 있을 수 있고, 계층화되지 않은 정보 은닉이 있을 수도 있다. 두 개념 모두 소프트웨어 분야에 진정한 발전이 있었음을 보여준다.

그 개념들은 각기 소프트웨어 개발의 부수적인 어려움을 하나씩 더 없앴고, 설계하는 이가 핵심 내용을 표현하기 위해 별다른 정보도 없는 문법적 구조물을 잔뜩 만들지 않아도 되게 해준다. 추상적 자료형과 계층적 자료형은 둘 다 높은 수준의 부수적 어려움을 제거하며 설계 내용을 고차원적으로 표현할 수 있게 한다.

그렇지만 이와 같은 진전으로는 설계를 표현하는 데 관련된 모든 부수적 어려움을 없애는 것 이상은 할 수 없다. 설계 자체의 복잡성은 본질적인 것이며, 이런 진전들도 거기에는 아무런 변화를 주지 못한다. 객체 지향 프로그래밍이 자릿수 하나만큼의 개선을 가져오려면, 현재의 프로그래밍 언어에 남아 있는 타입 명세와 관련된 불필요한 일들이 프로그램 제품을 설계하는 작업의 9/10에 이를 때만 가능하다. 나는 과연 그럴지 의심스럽다.

[XIV] (옮긴이) 니클라우스 워스(Niklaus Wirth)가 파스칼의 뒤를 이어 만든 프로그래밍 언어
[XV]   (옮긴이) 1960년대 말경 노르웨이의 달(Dahl)과 뉘고르(Nygaard)가 만든 프로그래밍 언어다. 최초의 객체 지향 언어로 간주된다.

인공 지능. 많은 이들은 인공 지능artificial intelligence 분야에서 이루어진 발전이 소프트웨어 생산성과 품질에 자릿수 하나만큼의 개선을 가져올 혁명적 돌파구가 될 것으로 기대한다.[4] 나는 그러지 않는다. 그 이유를 논하기 전에 먼저 '인공 지능'이 무엇을 의미하는지부터 분석하고, 그 의미가 이 논의에 어떻게 적용되는지 보아야 한다.

용어에 얽힌 혼란은 파르나스Parnas가 명확히 정리한 바 있다.

> 오늘날 AI에 대해서는 서로 다른 두 가지 정의가 흔히 쓰이고 있다. 이전에는 인간의 지능으로만 풀 수 있었던 문제를 해결하기 위해 컴퓨터를 사용함을 가리키는 AI-1, 휴리스틱heuristic[XVI] 또는 규칙 기반 프로그래밍으로 알려진 특정 기법들을 사용한다는 뜻의 AI-2가 그것이다. 이 접근 방법에서는 전문가들을 연구 대상으로 하여 사람이 문제를 해결할 때 어떤 휴리스틱이나 경험 법칙을 사용하는지를 밝힌다. … 프로그램은 사람이 하는 방식을 따라 문제를 해결하도록 설계된다.
>
> 첫 번째 정의는 그 의미가 변할 수 있다. … 지금 AI-1의 정의에 부합하는 것이라 해도, 우리가 그 프로그램이 동작하는 방식을 알고 문제를 이해하게 된 후에는 더 이상 그것을 AI라 생각하지 않을 것이다. … 유감스럽게도 나는 이 분야[XVII]에 고유한 기술들을 확인할 수 없다. … 대부분의 성과는 문제 중심적이어서, 그 활용 방안을 모색하려면 어느 정도의 추상화나 창의성이 필요하다.[5]

나는 이런 비평에 전적으로 동의한다. 음성 인식에 사용된 기술은 영상 인식에 사용된 것과 거의 공통점이 없어 보이고, 전문가 시스템에 사용된 기술은 또 전혀 다르다. 내게는 예컨대 영상 인식이 프로그래밍의 관례에 어떤 주목할 만한 차이를 가져올지 알기가 쉽지 않다. 이

XVI (옮긴이) 경험에 의거하여 문제를 해결해가는 방법을 말한다.
XVII (옮긴이) AI-1을 가리킨다.

것은 음성 인식도 마찬가지다. 소프트웨어 개발의 어려운 점은 무엇을 말할지 결정하는 데 있으며, 말하는 행위 자체에 있지는 않다. 표현을 편리하게 만드는 것으로는 미미한 성과밖에 얻을 수 없다.

AI-2로 언급된 전문가 시스템은 따로 논의할 가치가 있다.

전문가 시스템. 인공 지능 분야에서 가장 진보되고 응용 범위가 넓은 것이 전문가 시스템 구축 기술이다. 많은 소프트웨어 연구자들이 이 기술을 소프트웨어 구축 환경에 적용하기 위해 열심히 일하고 있다.[6] 이 시스템의 개념은 무엇이며, 전망은 어떠한가?

전문가 시스템은 일반화된 추론 엔진과 규칙 베이스를 포함하는 프로그램으로, 데이터와 제반 가정을 입력으로 받고, 규칙 베이스로부터 유도되는 추론을 통해 논리적 결과를 탐색하여 결론과 조언을 도출하며, 그 추론 과정을 되짚어 보여줌으로써 도출된 결과에 대한 설명을 제공하도록 설계된다. 추론 엔진은 보통 순수하게 결정적deterministic인 논리 체계 외에도 불분명fuzzy하거나 확률적인 데이터와 규칙도 처리할 수 있다.

동일한 문제에 대해 동일한 해법에 도달하더라도, 프로그램된 알고리즘과 비교할 때 이런 시스템에는 몇 가지 명확한 장점이 있다.

- 추론 엔진 기술은 응용 분야에 무관하도록 개발되어 다양한 용도에 쓰인다. 추론 엔진에 많은 노력을 들이는 것은 타당한 일이며, 이 기술은 실제로 상당히 앞서 있다.
- 특정 응용 분야에 연관된 가변적인 부분은 규칙 베이스에 일정한 형식으로 담겨 있으며, 그 규칙 베이스를 개발, 변경, 테스트, 문서화하기 위한 도구들이 제공된다. 이렇게 해서 응용 자체에 내재된 복잡성의 많은 부분이 정규화된다.

에드워드 파이겐바움Edward Feigenbaum[XVIII]은 이런 시스템의 능력이 화려한 추론 메커니즘에 있는 것이 아니라, 갈수록 현실 세계를 더 정확히 반영하면서 계속 풍부해지는 지식 베이스에 있다고 말한다. 나는 이 기술이 가져다준 가장 중요한 진전은 응용 분야의 복잡도와 프로그램 자체를 분리한 것이라 본다.

그러면 이 시스템은 어떻게 소프트웨어 개발에 적용될 수 있을까? 인터페이스 규칙의 제안, 테스트 전략에 대한 조언, 버그 유형별 빈도 기억해두기, 최적화 힌트 제시 등 여러 가지가 있겠다.

예컨대 테스트에 조언을 해주는 시스템이 있다고 하자. 이 진단용 전문가 시스템은 가장 초보적인 형태에서는 조종사의 체크리스트와 아주 비슷해서, 기본적으로 문제를 일으켰을 만한 원인들을 제시하는 수준일 것이다. 규칙 베이스가 개발됨에 따라 문제가 되는 증상을 더 정교하게 고려하면서 시스템의 제안은 더 구체성을 띨 것이다. 다른 예로, 처음에는 아주 일반적인 수준의 제안만 하는 디버깅 보조 시스템을 상상해 볼 수 있다. 시스템 구조에 대한 지식이 규칙 베이스에 점점 쌓여감에 따라, 생성되는 가설과 추천하는 테스트들도 점점 더 자세해질 것이다. 이런 종류의 전문가 시스템은, 대응되는 소프트웨어에 모듈 단위의 수정이 일어날 때 진단용 규칙 베이스도 그에 맞춰 수정되도록 계층적으로 모듈화되어야 한다는 점에서 기존 시스템과 근본적인 차이가 있다.

진단 규칙을 만드는 데 필요한 작업은 모듈 및 시스템 테스트 케이스를 만들 때 어차피 진행되어야 하는 일이다. 만약 그 작업이 적당히 일반적인 방식으로 진행되고, 규칙의 구조가 일정하며 좋은 추론 엔진이 있다면, 이 시스템은 초기 통합 테스트 케이스 작성에 드는 수고를 실제로 줄여주면서 장기 유지 보수와 변경 테스트에도 도움이 될

[XVIII] (옮긴이) '전문가 시스템의 아버지'로 불리는 미국의 컴퓨터 과학자(1936~)

것이다. 같은 식으로 해서 소프트웨어 개발 과정의 다른 부분에 적용할 다른 전문가 시스템들도 생각해볼 수 있다. 아마도 그 수는 상당히 많으며 단순한 종류일 것이다.

프로그램 개발자에게 유용한 전문가 시스템을 조기에 구현하는 데에는 많은 어려움이 있다. 우리가 가정했던 각본에서 핵심적인 부분은, 프로그램 구조 명세로부터 자동 또는 반자동으로 진단 규칙을 생성하는 쉬운 방법을 개발하는 것이다. 그보다 더 어렵고 중요한 것은 지식의 획득에 관련된 두 가지 일이다. 생각을 명료하게 표현할 수 있고 자기 분석적이면서 '왜' 그 일을 하는지 아는 전문가를 찾는 것이 그 첫째고, 그들이 알고 있는 것을 끄집어내서 규칙 베이스로 만들 효율적인 방법을 개발하는 것이 그 둘째다. 전문가 시스템 구축에 필수적인 선결 과제는, 전문가를 확보하는 일이다.

전문가 시스템의 가장 큰 공헌이라면, 역시 최고의 프로그래머들이 쌓아온 경험과 지혜를 미숙한 프로그래머가 이용할 수 있게 한다는 점일 것이다. 이것은 결코 작다고 할 수 없다. 소프트웨어 공학에서 최고와 평균 사이에 놓인 격차는 굉장히 크며, 아마 다른 어떤 공학 분야보다도 클 것이다. 모범적인 관례를 전파하기 위한 도구는 소중하다.

'자동' 프로그래밍. 사람들은 문제를 명세한 문장으로부터 그 문제를 푸는 프로그램을 생성해내는 '자동 프로그래밍'에 대해 근 40년 동안이나 예측하고 저술해 왔다. 오늘날 어떤 이들은 이 기술이 다음번 돌파구가 될 것으로 기대하는 듯하다.[7]

파르나스는 그런 용어가 매력 있어 보이기 위한 것일 뿐 별다른 의미는 없음을 다음 주장에서 시사하고 있다.

요약하면, 자동 프로그래밍이라는 것은 늘 그 당시의 프로그래머가 사용할 수 있었던 것보다 더 높은 수준의 언어로 이루어지는 프로그래밍에 대한 완곡한 표현이었다.[8]

요컨대, 대부분의 경우 명세가 주어져야 하는 것은 문제가 아니라 해결 방안 쪽이라는 것이 그의 주장이다.

거기에는 몇 가지 예외가 있다. 생성기를 만드는 기술은 아주 강력한 것으로, 프로그램에서 정렬 효율을 높이는 데 일상적으로 사용된다. 미분 방정식을 적분하는 몇몇 시스템에서는 문제를 직접 명세하는 것이 가능하다. 시스템이 매개 변수를 검토한 다음, 수집해둔 해법 중에서 적절한 것을 골라 프로그램을 생성하는 식이다.

이와 같은 응용들은 아주 바람직한 특성을 갖추고 있다.

- 비교적 적은 수의 매개 변수로 문제가 쉽게 특징지어진다.
- 알려진 해법이 많이 있어서 선택지를 구성하기가 쉽다.
- 폭넓은 분석이 이루어진 덕에, 주어진 매개 변수에 맞는 해법을 선택하기 위한 명시적 규칙들이 존재한다.

이런 기법들이 평범한 소프트웨어 시스템 세계에서 어떤 식으로 일반화될 수 있을지는 알기 어렵다. 앞에서 열거된 멋진 특성을 갖춘 경우가 오히려 예외적이기 때문이다. 게다가 그 일반화에 의해 획기적인 발전이 어떻게 일어날 수 있을지는 상상하기조차 어렵다.

그래픽 프로그래밍. 소프트웨어 공학 분야에서 박사 학위 논문의 주제로 선호되는 것 중 하나가, 컴퓨터 그래픽을 소프트웨어 설계에 응용한 그래픽 프로그래밍 또는 시각적 프로그래밍이다.[9] 때로 이 방법의 장래성은 컴퓨터 그래픽이 아주 생산적인 역할을 하고 있는

VLSI very large scale integration[XIX] 칩 설계의 경우를 염두에 두고 상정된다. 때로 이 방법은 순서도를 이상적인 프로그램 설계 도구로 간주하면서 강력한 순서도 구축 환경을 제공하는 것으로 정당화되기도 한다.

이런 노력들은 아직까지 고무적인 것은 물론이고 어떤 설득력 있는 결과도 내놓지 못했다. 나는 앞으로도 그럴 일은 없을 것이라 확신한다.

첫째로, 내가 다른 문헌에서 주장한 것처럼 순서도란 것은 소프트웨어 구조에 대한 추상화로 아주 좋지 못하다.[10] 사실 순서도는 버크스Burks, 폰 노이만von Neumann, 골드스틴Goldstine이 제안한 컴퓨터에 꼭 필요했던 고수준의 제어 언어를 제공하려는 시도로 보는 것이 가장 적절하다. 보기에도 딱한, 여러 장에 걸쳐 이어진 상자들의 모습을 한 오늘날의 순서도는, 설계 도구로서 근본적으로 무용함이 입증되었다. 프로그래머들은 프로그램을 작성하기 전이 아니라 작성한 다음에야 순서도를 그리고 있는 것이다.

둘째로, 오늘날의 화면은 본격적으로 상세한 소프트웨어 구성도를 표시하기에는 그 범위나 해상도에 비해 화소 수가 너무 적다. 요즘 워크스테이션의 소위 '데스크톱 메타포'는 차라리 '비행기 좌석' 메타포가 어울린다 할 것이다. 양 옆의 뚱뚱한 승객 사이에 앉아서 서류 뭉치를 뒤적여본 경험이 있는 사람이면 그 차이점을 알 것이다. 이런 경우는 한 번에 아주 적은 내용만 볼 수가 있다. 진짜 책상이라면 여러 페이지의 서류를 개관하면서 원하는 부분에 바로 접근할 수 있을 것이다. 게다가 창조성이 마구 넘쳐날 때면 책상을 버리고 더 너른 바닥으로 옮겨가는 프로그래머나 작가들도 종종 있다. 우리가 쓰는 화면의 범위가 소프트웨어 설계 작업에 충분하려면 하드웨어 기술이 앞으로도 상당히 발전해야 할 것 같다.

XIX (옮긴이) 초고밀도 집적 회로

더 근본적으로는, 앞서 주장한 바와 같이 소프트웨어를 시각화하는 일이 대단히 어렵다. 우리가 제어 흐름, 변수 범위, 변수 상호 참조, 데이터 흐름, 계층적 자료 구조 같은 것들을 도표로 나타낸다 해도, 복잡하게 얽힌 소프트웨어라는 코끼리의 한 측면만을 느낄 수 있을 뿐이다. 서로 연관된 시점으로 모든 도표를 작성하여 겹친다 해도 전체적인 개관을 얻어내기는 어렵다. VLSI 비유는 근본적으로 잘못되었다. 칩의 설계도는 층층이 쌓인 2차원 개체로 이루어지며, 그 기하학적 구조 안에 본질이 반영되어 있다. 소프트웨어 시스템은 그렇지 않다.

프로그램 검증. 현대의 프로그래밍에서는 테스트와 버그 수정에 많은 노력이 들어간다. 혹시 시스템 설계 단계에서 소스 내의 오류를 제거한다면 은 탄환이라 부를 수 있지 않을까? 시스템 구현과 테스트에 막대한 노력이 들어가기 전에 설계의 정확성을 검증한다는, 크게 차별화되는 전략에 의해 생산성과 제품 신뢰도가 모두 현저하게 개선될 수 있을까?

나는 여기에 무슨 마법이 있을 거라고 믿지 않는다. 프로그램 검증은 대단히 강력한 개념이고, 보안을 요하는 운영 체제 커널 같은 분야에서 아주 중요한 역할을 할 것이다. 하지만 이 기술은 작업량을 줄여 준다고 약속하지 않는다. 검증은 그 자체로 너무나 일이 많은 까닭에, 여태껏 검증이 이루어진 경우는 중요성이 높은 프로그램 몇 개 정도에 지나지 않았다.

프로그램 검증은 오류를 방지하는 프로그램을 의미하지 않는다. 여기에도 마법은 없다. 수학적 증명도 결함이 있을 수 있다. 그러므로 검증으로 인해 프로그램을 테스트하는 부담이 줄어들 수는 있겠지만, 그것을 완전히 제거할 수는 없다.

더 심각한 것은, 완벽한 프로그램 검증이라 해도 단지 프로그램이 명세를 충족함을 확인했을 뿐이라는 점이다. 소프트웨어 개발에서 가장 힘든 부분은 완전하고 일관된 명세이며, 프로그램 작성의 핵심 대부분은 사실 명세를 디버깅하는 일이다.

개발 환경과 도구. 더 나은 프로그래밍 환경에 대한 연구들이 폭발적으로 증가하고 있다. 거기서 어느 정도의 진전을 기대할 수 있을까? 그 질문에 대해서는, 보상이 큰 문제들일수록 먼저 공략의 대상이 되어 이미 해결되었을 것이라고 반사적으로 대답할 수 있다. 계층적 파일 시스템, 단일한 프로그램 인터페이스를 제공하기 위한 단일 파일 포맷, 일반화된 도구 등이 그것이다. 특정 언어에 맞춰진 스마트한 편집기들은 아직 실무에서 널리 쓰이지 않는데, 거기서 얻을 수 있는 이점의 최대치는 구문 오류와 단순한 의미 오류에서 자유로워지는 정도일 것이다.

아직 현실화되지는 않았지만 프로그래밍 환경 쪽에서 얻을 법한 소득 중 가장 큰 것으로 통합 데이터베이스 시스템 도입이 있다. 개개의 프로그래머들에 의해 정확하게 기억되어야 하고 협업 그룹 내에서 단일 시스템 상에 최신으로 유지되어야 하는 무수한 세부 사항들이 이 데이터베이스에서 지속적으로 관리된다.

이것은 물론 가치 있는 일이며 생산성과 신뢰도 양쪽에서 일정한 결실을 맺을 것이다. 그러나 그 본질상 지금 시점 이후에 얻을 이득은 미미할 수밖에 없다.

워크스테이션. 확실하고도 급속히 증가하는 개인용 워크스테이션의 계산 능력과 메모리 용량으로부터 소프트웨어 분야가 기대할 수 있는 이득은 무엇일까? 글쎄, 그렇다면 한 사람이 효과적으로 사용할 수 있는 최대 MIPS는 얼마가 될까? 프로그램과 문서를 작성하고 편집하는 일은 현재의 계산 속도로도 충분하다. 컴파일에는 이득이 있겠지만, 장비 속도가 열 배 빨라졌을 때 프로그래머의 일과에서 가장 주요한 활동은 생각하는 일이 될 것이다. 실제로 지금도 그런 것 같아 보인다.

더 강력한 워크스테이션은 당연히 환영한다. 하지만 거기에서 마법 같은 발전을 기대할 수는 없다.

개념적 본질을 겨냥한 유망한 시도들

하드웨어 분야에서 너무도 익숙해진 마법 같은 결과를 약속하는 기술적 돌파구는 없을지라도, 많은 시도가 현재 진행 중이며 동시에 다소 진부하지만 꾸준한 발전에 대한 장래성도 보이고 있다.

소프트웨어를 만드는 데 따르는 비본질적 문제를 해결하려는 모든 기술적인 시도는 근본적으로 다음과 같은 생산성 공식에 의해 제약을 받는다.

$$\text{작업 시간} = \sum_i (\text{빈도})_i \times (\text{시간})_i$$

만약, 내가 믿는 것처럼 작업 내의 개념적 요소가 시간의 대부분을 차지한다면, 개념의 표현일 뿐인 작업 요소에 얼마의 노력을 들이든 간에 생산성에 큰 이득은 없을 것이다.

그런 이유로 우리는 소프트웨어의 본질적인 문제, 즉 복잡한 개념적 구조의 구성이라는 문제를 겨냥하는 시도들을 검토해야 한다. 다행히도 그 중 몇몇은 아주 유망해 보인다.

살 것인가 만들 것인가. 소프트웨어를 만든다는 문제에 대한 가장 급진적인 해결책은, 아예 만들지 않기로 하는 것이다.

점차 더 많은 업체들이 현기증 날 만큼 다양한 분야에서 더 훌륭하고 더 많은 소프트웨어 제품을 내놓으면서, 이런 일은 매일매일 더 수월해지고 있다. 소프트웨어 엔지니어들이 제품 생산을 위한 방법론에 매진했다면, 개인용 컴퓨터 혁명은 소프트웨어 분야의 대량 판매용 시장을 하나도 아니고 여러 개 개척하였다. 신문 가판대에는 몇 달러에서 몇 백 달러 정도의 제품 수십 개를 광고하고 리뷰하는 월간지들이 컴퓨터 기종별로 꽂혀 있다. 좀 더 전문적인 간행물들은 워크스테이션이나 그 밖의 유닉스 시장을 겨냥한 아주 강력한 제품들을 권하고 있다. 심지어 소프트웨어 개발용 도구나 통합 개발 환경 같은 것도 기성품으로 즉시 구입할 수 있다. 나는 일전에 다른 기회를 빌어 개별 모듈을 거래하기 위한 장터를 제안하기도 했었다.

그 어떤 제품이라도 새로 만드는 것보다는 더 저렴하다. 10만 달러에 달하는 제품이라 해도 그 비용은 프로그래머 한 명을 1년 유지하는 정도다. 그리고 납품은 즉시 이루어진다! 적어도 실제로 존재하는 제품, 사용자가 만족하며 쓸 거라고 개발자가 얘기할 수 있는 제품이라면 납품은 즉각적이다. 게다가 이런 제품들은 자가 제작된 소프트웨어에 비해 문서화가 훨씬 잘 되어 있고 유지 보수도 더 나은 경향이 있다.

나는 대량 판매용 시장의 개척이야말로 소프트웨어 공학에서 가장 의미심장하며 장기적인 트렌드라고 믿는다. 소프트웨어 가격은 언제나 개발 비용이었지 복제 비용은 아니었다. 그 비용을 몇 안 되는 사용자가 나누는 것만으로도 일인당 비용은 급격히 절감된다. 이것은 또한 n벌의 소프트웨어 시스템을 사용함으로써 그 개발자들의 생산성이 n배가 된다는 관점으로도 볼 수 있다. 이것은 우리 산업 분야뿐 아니라 국가 수준의 생산성 향상이라 할 수 있다.

물론 핵심 문제는 활용성이다. 내가 업무에 사용할 수 있을 수준의 기성 소프트웨어 패키지가 있을 것인가? 그 물음에 관련해서 그동안 놀랄 만한 일이 일어났다. 1950년대와 1960년대의 여러 연구 결과는 사람들이 급여대장이나 재고 관리, 미수금 같은 업무에 기성 소프트웨어 제품을 사용하지 않으려 한다는 사실을 보여주었다. 요구 사항이 너무 전문적이었고, 사례마다 편차도 너무 심했다. 1980년대를 지나면서 우리는 이런 패키지들이 수요도 많고 널리 쓰인다는 사실을 알게 된다. 그 사이에 무엇이 바뀐 것인가?

패키지 소프트웨어가 바뀐 것은 아니다. 이전보다 조금 더 범용화되고 커스터마이징이 쉬워지기는 했지만 큰 차이는 없다. 응용 분야가 바뀐 것도 아니다. 상용 및 과학 분야의 요구 조건은 20년 전에 비하면 오히려 더 다양하고 복잡해졌다.

큰 변화는 하드웨어/소프트웨어 비용의 비율에 있었다. 1960년대에 200만 달러짜리 장비를 구매한 사람이라면, 컴퓨터를 적대시하는 사회적 환경에 스며들 수 있도록 쓰기 쉽고 지장을 주지 않는 방식으로 맞춤 제작된 급여대장 프로그램에 25만 달러 정도는 더 지출할 수 있다고 여겼다. 오늘날 5만 달러어치 사무용 장비를 구매하는 사람들은 맞춤 급여대장 프로그램 같은 것을 상상조차 할 수 없기에, 가용한 패키지 소프트웨어에 자기 업무 절차를 맞추게 된다. 이제 컴퓨터는 총애를 받지는 않더라도 아주 흔한 것이 되었고, 그런 패키지의 도입은 당연한 일로 받아들여지고 있다.

소프트웨어 패키지의 범용화 수준이 수년간 별로 변하지 않았다는 내 주장에는 극적인 예외가 있다. 스프레드시트와 간단한 데이터베이스 시스템이 그것이다. 돌이켜볼 때 너무나 명백한데도 너무 늦게 나타난 이 강력한 도구들은, 상당히 특이한 일부 경우를 포함하여 수많은 곳에 활용이 가능하다. 예상치 못했던 작업 분야에 스프레드시트를 활용하는 방법을 다룬 기사는 물론 책까지도 수두룩한 것이 지금의 현실이다. 예전이라면 코볼이나 RPGreport program generator[xx]를 써서 일일이 프로그램으로 작성했을 업무를 이제 이런 도구로 처리하는 것이 일상화되었다.

요즘은 많은 사용자들이 프로그램 한 줄 짜지 않고도 다양한 응용

XX (옮긴이) IBM에서 만든 상업용 프로그래밍 언어. http://en.wikipedia.org/wiki/Report_Program_Generator

분야에 자기 컴퓨터를 일상적으로 활용하고 있다. 참으로, 이들 중 많은 수가 자기 기계에서 돌아갈 프로그램을 새로 짤 줄은 모르더라도 그걸로 새로운 문제를 해결하는 데는 능숙하다.

오늘날 많은 조직에 적용할 수 있는 가장 강력한 소프트웨어 생산성 전략을 하나만 꼽자면, 컴퓨터에 서툰 최전선의 지식 노동자들에게 개인용 컴퓨터와 범용 문서 작성, 드로잉, 파일 관리, 스프레드시트 프로그램을 지급하고서 자유롭게 놓아주는 것이다. 수백 명의 연구실 과학자들에게도 같은 전략을 적용할 수 있다. 이 경우에는 수학 및 통계 관련 범용 패키지와 약간의 프로그래밍 능력이 필요할 것이다.

요구 사항 상세화와 고속 프로토타이핑. 소프트웨어 시스템을 만들 때 가장 어려운 부분은 정확하게 무엇을 만들지 정하는 일이다. 다른 어떤 개념적 작업도 세세한 기술적 요구 사항을 수립하는 일보다는 어렵지 않으며, 여기에는 사람과 장비, 다른 소프트웨어 시스템 등에 대한 인터페이스가 모두 포함된다. 이 작업만큼 잘못되면 최종 시스템에 심각한 손상을 입히는 것이 없고, 이만큼 나중에 바로잡기 어려운 것도 없다.

그러므로 소프트웨어를 만들 때 고객을 위해 해야 할 일 중 가장 중요한 것은, 제품 요구 사항을 반복적으로 추출하고 상세화하는 것이다. 진실을 말하자면, 고객들도 자기가 무엇을 원하는지 알지 못하기 때문이다. 고객들은 반드시 해야 할 질문이 무엇인지도 모르고, 명세가 필요한 세부 수준까지 문제를 고민해 본 적도 없다. "새 소프트웨어 시스템은 기존 수동식 정보 처리 시스템처럼 동작하도록 해 주시오"라는 간단한 답변도 사실 지나치게 간단한 것이다. 고객이 정확히 그것을 원하는 것은 결코 아니다. 게다가 복잡한 소프트웨어 시스템이란 작용하고, 움직이고, 동작하는 사물이다. 그런 동작에 내재된 역학을 상상하기는 쉽지 않다. 그러므로 소프트웨어 개발에 따른 어떤 활동을 계획하더라도, 시스템 정의의 한 부분으로써 고객과 설계자가 폭넓고 반복적으로 소통할 필요가 있다.

나는 한 발 더 나아가서, 고객들이 현대 소프트웨어 제품의 요구 사항을 완전하고 엄밀하고 정확하게 명세하는 일은, 그들이 설령 엔지니어들과 함께 일한다 해도 정말로 불가능하며, 그것은 명세하려는 제품의 실제 버전을 몇 개 만들고 시험해 본 후에나 가능하다고 주장하고자 한다.

그러므로 현대의 기술적 성과 중에서 가장 유망하며 문제의 본질을 겨냥하는 것 하나는, 반복적인 요구 사항 명세의 한 부분으로서 신속하게 프로토타입을 만들도록 해주는 방법 및 도구의 개발이다.

소프트웨어 프로토타입은 대상이 되는 시스템의 중요한 인터페이스들을 시뮬레이트하고 주요 기능들을 수행한다. 이때 하드웨어 속도, 크기, 비용 제약 등이 같다고 가정할 필요는 없다. 프로토타입은 보통 대상 프로그램의 주력 작업들을 수행하지만, 예외 상황이나 잘못된 입력의 처리, 깔끔한 종료 같은 것은 구현하지 않는다. 프로토타입의 목적은 명세로만 존재하는 개념적 구조를 실제로 구현해서 고객이 그 일관성과 사용성을 검사할 수 있게 하는 것이다.

오늘날 소프트웨어를 취득하는 절차는, 시스템의 사양을 만족스러운 수준으로 미리 명세하고, 구축 사업의 입찰 공고를 내고, 시스템을 구현해서 설치한다는 가정 위에 서 있다. 나는 이런 가정이 근본적으로 잘못되었으며, 그 오류로부터 많은 문제가 생긴다고 본다. 그러므로 프로토타입과 실제 제품이 반복적으로 개발되고 명세되는 근본적 변화만이 그런 문제를 해결할 수 있다.

점진적 개발: 소프트웨어를 구축하는 대신 성장시키기. 1958년, 소프트웨어를 작성write하지 않고 구축build한다는 얘기를 어떤 친구로부터 처음 들었을 때의 충격을 나는 아직도 기억한다. 그는 소프트웨어 개발

과정에 대한 내 시야 전체를 순식간에 넓혀주었다. 비유의 전환은 강력했으며 정확했다. 오늘날 우리는 소프트웨어 구축이 어떻게 다른 분야와 비슷한지 알고 있으며, 그 비유에 속한 다른 요소들, 즉 명세, 구성 요소 조립, 비계飛階[XXI] 같은 것들을 사용함에 거리낌이 없다.

이 구축의 비유는 너무 오래되어 그 유용함을 잃었다. 지금은 다시 변화가 필요한 때다. 만약 내 생각처럼 우리가 오늘날 만드는 개념적 구조물이 사전에 명세하거나 오류 없이 만들기 불가능할 정도로 복잡한 것이라면, 근본적으로 다른 접근 방법을 취해야 한다.

이제 사람이 만든 생명 없는 사물 대신 자연으로 눈을 돌려서, 살아 있는 것들에 내재된 복잡함을 들여다보자. 거기서 우리는 경외감으로 전율할 정도의 복잡도를 가진 구조물들을 발견한다. 뇌라는 것 하나만 봐도, 지도로 나타낼 수 없을 정도로 복잡하며, 모방할 수 없이 강력하고, 풍부한 다양성과 자기 보호 및 자기 재생 능력을 갖추었다. 그 비밀은 뇌가 구축된 것이 아니라 성장한 것이라는 데에 있다.

그러므로 우리 소프트웨어 시스템도 그래야만 한다. 모든 소프트웨어 시스템은 점진적인 개발에 의해 성장되어야 한다고 수 년 전 할란 밀스Harlan Mills가 주장했다.[11] 그것은 즉 그 시스템이 적절한 가짜 서브프로그램들을 호출하는 것 외에 아무 일도 하지 않더라도 일단은 실행되는 형태로 만들어져야 한다는 것이다. 그리고는 이제 그 서브프로그램들이 무언가 동작을 취하거나 더 하위 수준의 빈 함수들을 호출하는 식으로 개발되면서, 시스템은 조금씩 모양을 갖춰 간다.

소프트웨어 공학 수업에서 이 기법을 강력히 권하기 시작한 이래로, 나는 대단히 극적인 결과들을 목도할 수 있었다. 과거 10년간 그 무엇도 나 자신의 관행이나 그 효율성을 이토록 근본적으로 바꾸어 놓지는 않았다. 이 방법은 소프트웨어를 위로부터 아래로 성장시키기 때문에 하향식 설계를 필연적으로 동반한다. 이것은 백트래킹이 쉽도

XXI   (옮긴이) 이런 것들은 원래 건축 분야의 용어다.

록 해주며, 초반에 프로토타입을 만들기에도 적합하다. 추가적인 기능, 더 복잡한 데이터나 상황에 대한 추가적인 대비 등은 모두 이미 있던 무언가로부터 유기적으로 성장해 나간다.

이것이 사기에 미치는 영향은 놀라울 정도다. 아주 단순하더라도 실제로 동작하는 시스템이 있다면 의욕은 솟구친다. 새로 만드는 그래픽 소프트웨어 시스템이 첫 그림을 화면에 그려낼 때, 그것이 비록 단순한 네모라 하더라도 노력은 배가된다. 실제 동작하는 시스템이 소프트웨어 제작의 모든 단계에 걸쳐서 확보된 것이다. 나는 넉 달 동안 '구축'할 수 있는 것보다도 훨씬 더 복잡한 개체들을 개발 팀이 '성장'시킬 수 있음을 보았다.

이와 같은 이점들은 더 큰 프로젝트에도 똑같이 실현될 수 있다.[12]

탁월한 설계자들. 소프트웨어라는 기술을 어떻게 향상시킬 것인가 하는 핵심적인 질문의 한가운데는, 언제나 그랬듯이 사람들이 있다.

우리는 좋지 않은 관행 대신 좋은 관행을 따름으로써 좋은 설계를 얻는다. 이런 관행들은 가르칠 수 있는 성질의 것이다. 프로그래머들은 전체 인구에서도 가장 지적인 부류에 속하므로 좋은 관행을 배울 능력이 충분하다. 그러므로 이 나라에서 주요하게 추진되어야 할 일은 현대의 좋은 관행을 널리 퍼뜨리는 것이다. 새 교육 과정, 새로운 문헌들, SEISoftware Engineering Institute[XXII]처럼 새로운 기관들은 모두 이런 관행의 수준을 높이기 위한 목적으로 생겨났다. 이는 전적으로 타당하다.

그렇기는 하지만, 똑같은 방식으로 우리가 한 걸음 위로 올라설 수 있다고는 생각하지 않는다. 좋지 못한 개념적 설계와 좋은 설계의 차이는 방법의 견실함에 달렸을 수 있지만, 좋은 설계와 뛰어난 설계의

XXII (옮긴이) 미국 카네기 멜론(Carnegie Mellon) 대학교 소재의 연구소다. 소프트웨어 공학 역량 성숙도를 평가하기 위한 모델인 CMMI로 유명하다.

예	아니오
유닉스	코볼
APL	PL/I
파스칼	알골
모듈라	MVS/370
스몰토크	MS-DOS
포트란	

그림 16.1 멋진 제품

차이는 확실히 그렇지 않다. 뛰어난 설계는 뛰어난 설계자들로부터 나온다. 소프트웨어를 만든다는 것은 '창조적인' 과정이다. 건실한 방법론이 창조적인 이들에게 권한과 자유를 부여할 수는 있겠지만, 마지못해 일하는 사람을 불타오르게 하거나 고무시킬 수는 없다.

그 차이는 결코 작지 않아서 마치 살리에리와 모차르트의 관계와도 같다. 최고의 설계자들이 만들어 낸 구조는 더 빠르고, 더 작고, 더 단순하고, 더 깔끔하며, 더 적은 노력으로 만들어진다는 것이 수많은 연구에서 밝혀지고 있다. 뛰어남과 평범함 사이의 간격은 자릿수 하나만큼에 근접하는 것이다.

잠시 돌아보면, 위원회에 의해 설계되고 복수의 프로젝트를 통해 구현된 쓸 만한 소프트웨어 시스템이 많기는 하지만, 열성 팬들을 흥분시킨 소프트웨어는 한 명 또는 소수의 탁월한 설계자가 만들어낸 것들이었다. 유닉스, APL, 파스칼, 모듈라, 스몰토크 Smalltalk[XXIII]의 인터페이스, 심지어는 포트란을 한번 생각해 보라. 그와 비교해서 코볼, PL/I, 알골, MVS/370, MS-DOS는 어떤가?(그림 16.1)

그런 이유로 하여, 현재 진행되고 있는 기술 전수나 교과 과정 개발 활동을 나 자신 강력히 지지하기는 하지만, 우리가 애써야 할 가장 중

[XXIII] (옮긴이) GUI, WYSIWYG 등의 개념을 창시한 것으로 유명한 미국 제록스사 팔로알토 연구소(Palo Alto Research Center, 약칭 PARC)에서 만든 객체 지향 프로그래밍 언어

요한 일은 뛰어난 설계자들을 키워 낼 방안을 마련하는 것이 아닐까 한다.

소프트웨어에 관련된 조직이라면 어느 곳이든 이 시험대를 무시할 수 없다. 좋은 관리자는 찾기 어렵지만 좋은 설계자보다 더 드물지는 않다. 탁월한 설계자와 탁월한 관리자는 모두 대단히 드물다. 대부분의 조직이 유망한 관리자를 발굴하고 양성하는 일에 많은 노력을 기울이고 있다. 그러나 제품의 기술적 탁월함을 좌우할 뛰어난 설계자를 발굴하고 키워나가는 일에 그만한 노력을 쏟는 조직은 본 적이 없다.

나는 우선, 소프트웨어를 성공적으로 개발하기 위해서는 훌륭한 관리자만큼이나 탁월한 설계자도 중요하다는 사실을 모든 조직이 인지하도록 하며, 그들이 관리자와 대등한 수준의 육성과 포상을 기대할 수 있게 하자고 제안한다. 비단 급여뿐 아니라 사무실 크기, 비품, 개인용 전문 장비, 출장비, 지원 스태프 등 지위에 따른 특전 역시 완전히 동등해야만 한다.

그러면 탁월한 설계자들은 어떻게 육성할 수 있을까? 지면상 길게 논하기는 어렵지만, 몇 가지는 명백해 보인다.

- 체계적인 방식으로 최고의 설계자들을 가능한 한 일찍 찾아내라. 가장 뛰어나다 해서 가장 경험이 많은 사람은 아닐 수 있다.
- 후보자의 개발을 책임질 멘토를 배정하고, 경력 파일을 주의 깊게 기록하라.
- 각 후보에 대한 경력 개발 계획을 수립하고 유지하라. 여기에는 최고의 설계자들과 함께 하는 세심하게 선정된 견습 과정, 상급 정규 교육 과정, 단기 강습이 포함되며, 이 모든 것은 개인별 단독 설계 및 기술적 리더십에 대한 과제와 함께 배치해야 한다.
- 성장하는 설계자들이 서로 소통하며 자극을 줄 수 있는 기회를 제공하라.

17 「은 탄환은 없다」를 다시 쏘다

> 모든 탄환은 자기 탄착지가 있다.
> - 잉글랜드의 윌리엄 3세, 오라녜 공 William III of England, Prince of Orange[I]

> 완전무결한 작품을 보리라 생각하는 자,
> 결코 존재하지 않았고, 지금도 없으며, 앞으로도 없을 그 무언가를 바라나니.
> - 알렉산더 포프 Alexander Pope[II], 『비평론』

[I] (옮긴이) 오렌지공 윌리엄. 네덜란드 총독이며 영국 명예혁명(1688) 때 영국 왕으로 추대되었다.
[II] (옮긴이) 영국의 시인(1688~1744). 이 구절은 작품을 비평할 때 각 부분의 완전함을 따지기보다 전체적인 모습을 보아야 한다는 맥락에서 나왔다.

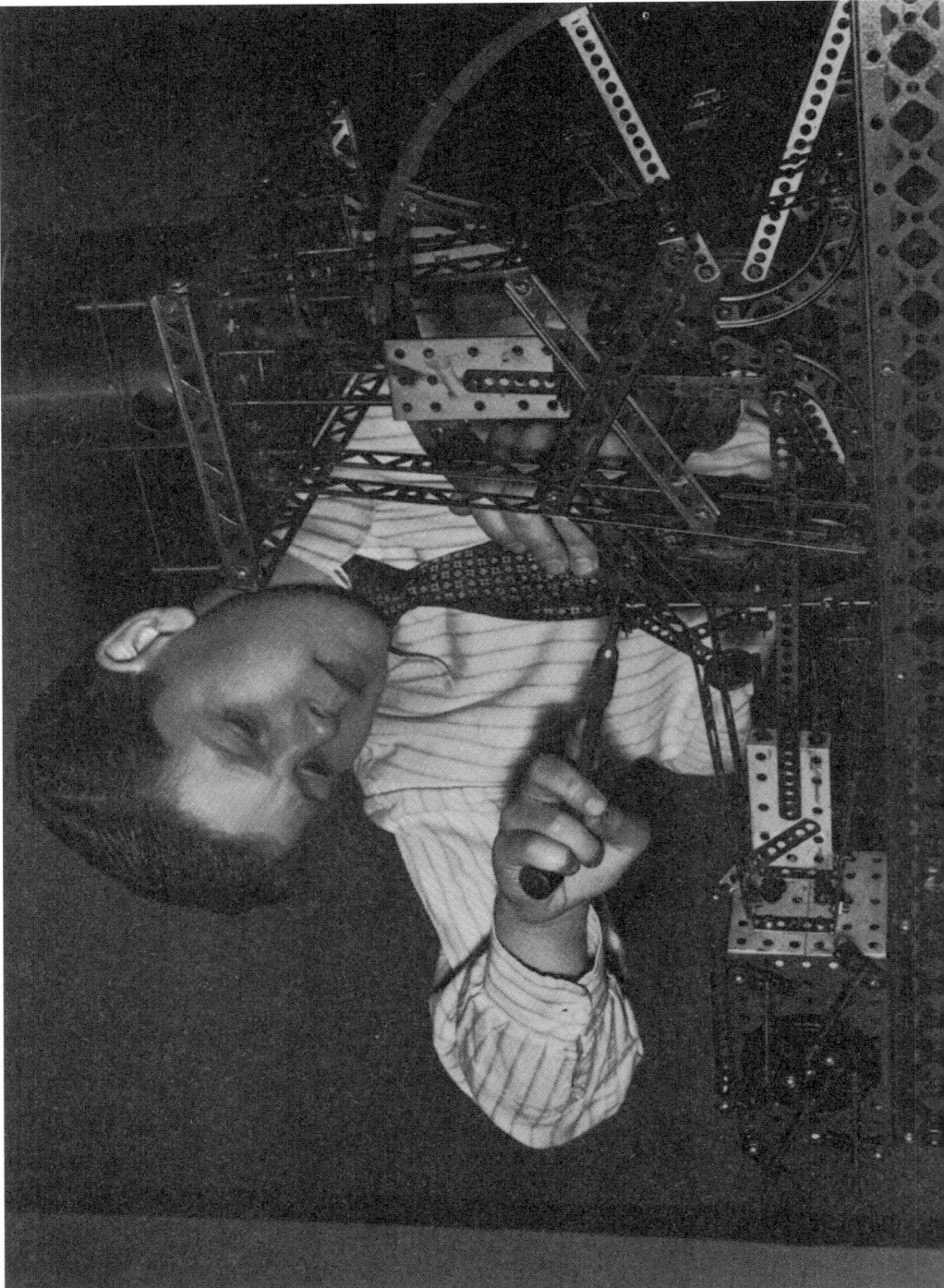

◀ 기성 부품으로 구조물을 조립하기, 1945
베트만 문서보관소

늑대인간과 그 밖의 전설 속 괴물들에 대해

「은 탄환은 없다: 소프트웨어 공학에 있어 본질과 부수성」(이 책 16장)은 원래 더블린에서 개최된 IFIP International Federation for Information Processing '86 학회의 초청 논문으로 회보에 실렸던 것이다.[1] 『Computer』지[III]가 그 논문을 다시 게재했는데, 이번에는 「런던의 늑대인간」 같은 영화 스틸컷을 곁들인 고딕풍 삽화의 표지와 함께였다.[2] 옆쪽으로는 "늑대인간 퇴치하기"라는 박스 기사도 실었는데, 퇴치는 오직 은 탄환으로만 가능하다는 (현대의) 전설을 알려주고 있었다. 나는 책 출간 전에는 박스 기사나 삽화에 신경 쓰지 않았고, 진지한 기술 논문이 그 정도로 치장될 거라고는 생각도 못했다.

하지만 『Computer』지의 편집자들은 원하는 효과를 얻는 데 전문가들이었고, 어쨌거나 많은 사람이 그 논문을 읽은 것 같다. 그래서 이번에는 앞 장(16장)에다 다른 늑대인간 그림을 하나 골라 넣었는데, 거의 우스꽝스러워 보이기까지 한 묘사의 옛 그림이다. 좀 덜 현란하기는 해도 이 그림이 똑같은 효과를 가져왔으면 한다.

은 탄환은 존재한다. 바로 여기에!

「은 탄환은 없다」에서는, (논문 발행 시점인 1986년을 기점으로) 향후 10년 동안 소프트웨어 분야에서 그 자체로 프로그래밍의 생산성을 자릿수 하나만큼 향상시킬 발전은 나타나지 않을 것이라는 주장을 폈었다. 이제 그 10년 중에서 9년째에 접어들었으니, 당시 예측이 얼마나

III (옮긴이) IEEE 컴퓨터 소사이어티IEEE Computer Society에서 발행하는 월간지

들어맞았는지 따져보기에 적절한 때라 하겠다.

『맨먼스 미신』이 인용은 많이 되었지만 논쟁은 거의 없었던 것에 비해, 「은 탄환은 없다」에는 반박 논문, 편집자에게 보내는 편지, 에세이 같은 것들이 지금까지도 쏟아지고 있다.[3] 그 대부분은 마법 같은 해결책이 보이지 않는다는 논문의 중심 주장과 그런 것은 원래 있을 수 없다는 내 확신에 대한 논박이다. 다들 「은 탄환은 없다」의 주장에는 대체로 동의하지만, 그다음에는 소프트웨어라는 괴물을 쓰러뜨릴 은 탄환이 실제로 있으며 그것을 자신이 발명했다는 주장을 편다. 이제 초반 반응들을 다시 읽어 볼 때, 1986년과 1987년에 법석을 피우던 나름의 묘책들은 당시 주장하던 극적 효과를 내지 못했음을 지적하지 않을 수 없다.

나는 하드웨어나 소프트웨어를 살 때 주로 '행복한 사용자' 테스트를 기준으로 삼는다. 그 제품을 실제로 사서 쓰는 고객과 얘기를 나누고 만족스러워 하는지 알아보는 것이다. 마찬가지로, 은 탄환 역시 그 실제 사용자가 앞으로 한 발 나서서 "내가 이 방법론, 도구, 또는 제품을 사용했더니 소프트웨어 생산성에 열 배의 개선이 있더라"라고 이야기한다면 나도 그것이 실제로 나타났음을 기꺼이 믿을 수 있을 것 같다.

많은 투고자가 타당한 수정 사항이나 불명확한 부분을 지적해 주었고, 어떤 이들은 감사하게도 조목조목 분석하여 반론을 제기하기도 했다. 이 장에서는 그런 개선점들을 공유하고 여러 반론을 다루어 보겠다.

모호하게 쓴 글은 오해를 산다

일부 저자들은 내가 몇 가지 논점을 명확히 하지 못했음을 보여주었다.

부수성. 「은 탄환은 없다」의 중심 논점은 16장의 '초록' 부분에 할 수 있는 만큼 명확히 써 두었다. 하지만 일부 독자들은 '부수성accident'과 '부수적accidental'이라는 용어 때문에 혼란스러워 했는데, 이 단어들은 아리스토텔레스까지 거슬러 올라가는 오랜 관습을 따른 것이었다.[4] '부수적'이라고 했을 때 내가 뜻한 바는 '우연히 일어난다'거나 '불운하다'는 것이 아니라, '부차적' 또는 '종속적'이라는 의미에 더 가깝다.

나는 소프트웨어 제작에서 부수적인 부분을 폄하하려는 의도는 없다. 대신 모든 창조적 활동이 (1) 개념적 구조의 형성, (2) 실제 표현 수단으로 구현, (3) 실 사용자와의 상호 작용이라는 요소로 이루어진다고 보았던 영국의 극작가이자 추리 작가, 신학자인 도로시 세이어즈Dorothy Sayers의 관점을 따르려고 한다.[5] 내가 소프트웨어 제작에서 '본질적'이라고 한 부분은 마음속에서 개념적 구조물을 만드는 과정이며, '부수적'이라고 한 부분은 그 구조물을 구현하는 과정에 해당한다.

사실의 문제. 이 핵심 논점의 진실성은 (모든 이에게는 아니더라도) 나에게는 사실 여부에 관한 문제로 요약된다. 소프트웨어를 만드는 노력 중에서 개념적 구조물을 정확하고 질서정연하게 표현하는 데 연관된 부분은 얼마나 되며, 그 구조물을 마음속에서 빚어내는 데 드는 노력은 또 얼마나 되는가? 결함을 찾아내고 수정하는 일은, 그 결함이 어떤 예외 상황을 놓치는 경우처럼 개념적인 것인지, 또는 포인터 사용이나 메모리 할당 실수처럼 개념을 표현하는 일에 관련된 것인지에 따라 양쪽에 부분적으로 모두 해당된다.

부수적 또는 개념 표현에 관련된 부분은 내 생각에는 이제 전체의 절반이나 그 이하로 줄어든 것 같다. 이 비율은 사실의 문제이므로, 이론적으로는 측정을 통해 그 값을 정할 수 있다.[6] 그것이 어렵다면 더 정통하고 최신 정보에 근거한 값을 가지고 내 추정을 바로잡을 수 있을 것이다. 부수적인 부분이 9/10만큼 된다는 주장을 공개적으로든 사적으로든 펼친 사람은 아직까지는 분명 없었다.

「은 탄환은 없다」에서 명백히 주장하는 바는, 부수적인 부분이 전체의 9/10에 못 미친다면 마법으로든 뭐든 그것을 완전히 제거한다 해도 생산성에 자릿수 하나만큼의 향상을 가져올 수는 없다는 것이다. 우리는 본질적인 것을 공략해야만 한다.

「은 탄환은 없다」 이후 나는 브루스 블럼Bruce Blum 덕분에 1959년 발표된 허즈버그Herzberg, 모스너Mausner, 세이더만Sayderman의 연구[7]에 눈을 돌리게 되었다. 그들은 동기 부여적인 요인이 생산성을 높일 수도 있음을 발견했다. 반면에, 환경적이고 부수적인 요인은 아무리 긍정적이어도 생산성을 높이지 못했고, 부정적일 때는 생산성을 낮출 가능성이 있었다. 「은 탄환은 없다」는 소프트웨어 분야에서 달성된 진보의 많은 부분이 이런 부정적인 요인을 제거하는 것이었다고 주장한다. 예컨대 놀랄 만큼 불편한 기계어, 전환이 오래 걸리는 일괄 처리, 시원찮은 도구, 심각한 메모리 제약 같은 것이다.

그렇다면 본질적인 어려움이 해소될 가망은 없는가? 1990년 브래드 콕스Brad Cox가 발표한 탁월한 논문 「은 탄환은 있다」에서는, 문제의 개념적 본질을 공략하기 위한 접근법으로 재사용과 상호 교환이 가능한 구성 요소의 도입을 호소력 있게 주장하고 있다.[8] 나는 거기에 전면적으로 동의한다.

하지만 콕스는 두 가지 면에서 「은 탄환은 없다」를 잘못 이해하고 있다. 우선 그는 "오늘날 프로그래머들이 소프트웨어를 만드는 방법 상의 어떤 결함으로부터" 소프트웨어 분야의 어려움이 비롯된다는 것이 내 글의 주장이라 이해하고 있다. 내 주장은, 본질적인 어려움은 설계되고 만들어질 소프트웨어 기능의 개념적 복잡성에 이미 내재되어 있고 그 시기나 방법은 무관하다는 것이다. 두 번째로, 그를 비롯한 일부 독자들은 「은 탄환은 없다」가 소프트웨어를 만드는 본질적인 어려움을 공략하는 일에 가망이 없다고 주장하는 것으로 이해하고 있다. 내 의도는 그렇지 않았다. 개념적 구조물을 빚어내는 일에는 확실히 복잡성, 호환성, 변경 가능성, 비가시성이라는 본질적 어려움이 내재되어 있다. 하지만 이런 어려움 각각으로 인해 생기는 문제들은 개선할 여지가 있다.

복잡성은 여러 수준이다. 예를 들어 복잡성은 내재된 어려움 중 가장 심각한 것이지만, 모든 복잡성이 불가피하지는 않다. 우리가 만드는 소프트웨어 구조물의 개념적 복잡성은, 전부는 아닐지라도 많은 부분이 응용 분야 그 자체의 임의적인 복잡성으로부터 비롯된다. 다국적 경영 컨설팅 회사인 마이시그마MYSIGMA Sødahl and Partners의 라스 쇠달 Lars Sødahl은 다음과 같이 쓰고 있다.

> 내 경험상, 시스템 작업 과정에서 마주치게 되는 복잡성은 대부분 조직의 기능이 제대로 작동하지 못할 때 나타나는 증상이다. 같은 수준의 복잡성을 가진 프로그램으로 그런 현실을 본뜨고자 한다면, 문제가 해결되는 대신 원래의 혼란스러움만 그대로 보존하게 된다.

노스롭Northrop사[IV]의 스티브 루카식Steve Lukasik은 한 발 더 나아가서 그런 조직적 복잡성이 임의적인 것이 아니라 어떤 법칙을 따르는 것일 수도 있다고 이야기한다.

> 나는 물리학자로 교육을 받았고, '복잡한' 사물들에 대해서는 더 단순한 개념으로 설명할 가망이 있다는 관점을 취합니다. 물론 당신이 옳을 수도 있습니다. 복잡한 사물들이 모두 모종의 법칙을 따르는 것일 수 있

IV (옮긴이) 미국의 방위산업체

다고 주장하려는 것은 아닙니다. … 똑같은 논쟁 규칙을 적용한다면, 그것들이 그러지 못한다는 주장을 당신이 펼 수는 없습니다.

… 어제의 복잡성이 오늘은 규칙이 됩니다. 분자들의 무질서함에 깃든 복잡성은 기체의 운동 이론과 열역학의 세 가지 법칙으로 대체되었지요. 소프트웨어에서는 그런 규칙성이 끝내 드러나지 않을 수도 있습니다. 하지만 왜 그런지를 밝혀내는 것은 여러분의 몫입니다. 딱히 강 건너 불구경을 하거나 따지려는 것은 아닙니다. 나는 언젠가는 소프트웨어의 '복잡성'이 (물리학자에게 불변량과 같은) 더 고차적 개념을 통해 이해 가능해질 것으로 믿습니다.

나는 루카식이 요청한 심도 있는 분석에 착수하지는 않았다. 섀넌 Shannon의 이론[v]이 통신 스트림에 대해 그랬던 것처럼, 우리 분야에도 정적 구조에 담긴 정보를 정량화하기 위한 확장된 정보 이론이 필요하다. 이런 작업은 내 능력 밖의 일이다. 루카식에게는, 시스템의 복잡성이란 엄밀하게 명세되어야 하는 무수한 세부 사항의 함수이며, 그 명세는 어떤 일반적인 법칙에 의거하거나 하나하나 기술할 수는 있겠지만 단순히 통계적으로 기술되지는 않는다는 정도로 간단히 답하려 한다. 많은 사람들에 의해 별다른 조율 없이 만들어진 결과물들이 일반 법칙으로 정확히 기술될 정도의 일관성을 가진다는 것은 그다지 있을 법하지 않은 일이다.

하지만 소프트웨어 구조물에 내재된 복잡성은 외부 세계에 대한 호환성이 아니라 자료 구조나 알고리즘, 연결성 같은 구현 자체로부터 비롯된다. 다른 사람이 만들었거나 자신이 과거에 만든 것을 재사용한, 좀 더 높은 수준의 덩어리를 가지고 소프트웨어를 성장시킨다면, 복잡성의 단계 하나를 통째로 회피할 수 있다. 「은 탄환은 없다」

---

v   (옮긴이) 데이터의 정량화를 다루는 정보 이론(information theory)을 말한다. 데이터 압축과 전송 등의 이론적 바탕이 된다.

는 복잡성이라는 문제를 공략하는 것을 전적으로 지지하며, 향후의 진전에 대해 상당히 낙관적이다. 또한 소프트웨어 시스템에 다음과 같이 불가피한 복잡성을 추가하는 것 역시 옹호한다.

- 여러 층으로 된 모듈이나 객체들에 의한 계층적 복잡성
- 시스템이 항시 동작하기 위한 점진적 복잡성

하렐Harel의 분석

데이비드 하렐David Harel이 1992년에 발표한 「Biting the Silver Bullet」은 출간된 논문 중에서 가장 면밀하게 「은 탄환은 없다」를 분석하였다.[9]

비관주의, 낙관주의, 현실주의. 하렐은 「은 탄환은 없다」와 파르나스Parnas의 1984년 논문 「Software Aspects of Strategic Defense Systems」[10] 둘 다를 "너무 암울하다"라고 평가한다. 그래서 그는 동전의 밝은 쪽 면을 부각하기 위해 자신의 논문 부제를 "더 밝은 시스템 개발의 미래를 향해"라고 붙였다. 하렐뿐 아니라 콕스도 「은 탄환은 없다」를 비관적인 내용으로 이해하면서 "그러나 당신이 이런 사실들을 새로운 관점에서 바라본다면, 좀 더 낙관적인 결론에 이르게 된다"라고 쓰고 있다. 둘 다 내 글의 분위기를 잘못 이해한 것이다.

우선, 나의 아내, 동료들, 편집자들이 바라보는 나는 비관적이기보다는 낙관적이어서 실수하는 경우가 훨씬 많다. 어쨌거나 나는 프로그래머 출신이고, 낙관주의는 우리 분야의 직업병이지 않은가.

「은 탄환은 없다」는 이렇게 명시적으로 쓰고 있다. "10년 후를 내다보아도 은 탄환은 시야에 들어오지 않는다. … 그렇지만 회의주의가 곧 비관주의는 아니다. … 왕도는 없지만, 길은 있다." 거기서는

1986년 당시 진행 중이던 혁신적인 진전들이 개발되고 활용된다면 그것이 '모두 모여' 생산성에 자릿수 하나만큼의 향상을 이룰 수 있을 거라고 예측하고 있다. 1986년부터 1996년의 10년 동안, 이런 예측은 암울하기보다는 오히려 너무 낙관적이었음이 드러나고 있다.

설사 「은 탄환은 없다」가 모든 이에게 비관적으로 보였다 해도, 문제 될 것이 있을까? 어떤 것도 빛보다 빠를 수 없다는 아인슈타인의 주장이 "절망적"이거나 "암울한" 것일까? 계산 불가능한 것이 존재한다는 괴델Gödel의 결론[VI]은 어떤가?「은 탄환은 없다」는 "소프트웨어의 본성 자체가 그런 은 탄환이 있음직하지 않도록 만들고 있다"라는 것을 밝혀내려고 시도한다. IFIP 학회에 제출된 투르스키Turski의 탁월한 논문은 「은 탄환은 없다」에 응답하여 다음과 같이 웅변한다.

> 그 모든 그릇된 과학적 시도 가운데서도 보통의 금속을 금으로 바꾼다는 철학자의 돌이란 물질에 대한 탐색처럼 측은한 것은 없다. 세속적이고 종교적인 지배 세력들의 든든한 후원을 업은 연구자들이 여러 세대에 걸쳐 열정적으로 뒤쫓았던 이 연금술 궁극의 물질은, 사물이 인간의 바람대로 존재할 것이라고 쉽게 가정해 버리는 그런 희망이 그대로 농축된 것이다. 이런 믿음은 대단히 인간 중심적이다. 해결할 수 없는 문제가 존재한다는 사실을 받아들이는 데에는 많은 노력이 필요하다. 탈출구를 찾고자 하는 바람은, 심지어 그런 것은 존재하지 않음이 증명된 경우라 해도 아주 강렬하다. 우리 대부분은 그처럼 불가능한 것에 도전하는 용감한 사람들에게 큰 연민을 느낀다. 그리고 그런 일은 거듭된다. 원을 네모로 만들려는 것 같은 논문들이 저술된다. 탈모 치료용이라는 로션들이 인기리에 팔린다. 소프트웨어의 생산성을 높이도록 고안되었다는 방법론들도 아주 잘 팔리고 있다.

VI   (옮긴이) 모든 무모순적 공리계(axiom system)는 스스로의 무모순성을 증명할 수 없다는 수리논리적 정리인 '괴델의 불완전성 정리(Gödel's incompleteness theorems)'를 말한다.

우리에게는 너무 자주 스스로의 낙관성을 따르는 경향이 있다(또는 우리 후원자들의 낙관적인 희망을 이용하는 것일 수도 있다). 우리는 너무 자주 이성의 목소리를 묵살하고 만병통치약 장수의 유혹에 기꺼이 귀를 기울인다.[11]

투르스키와 마찬가지로 나 역시 허황된 몽상은 발전을 저해하며 우리 수고를 헛되게 할 뿐이라고 주장한다.

"암담한" 주제들. 하렐은 「은 탄환은 없다」 속에 암담함을 느끼게 하는 세 가지 주제가 있다고 본다.

- 본질과 부수성을 뚜렷하게 구분한 점
- 은 탄환 후보 각각을 개별적으로 검토한 점
- 예측 대상 기간이 "의미 있는 진전을 기대"할 정도로 충분히 긴 시간이 아닌 겨우 10년인 점

첫 번째 것은, 내 논문의 요점에 해당한다. 나는 소프트웨어가 왜 어려운지 이해하는 데 이 구분이 절대적으로 중요하다고 여전히 믿는다. 그 구분은 어떤 공략이 필요한지 결정할 때 확실한 안내가 되어 준다.

후보 탄환을 개별적으로 다루었다는 점은 실제로 그러했다. 다양한 후보들은 자신이 홀로 은 탄환이 될 수 있다는 화려한 주장과 함께 개별적으로 제안되었다. 그 주장을 하나씩 따로 다루는 것은 역시 공평한 일이다. 내가 동의하지 못하는 것은 그 제안에 담긴 기법들이 아니라 그것들이 마법처럼 동작하기를 기대하는 일이다. 글래스Glass, 베시Vessey, 콩거Conger의 1992년 논문에는 은 탄환을 찾는 헛된 노력이 아직도 이어지고 있다는 증거가 충분하다.[12]

예측 기간을 40년 정도가 아니라 10년으로 잡은 것은, 우리가 10년을 넘는 기간에 대해 제대로 예측해 본 적이 없다는 점을 어느 정도 고려한 것이다. 우리 중에 그 누가 1975년 당시에 1980년대의 마이크로컴퓨터 혁명을 예측할 수 있었겠는가?

기간을 그렇게 한정한 데는 다른 이유도 있다. 자신이 은 탄환 후보라고 내세우던 모든 주장에는 모종의 긴박함이 담겨 있었다. 내가 기억하기로 그 누구도 "내 묘책에 투자하면 10년 후부터는 결실을 얻기 시작할 겁니다"라고 말한 이는 없었다. 더구나 하드웨어의 가격 대 성능 비가 10년 사이에 대략 100배는 좋아졌으니, 합당한 일은 아니지만 어쩔 수 없이 무의식적인 비교를 하게 된다. 우리는 향후 40년 동안 당연히 큰 발전을 이룰 것이고, 40년간 자릿수 하나만큼이면 마법이라고 하기는 어렵다.

하렐의 사고思考 실험. 하렐은 「은 탄환은 없다」가 동일한 주장을 담고서 1986년이 아닌 1952년에 쓰였다고 가정하는 사고 실험을 제안했다. 그는 본질과 부수성의 분리를 반박하는 주장의 귀류법적 논거로 이 실험을 사용하고 있다.

하지만 이런 논증은 통하지 않는다. 우선 「은 탄환은 없다」가 도입부에서 주장한 바는, 1950년대 프로그래밍 분야에서는 부수적 어려움들이 본질적인 것을 전적으로 압도하고 있었고, 지금은 더 이상 그렇지 않으며, 부수적 어려움의 제거가 자릿수 하나만큼의 발전에 영향을 미쳤다는 것이다. 그러한 주장을 40년 이전으로 되돌리는 일은 불합리하다. 부수적 어려움이 소프트웨어를 만드는 데 있어 큰 부분을 차지하지 않는다는 주장을 1952년도에 제기한다는 것은 상상하기 어렵다.

둘째로, 1950년대의 전반적인 상황은 하렐이 상상하는 것과 다르다.

그 당시는 프로그래머들이 크고 복잡한 시스템의 설계와 씨름하는 대신, 제한된 알고리즘 작업을 수행하는(현대의 프로그래밍 언어로 100-200줄 규모의) 관례적인 프로그램들을 혼자서 개발하던 때였다. 당시의 기술과 방법론으로는 이런 작업들도 만만한 것이 아니어서, 고장과 오류, 기한 초과를 도처에서 볼 수 있었다.

그는 이어서 그런 소규모 프로그램에 가정되었던 고장과 오류, 기한 초과 같은 것들이 이후 25년에 걸쳐 어떻게 자릿수 하나만큼 개선되었는지 서술하고 있다.

하지만 사실 1950년대의 최첨단 기술은 혼자 만드는 소규모 프로그램이 아니었다. 1952년 유니박Univac[VII] 컴퓨터는 여덟 명가량의 프로그래머들이 만든 복잡한 프로그램으로 1950년도 인구 조사 결과를 계산하고 있었다.[13] 다른 장비들 역시 화학 역학, 중성자 확산 계산, 미사일 성능 계산 등에 투입되었다.[14] 어셈블러, 재배치형 링커와 로더, 부동소수점 해석 시스템 같은 것들도 일상적으로 사용되었다.[15] 1955년쯤에는 50~100맨이어 규모의 상용 프로그램이 만들어지고 있었다.[16] 1956년쯤에는 8만 워드가 넘는 프로그램으로 제너럴 일렉트릭General Electric사 루이스빌Louisville 공장의 급여 시스템이 운용 중이었다. 1957년쯤에는 SAGE ANFSQ/7 대공 방어 컴퓨터가 2년째 가동되고 있었고, 7만 5000명령어 규모의 통신 기반 페일세이프fail-safe[VIII] 이중화 실시간 시스템이 30곳에서 운용되었다.[17] 이런 것을 볼 때 1952년 이래의 소프트웨어 분야가 1인 규모 프로그램으로부터 기술적으로 발전해 갔다고 주장하기는 어려울 것이다.

VII (옮긴이) UNIVersal Automatic Computer의 약자로 1950년대 초에 최초로 상업용으로 시판된 컴퓨터

VIII (옮긴이) 고장이 생길 경우 다른 부분에 영향을 주지 않도록 안전 상태를 유지하는 것

은 탄환이 여기에 있다. 하렐은 이어서 그 자신의 은 탄환, '바닐라 프레임워크The Vanilla Framework'라는 모델링 기법을 제시한다. 기법 자체는 평가하기에 충분할 만큼 자세히 기술되어 있지 않지만, 다른 논문 하나와 책으로 엮일 예정인 기술 보고서가 언급되어 있다.[18] 이 프레임워크의 모델링은 본질적인 내용, 즉 개념들을 적절히 빚고 디버깅하는 것을 다루고 있어서 획기적인 것이 될 가능성이 있고, 나도 그러기를 바란다. 켄 브룩스Ken Brooks에 따르면 실제 업무에 적용해 보았을 때 이 방법론이 유용했다고 한다.

비가시성. 하렐은 소프트웨어의 개념적 구조가 대부분 원래부터 위상기하학적인 성질을 가지며, 그 관계들을 공간 내에 도표로 표현할 본질적인 방법이 존재한다고 강하게 주장하였다.

> 시각적 형식주의의 적절한 이용은 엔지니어와 프로그래머들에게 극적인 효과를 미칠 수 있다. 더군다나 이 효과는 부수적인 것에 한정되지 않으며, 생각 자체의 수준과 기민성까지 향상시킨다. 장차의 성공적인 시스템 개발은 시각적 표현을 중심으로 돌아갈 것이다. 우리는 먼저 '적절한' 개체와 관계를 써서 개념을 만든 다음, 적당한 시각적 언어의 조합으로 표현된 일련의 모델들로 그 개념들을 공식화하고, 다시 더 포괄적인 모델로 재공식화하는 과정을 거듭할 것이다. 시스템의 모델에는 여러 측면이 존재하므로, 마음속에 서로 다른 심상을 떠올리게 하는 여러 시각적 언어를 조합해야만 한다.
>
> … 모델링 과정의 일부 측면은 아직 시각적으로 나타낼 방도가 마땅하지 않다. 예를 들어 알고리즘에 의해 변수와 자료 구조를 조작하는 부분 같은 것은 아마도 텍스트 형태로 존속할 것이다.

하렐과 내 견해는 상당히 근접해 있다. 내 주장은 소프트웨어 구조를

3차원 공간 안에 담을 수는 없으며, 따라서 평면이든 그 이상의 차원이든 도표 하나에 개념적 설계를 대응시킬 자연스러운 방법은 없다는 것이었다. 각기 다른 측면을 나타내는 여러 벌의 도표가 필요하며 어떤 경우는 도표로 나타낼 방도가 없다는 점은 그도 인정하고 나도 동의하는 바이다.

도표를 사고와 설계의 보조물로 사용하려는 그의 열정에 나는 전적으로 공감한다. 나는 오랫동안 프로그래머 후보들에게 "다음 번 11월은 어디에 있나?"라고 묻기를 즐겨 왔다. 만약 이 질문이 너무 아리송하다면 이렇게 풀어볼 수 있겠다. "달력에 대해 자네가 머릿속에 가지고 있는 모델을 이야기해 보게." 정말 뛰어난 프로그래머들은 공간 감각도 뛰어나다. 그들은 대체로 시간에 대한 기하학적 모델을 가지고 있으며 앞서의 첫 번째 질문을 힘들이지 않고 곧잘 이해하는 편이다. 그들이 가지고 있는 모델들은 대단히 개성이 강하다.

존스Jones의 의견: 생산성은 품질을 따라간다

일련의 메모와 저서에서 보여준 케이퍼스 존스Capers Jones의 날카로운 통찰에 대해서는 나와 서신을 주고받았던 몇몇 이들도 언급한 바 있다. 「은 탄환은 없다」는 그 당시 대부분의 저술처럼 '생산성', 즉 단위 입력당 소프트웨어 산출물에 중점을 두었었다. 존스는 "그렇지 않다. '품질'에 집중해야 한다. 그러면 생산성은 따라올 것이다"라고 이야기한다.[19] 그는 비용이 많이 들고 기한에 뒤처진 프로젝트들은, 추가로 투입되는 노력과 시간의 대부분을 명세와 설계와 구현상의 오류들을 찾고 고치는 데 소비한다고 주장한다. 또한 그는 체계적 품질 관리의 부재와 일정 붕괴 사이에 강한 상관관계가 있음을 보여주는 데이터를 제시한다. 나는 그것을 믿는다. 보엠Boehm은 IBM의 우주 왕복선용 소프트웨어처럼 품질을 극단적으로 추구할 경우 생산성이 다시 하락하게 됨을 지적한다.

코키Coqui 역시, 체계적인 소프트웨어 개발을 위한 규율들은 생산성보다 품질 측면, 특히 대형 사고의 회피를 염두에 두고 개발되었다고 주장한다.

> 하지만 1970년대에 공학적 원리들을 소프트웨어 생산에 적용한 것은 소프트웨어 제품의 품질, 시험 용이성, 안정성, 예측 가능성을 높이기 위함이었지, 딱히 소프트웨어 생산의 효율 때문은 아니었음을 유의해야 한다.
>
> 소프트웨어 개발에 이처럼 공학 원리들을 사용하게 된 원동력은, 한층 더 복잡해진 시스템 개발의 책임을 통제 불가능한 예술가들에게 맡김으로 인해 발생할지 모르는 대형 사고에 대한 두려움이었다.[20]

그러면 생산성은 어떻게 되었는가?

생산성 수치. 생산성을 나타내는 수치는 정의하는 것도 아주 어렵고, 조정도 어려우며, 찾아보기도 힘들다. 케이퍼스 존스는 10년 간격으로 작성된 두 개의 동등한 코볼 프로그램 사이에 세 배의 개선이 이루어졌다고 보는데, 하나는 구조화된 방법론을 사용하지 않은 것이고 하나는 사용한 것이었다.

에드워드 요든Ed Yourdon은 "워크스테이션과 소프트웨어 도구 덕분에 사람들이 다섯 배 정도는 이득을 보고 있지 않나 생각한다"라고 말한다. 톰 드마르코Tom DeMarco는 "온갖 기술 덕택에 10년간 자릿수 하나 만큼의 발전이 있을 거라고 한 기대는 낙관적이었다. 내가 본 어떤 조직도 자릿수 하나만큼의 발전을 이뤄내지는 못했다"라고 하였다.

패키지 소프트웨어: 만들지 말고 사라. 1986년에 「은 탄환은 없다」에 수

록되었던 주장 중에서 하나는 옳았음이 판명된 것 같다. "대량 판매용 시장의 개척이야말로 소프트웨어 공학에서 가장 의미심장하며 장기적인 트렌드다." 업계 전체 관점에서 볼 때, 대량 판매용 소프트웨어는 자가 제작이든 아니든, 맞춤형 소프트웨어 개발과 비교하면 거의 새로운 산업이라고 할 수 있을 정도다. 패키지 판매가 100만 개 단위라면(몇 천 개라 해도 그렇겠지만), 맞춤형 시스템의 결정적 요소인 개발 비용 대신 품질, 적시성, 성능, 지원 비용 같은 것이 주요 문제로 대두된다.

지적 작업을 위한 전동 공구. 경영 정보 시스템MIS 개발자들의 생산성을 가장 극적으로 향상시킬 방법은, 근처 컴퓨터 가게에 가서 그들이 직접 만들어야 했을 프로그램을 기성품으로 구매하는 것이다. 이것은 터무니없는 얘기가 아니다. 즉시 구매 가능한 싸고 강력한 기성품 소프트웨어들은 예전이라면 맞춤형 패키지로 해결했을 법한 다양한 수요를 충족시켜 왔다. 이와 같은 지적 작업용 전동 공구들은 크고 복잡한 생산용 장비보다 전동 드릴, 톱, 전기 사포 같은 것에 더 가깝다. 이런 것들을 모아서 호환성을 갖추고 서로 연동되게 만든 마이크로소프트 웍스Microsoft Works[IX]나 통합성이 좀 더 뛰어난 클라리스웍스ClarisWorks[X] 같은 도구 세트는 엄청난 유연성을 제공한다. 그리고 주택 소유자의 전동 공구 세트처럼, 이런저런 작업에 몇몇 도구만 빈번히 사용하다 보면 거기에 점차 익숙해지기 마련이다. 이런 도구들은 전문가가 아니라 일반인이 사용하기에 편리해야 한다.

어메리컨 매니지먼트 시스템즈American Management Systems의 회장인 아이번 셀린Ivan Selin은 1987년 다음과 같은 서신을 보내왔다.

IX (옮긴이) 마이크로소프트 오피스 이전에 만들어진 오피스 프로그램 묶음
X   (옮긴이) 애플의 자회사였던 클라리스(Claris)가 만든 매킨토시용 오피스 프로그램 묶음

패키지들이 사실상 그다지 변하지 않았다는 당신의 서술에 대해 트집을 좀 잡아보려 합니다. … 선생은 패키지 소프트웨어가 "이전보다 조금 더 범용화되고 커스터마이징이 쉬워지기는 했지만 큰 차이는 없다"라는 관찰에 담긴 중대한 함의를 너무 가볍게 넘겨버린 것이 아닌가 싶습니다. 이 문장을 액면대로만 해석한다 해도, 사용자들은 패키지가 더 일반적이고 커스터마이징하기 쉬워졌음을 알게 될 터이고, 이런 인식은 사용자들로 하여금 패키지를 더 쉽게 받아들이도록 이끌 것이라고 나는 믿습니다. 우리 회사가 파악하는 대부분의 경우 핵심적인 기능을 쓰지 못하게 될까봐 패키지 사용을 주저하는 쪽은 소프트웨어 업계 사람들이 아니라 일반 소비자이며, 그런 이유로 쉬운 커스터마이징이 가능하다는 것은 그들에게 큰 장점이 됩니다.

셀린이 옳은 것 같다. 나는 패키지의 커스터마이징 가능성과 그 중요성을 둘 다 과소평가했었다.

객체 지향 프로그래밍: 놋쇠 탄환으로도 충분할 것인가?

더 큰 부품으로 만들기. 이 장의 시작 부분에 실린 사진은, 개별적으로는 복잡할 수도 있지만 모두 매끄러운 접점을 갖도록 설계된 부품들을 조립한다면 상당히 다채로운 구조들이 눈 깜짝할 새 만들어질 수 있다는 사실을 우리에게 상기시켜 준다.

객체 지향 프로그래밍의 한 측면은, 그것이 '모듈화'와 명확한 인터페이스를 강제하는 규율이라는 것이다. 두 번째 측면은 부품들의 내부적인 구조와 설계를 알 수 없다는 '캡슐화' 개념을 강조한다. 다른 측면은 클래스들의 '계층적' 구조 및 가상 함수를 수반하는 '상속'을 강조한다. 또 다른 면으로는, 특정한 자료형은 오직 그 자료형에 고유한 연산만으로 조작될 수 있음을 보장하는 '엄격한 추상적 자료형'을 강조한다.

이러한 규범을 따르기 위해서 스몰토크나 C++의 전체 패키지가 필요하지는 않다. 그중 많은 부분은 객체 지향 기법 이전부터 존재하던 것들이다. 객체 지향 접근법의 매력은 종합 비타민의 그것과 같다. 단번에(즉 프로그래머 재교육 시에) 그 모두를 갖출 수 있게 된다. 이것은 상당히 장래성 있는 개념이다.

객체 지향 기법의 성장은 왜 더디었는가? 「은 탄환은 없다」 이후 9년 동안 객체 지향에 대한 기대감은 꾸준히 커져 왔다. 그런데 성장은 왜 그리 더디었던 것일까? 거기에 대해서는 많은 이론이 있다. C++ Report[XI]에 "The Best of comp.lang.c++"[XII] 칼럼을 4년간 연재했던 제임스 코긴스James Coggins는 이런 설명을 제시한다.

> 문제는, 객체 지향적 프로그램을 짠다는 이들이 그동안 오십보백보 수준의 애플리케이션으로 실험해온 데다가 낮은 수준의 추상화를 지향했다는 것이다. 예를 들면 그들이 만들어 왔던 클래스는 '연결 리스트'나 '집합' 따위였지 '사용자 인터페이스'나 '방사광선', '유한 요소 모델' 같은 것이 아니었다. 유감스럽게도, 프로그래머들이 오류를 회피하게 해주는 C++의 엄격한 타입 검사가 한편으로는 작은 것으로 더 큰 것을 만드는 일을 어렵게 한다.[21]

그는 소프트웨어의 기본 문제로 돌아가서, 충족되지 못한 소프트웨어 요구 조건을 다루려면 고객을 끌어들여서 지적 노동력의 규모를 확대하는 것도 한 방법이라고 주장한다. 이 방안은 하향식 설계를 지지하고 있다.

XI   (옮긴이) 1989년부터 2002년까지 미국에서 격월간으로 발행된 C++ 전문지
XII (옮긴이) comp.lang.c++는 C++ 언어 관련 내용을 토론하는 유즈넷Usenet 뉴스그룹이다.

고객에게 익숙한 개념을 다루는 큰 덩어리의 클래스를 설계한다면, 클래스가 성장함에 따라 고객들이 그 설계를 이해하면서 질문을 던질 수 있고 테스트 케이스 설계에도 참여할 수 있다. 안과 분야에 종사하는 내 협업자들은 스택 같은 것은 상관하지 않지만 각막 형태를 르장드르 Legendre 다항식으로 나타내는 일은 중요하게 여긴다. 캡슐화의 규모가 작다면, 거기서 오는 이득도 작을 수밖에 없다.

객체 지향 개념의 원류 중 하나로 꼽히는 논문을 썼던 데이비드 파르나스는 상황을 좀 다르게 본다. 그는 이런 서신을 보내왔다.

> 답은 간단합니다. 객체 지향이란 것이 여러 종류의 복잡한 언어에 결부되어 있었기 때문입니다. 사람들은 객체 지향이 설계의 한 종류라고 가르치면서 그에 따른 설계 원리를 알려주는 대신, 특정한 도구를 사용하는 것이 객체 지향이라고 가르쳐 왔습니다. 우리는 어떤 도구를 가지고 좋은 프로그램도 나쁜 프로그램도 만들 수가 있지요. 설계하는 법을 가르치지 않는다면, 언어는 뭐가 되었든 간에 별로 중요하지 않습니다. 결과적으로 사람들은 이런 언어를 가지고 나쁜 설계를 하면서 별다른 가치를 얻지 못하게 됩니다. 그 가치가 작다면, 객체 지향 기법이 인기를 얻기란 난망한 일이 될 것입니다.

선투자된 비용, 하향식 효과. 방법론적 개선책의 상당수를 특징짓는 병폐 중에서도 객체 지향 기법은 유난히 심각한 사례인 것 같다. 객체 지향 기법을 적용할 때 선행 투자되는 비용은 상당히 크다. 프로그래머들이 새로운 방식으로 생각하도록 재교육하는 일이 주가 되겠지만, 함수들을 일반화된 클래스로 만드는 것도 추가적인 투자다. 그 혜택은 단지 예상될 뿐이 아니라 실제로 존재하며 개발 주기 전반에 걸치지만, 후속 제품을 만들거나 확장할 때, 유지 보수를 할 때 특히 효과가 크다. "객체 지향 기법이 첫 번째나 그다음 프로젝트 개발을 당겨 주는 일은 결코 없겠지만, 그 제품군의 다섯 번째는 엄청나게 빨리 만들어질 것이다"라고 코긴스는 이야기한다.[22]

예상되기는 하나 확실치는 않은 장래의 이익을 보고 돈을 미리 거는 행위는 투자자들이 날마다 하는 일이다. 하지만 상당수의 프로그래밍 조직에서는 이런 행위에 기술적 역량이나 행정적 능숙함보다 더 드문 덕목인 진정한 경영적 용기가 필요하다. 이처럼 몹시 극단적인 선제 투자 및 사후 회수의 특성이야말로 객체 지향 기법 도입을 저해하는 가장 큰 요소가 아닌가 한다. 그렇기는 하지만, C++는 많은 곳에서 C 언어를 꾸준히 대체하고 있는 것으로 보인다.

재사용에 대해서는 어떠한가?

소프트웨어 제작의 본질을 공략하는 가장 좋은 방법은 아예 만들지 않는 것이다. 패키지 소프트웨어는 그러기 위한 방법 중 하나일 뿐이다. 프로그램 재사용은 또 다른 방법이다. 확실히, 상속을 통해 커스터마이징이 용이하도록 만든 클래스들을 쉽게 재사용할 수 있다는 것은 객체 지향 기법의 가장 큰 매력 중 하나다.

흔히 있는 일이지만, 새로운 방식에 어느 정도 경험이 쌓이다 보면 처음 생각처럼 간단하지 않음을 알게 된다.

물론 프로그래머들은 자기 작품을 항상 재활용해왔다. 존스는 이렇게 말한다.

> 경험 있는 프로그래머는 대부분, 코드의 30%는 재사용할 수 있는 개인 라이브러리를 가지고 있다. 전사적 수준의 재사용성은 코드의 75%를 목표로 하며, 특수한 라이브러리와 행정적 지원이 필요하다. 이처럼 회사 차원에서 코드가 재사용 가능하려면, 프로젝트 회계와 성과 측정에

재사용성이 반영되도록 하는 변화 역시 필요하다.[23]

황웨이쟈오W. Huang는 제각기 자기 코드를 재사용하려는 개발자들의 자연적 성향을 활용하여, 기능별 전문가들의 매트릭스로 이루어진 소프트웨어 공장을 조직할 것을 제안했다.[24]

JPL[XIII]의 반 스나이더Van Snyder는 수학용 소프트웨어 분야의 경우 기존 코드를 재사용하는 오랜 전통이 있음을 알려주었다.

> 우리는 재사용을 막는 장벽이 생산이 아닌 소비 쪽에 있다고 추정합니다. 표준화된 소프트웨어 구성 요소의 잠재적 소비자인 어떤 엔지니어가, 자기 필요를 충족하는 구성 요소를 찾고 검증하는 비용이 새로 만드는 것보다 더 크다고 생각한다면, 또 하나의 중복된 구성 요소가 만들어질 겁니다. 여기서 '생각한다'고 했음에 유의하기 바랍니다. 재구축의 실제 비용이 얼마인지는 문제가 되지 않습니다.
>
> 수학용 소프트웨어 분야의 재사용은 두 가지 이유로 인해 성공적이었습니다. 첫째는 그 내용이 심원하여 코드 한 줄마다 막대한 지식의 투입이 필요하다는 것이고, 둘째는 각 구성 요소의 기능을 기술하기 위한 풍부하고도 표준적인 명명법, 즉 수학이 뒷받침하고 있다는 사실입니다. 그러므로 수학용 소프트웨어의 구성 요소는 다시 만드는 비용이 높은 반면, 기존 것이 있는지 찾아보는 비용은 낮습니다. 수학 분야에는, 전문 학술지들이 알고리즘을 게재하고 수집해서 적당한 대가에 제공한다든지, 영리 기관들이 뛰어난 품질의 알고리즘을 조금 비싸지만 여전히 적정한 가격에 제공하는 오랜 전통이 있습니다. 그런 덕분에, 무엇이 필요한지를 정확하고 간결하게 명세하는 것조차 때로 불가능한 다른 분야들에 비하면 필요한 구성 요소를 찾는 일은 쉬운 편입니다.

[XIII] (옮긴이) 미국 항공우주국NASA의 제트추진연구소Jet Propulsion Laboratory

이런 여러 가지 요인이 모여서, 수학용 소프트웨어는 재발명하기보다 재사용하는 편이 더 매력적이게 되었습니다.

원자로, 기상 모델링, 해양 모델링 등의 분야에도 코드를 재사용하는 전통이 있고 그 이유는 모두 동일하다. 이런 분야들은 모두 같은 교과서로 공부하고 표준적인 표기법을 사용하면서 발전해온 곳들이다.

전사적 수준의 재사용은 어떻게 되어 가는가? 연구는 활발하며, 미국의 경우 실무 적용 사례는 상대적으로 적고, 해외에는 일화성 사례 보고가 좀 더 있는 편이다.[25]

존스에 따르면, 그 회사 고객 중에서 프로그래머 5000명 이상인 곳은 모두 공식적으로 재사용에 대한 연구를 수행하고 있지만, 500명 이하 규모의 고객들 중에서 그러는 곳은 10퍼센트가 채 되지 않는다고 한다.[26] 업계에서 잠재 가능성이 가장 큰 조직들의 재사용성에 대한 (실무 배치가 아닌) 연구 현황은 "완전히 성공적이지는 않더라도 활발하며 왕성하다"라고 그는 말한다. 에드워드 요든이 소개하는 마닐라Manila 소재의 한 소프트웨어 업체에서는 프로그래머 200명 중 50명이 오로지 다른 사람들이 쓸 재사용 가능 모듈만 작성한다. "몇 가지 경우로 미루어 보건대, 채택 여부는 보상 정책 같은 조직적 요인 때문이지 기술적 요인 때문이 아니었다."

드마르코는, 대량 판매용 패키지가 출현하여 데이터베이스 시스템 같은 일반적 기능을 제공하는 데 적합해짐에 따라, 애플리케이션 코드 재사용에 대한 압박과 한계 효용이 모두 상당히 줄었다고 말한다. "재사용 가능한 모듈들은 어쨌거나 일반적 기능인 경향이 있었다."

파르나스는 이렇게 적고 있다.

재사용은 실행하기보다 말하기가 훨씬 쉬운 편입니다. 재사용을 실행에 옮기려면 설계는 물론 문서화도 아주 잘 되어 있어야 합니다. 여전히 흔치 않은 일이지만 설령 설계가 잘된 경우를 만난다 해도, 좋은 문서화 없이 그 구성 요소들이 재사용되지는 못할 것입니다.

켄 브룩스는 무엇을 일반화하는 것이 좋은지 예측하는 일의 어려움에 대해 말한다. "나는 심지어 내 자신의 개인용 UI 라이브러리를 다섯 번째 사용할 때조차도 이것저것 바꾸기를 계속해야 했다."

진정한 재사용은 이제 막 시작된 것 같다. 존스는 재사용 가능한 코드 모듈 몇 개가 정상 개발 비용의 1%에서 20% 가격으로 공개 장터에 나왔다고 전한다.[27] 드마르코는 이렇게 말한다.

나는 이 재사용 관련된 현상 전체에 대해 몹시 낙담하고 있습니다. 재사용에 대한 존재 정리existence theorem[XIV]는 거의 없다시피 합니다. 시간이 지나면서, 무언가를 재사용할 수 있도록 만드는 데는 '많은' 비용이 든다는 것이 확실해졌습니다.

요든은 그 비용에 대해 이렇게 추정한다. "경험으로 볼 때, 이처럼 재사용 가능한 구성 요소를 만드는 데에는 일회성일 때보다 두 배의 비용이 든다."[28] 이것은 앞서 1장에서 논의한, 제품화에 드는 바로 그 비용이다. 그러므로 내 추정치는 세 배다.

확실히 재사용의 형태가 여러 가지로 다양하기는 하지만, 지금쯤 그러리라고 기대했던 정도에는 미치지 못한다. 배워야 할 것은 여전히 많다.

XIV (옮긴이) 수학에서 문제의 풀이가 존재하기 위한 조건에 대한 정리

대규모 어휘를 배우는 일: 예측 가능했지만 예측하지 못한, 소프트웨어 재사용에 대한 문제

사고가 더 높은 수준에서 이루어질수록 다루어야 할 사고의 기본 요소도 늘어난다. 그래서 프로그래밍 언어는 기계어보다 더 복잡하고, 자연 언어는 그보다 훨씬 복잡하다. 고수준의 언어일수록 어휘가 더 많고, 문법이 더 복잡하며, 의미가 더 풍부하다.

우리 업계는 이런 사실이 프로그램 재사용과 관련하여 어떤 의미를 지니는지 미처 숙고하지 못했다. 우리는 품질과 생산성을 개선하기 위해 디버깅된 기능 묶음을 조합하여 프로그램을 구성하고자 했으며, 이런 묶음은 프로그래밍 언어로 된 문장보다는 높은 수준이다. 그러므로 객체 클래스 라이브러리를 쓰든 프로시저 라이브러리를 쓰든, 우리는 프로그래밍에 사용되는 어휘의 크기를 급격히 늘리고 있다는 사실을 직시해야 한다. 어휘를 익히는 일은 재사용을 막는 진입 장벽의 작지 않은 일부를 이룬다.

이제 요즘의 클래스 라이브러리는 멤버가 3000개에 이르는 것도 있으며, 객체에 인자와 옵션 변수 10~20개씩을 명시해야 하는 경우도 많다. 그런 라이브러리로 프로그래밍하는 사람이 재사용의 이점을 최대한 얻기 위해서는 그 멤버들의 문법(즉 외부 인터페이스) 및 의미(상세한 기능적 동작)들을 익혀야만 한다.

이런 것은 결코 절망적인 상황이 아니다. 원어민의 경우 통상 1만 단어 이상의 어휘를 구사하며, 교육 수준에 따라 어휘 수는 더 늘어난다. 우리는 어떻게 해서인지는 모르지만 문법을 익히고 아주 미묘한 의미도 알게 된다. 우리는 giant, huge, vast, enormous, mammoth 같은 단어들의 차이점을 올바르게 파악하며, mammoth deserts라거나 vast elephants라고 말하지는 않는다.

소프트웨어 재사용 문제의 해결을 위해서는, 사람들이 언어를 습득하는 방법에 관련된 방대한 지식 체계를 동원하는 연구가 필요하다. 그중 몇 가지는 아주 명백하다.

- 사람들은 문장의 문맥 속에서 언어를 배운다. 따라서 우리는 부품에 해당하는 라이브러리뿐 아니라 그것들이 조합된 제품 사례도 많이 공유할 필요가 있다.
- 사람들은 철자 외에 아무것도 암기하지 않는다. 문법이나 의미는 문맥 속에서 실제로 단어를 사용하며 점진적으로 배운다.
- 사람들은 호환되는 객체들의 하위 집합[XV]이 아니라 문법적 클래스[XVI]에 의해 단어 조합 규칙을 분류한다.

탄환 위의 그물: 자리에 변동 없음

이렇게 우리는 기본으로 다시 돌아왔다. 복잡성이야말로 우리가 다루는 것이며, 또한 우리를 한계 짓는 것이다. 1995년, 지금의 내 생각을 글래스R. L. Glass는 1988년도 저술에서 정확히 요약하고 있다.

> 이제 되돌아보자. 파르나스와 브룩스가 우리에게 이야기했던 것은 무엇인가? 소프트웨어 개발은 개념적으로 어려운 일이라는 것. 마법 같은 해결책이 목전에 있지는 않다는 것. 이제 혁명적인 발전을 기다리거나 희망하기보다는 점진적 개선 방안을 모색해야 할 때라는 것.
>
> 소프트웨어 분야의 어떤 이들은 이것을 맥 빠지는 얘기로 여긴다. 그들은 여전히 혁신적인 돌파구가 머지않았다고 생각하는 이들이다.
>
> 하지만 우리 중 또 어떤 이들, 즉 우리를 현실주의자라고 생각할 정

XV (옮긴이) 앞에서 예로 든 giant, huge, vast 등에 해당한다.
XVI (옮긴이) 구문론에서 품사(예: 명사, 동사 등) 및 구(예: 명사구, 동사구 등) 같은 것을 지칭하는 용어

도로 무뚝뚝한 이들은 이 얘기를 신선한 공기와 같이 여길 것이다. 우리는 드디어 그림의 떡보다는 더 가능성 있는 무언가에 집중할 수 있게 된 것이다. 이제 아마도 우리는 영영 올 것 같지 않은 돌파구를 기다리는 일에서 벗어나서 소프트웨어의 생산성을 차근차근히 개선해 나갈 수 있을 것이다.[29]

18
『맨먼스 미신』에 담긴 주장: 진실 또는 거짓

이해를 받건 못 받건 간에,

간결함은 좋은 것이니까.

새뮤얼 버틀러Samuel Butler^I, 휴디브래스Hudibras ^{II}

I (옮긴이) 영국의 시인 (1613-1680)
II (옮긴이) 새뮤얼 버틀러의 대표작인 풍자시

◀ 자신의 주장을 펴고 있는 브룩스, 1967
『포천(Fortune)』지, 알렉스 랭글리 사진

오늘날 소프트웨어 공학 분야에 대해 알려진 것은 1975년과 비교해볼 때 훨씬 많다. 1975년판 내용 중에서 데이터와 경험으로 그 타당성이 뒷받침된 주장은 어떤 것들이 있는가? 옳지 않음이 입증된 주장은 무엇인가? 세상이 변해서 이제 옛 이야기가 되어 버린 주장은 어떤 것인가? 독자들의 판단을 돕기 위해, 1975년판에 담긴 핵심 내용을 여기에 개략적으로 실었다. 그 내용은 내가 옳다고 믿었던 주장들, 즉 객관적 사실 및 경험으로 일반화한 법칙들이며, 원래 뜻이 바뀌지 않도록 발췌하였다("원판 내용이 이게 전부면 왜 177쪽이나 필요했나?"하고 물을 수도 있겠다). 대괄호 안의 주석은 이번에 새로 추가한 내용이다.

이 주장들은 대부분 실제로 확인 가능한 것들이다. 형식이 다소 무미건조할 수 있겠으나, 이는 독자들의 생각, 측정, 지적들을 한곳으로 모으고자 하는 내 바람을 담은 것이다.

1장. 타르 구덩이

1.1   프로그래밍 시스템 제품은 개인적인 용도로 작성된 프로그램에 비해 아홉 배의 노력이 든다. 내 추정으로는 제품화하는 데 세 배, 구성 요소가 시스템에 일관성 있게 포함되도록 설계, 통합, 테스트하는 데 세 배가 들며, 이 두 종류의 비용은 본질적으로 서로 무관하다.

1.2   프로그래밍이라는 기예는 "우리 마음 깊은 곳 창작에 대한 갈망을 충족시키고, 모든 인간이 공통적으로 지닌 감수성을 즐겁게 하며", 다섯 가지 즐거움을 선사한다.
- 무언가를 만드는 기쁨
- 다른 이에게 쓸모 있는 것을 만드는 기쁨

- 서로 맞물려 돌아가는 부속품으로 이루어진 복잡한 퍼즐 같은 사물을 만드는 매혹적인 경험
- 반복 없는 작업에서 비롯되는 지속적인 배움의 기쁨
- 너무나 유연하고 다루기 쉬운, 순수한 사고의 산물이라는 표현 수단으로 작업하는 기쁨: 이것은 언어로 이루어진 객체들과는 또 다른 방식으로 존재하고 움직이며 동작한다.

1.3 여기에는 마찬가지로 나름의 고달픔도 있다.
- 완벽함이 요구되는 상황에 적응하는 일은 프로그래밍을 배우는 데 있어 가장 어려운 부분이다.
- 내 목표를 다른 이들이 설정하며, 내가 통제할 수 없는 것(특히 프로그램)에 의존해야 한다. 주어진 권한과 책임이 대등하지 못하다.
- 이것은 실제보다 과장되게 느껴질 수 있다. 일이 진행되면서 가속도를 받으면 실질적인 권한이 부여된다.
- 어떤 창조적 행위라도 힘들어서 우울해지는 때가 있게 마련이며, 프로그래밍도 예외는 아니다.
- 프로젝트가 막바지에 가까워질수록 마무리에 속도가 붙으리라는 기대와 다르게 점점 더 느려진다.
- 제품이 완성되기도 전에 한물간 것이 되어버릴 위험이 항상 존재한다. 마땅한 이유가 있지 않은 이상, 진짜 호랑이로 종이호랑이를 상대할 필요는 없다.

2장. 맨먼스 미신

2.1 부족한 시간 탓에 망가진 프로그래밍 프로젝트 수는 다른 이유로 그렇게 된 경우를 모두 합한 것보다도 많다.

2.2 좋은 요리는 시간이 걸린다. 어떤 종류의 일은 결과를 망가뜨리지 않고서는 앞당겨질 수 없다.

2.3 모든 프로그래머들은 낙관주의자들이다. "모든 것이 잘될 것이다."

2.4 프로그래머들은 순수한 사고로부터 프로그램을 만들어 내므로, 구현에 별다른 문제점이 있을 거라고는 생각하지 않게 된다.

2.5 그러나 우리 '아이디어' 자체가 흠이 있기에 버그가 생겨난다.

2.6 원가 계산에 근거한 우리의 추정 기법은, 투입된 노력과 작업의 진척도를 혼동하고 있다. 맨먼스는 사람과 일정이 서로 교환 가능하다는 인식을 깔고 있기에 그릇되고 위험한 미신이다.

2.7 하나의 작업을 여러 사람에게 나눠주려면 훈련과 상호 소통을 위한 공수가 추가로 든다.

2.8 경험에 의한 내 나름의 법칙은 전체 일정의 1/3을 설계에, 1/6을 코딩, 1/4을 구성 요소 테스트에, 1/4을 시스템 테스트에 배정하는 것이다.

2.9 우리 분야에는 추정을 위한 자료가 부족하다.

2.10 스스로 추정한 일정에 대해 자신이 없기에, 우리에게는 경영진과 고객의 압력에 맞서서 그 일정을 확고하게 지켜낼 용기가 부족할 때가 많다.

2.11 브룩스의 법칙: 늦어진 소프트웨어 프로젝트에 인력을 추가로 투입하면 더 늦어지게 된다.

2.12 소프트웨어 프로젝트에 사람을 추가로 투입하는 것은 필요한 전체 공수를 세 가지 측면에서 증가시키게 된다. 업무 재분배 그 자체로 인한 작업과 혼란, 새 인원에 대한 훈련, 더 늘어난 의사소통이 그것이다.

3장. 외과 수술 팀

3.1 동일한 훈련 과정과 2년간의 경험을 거친 프로그래머들 중 아주 뛰어난 이들은 그렇지 못한 이들에 비해 '열 배'의 생산성을 보여주었다(색먼, 그랜트, 에릭슨).

3.2 색먼, 그랜트, 에릭슨의 데이터는 경력 연차와 성과 간에 어떤 상관관계도 없었음을 보여준다. 나는 이것이 일반적이지는 않을 것으로 본다.

3.3 작고 예리한 팀이 최선이다. 가능하면 사람 수가 적은 편이 좋다.

3.4 두 명으로 이루어졌으며 그중 한 명이 리더인 팀이 종종 최선의 조합이다. [결혼에 대한 조물주의 설계를 생각해 보라.]

3.5 작고 예리한 팀은 정말로 큰 시스템을 만들기에는 너무 느리다.

3.6 대규모 시스템 개발에서 얻은 경험으로 볼 때, 주먹구구식으로 규모를 확장하는 방식은 비용이 들고 느리며 비효율적인 데다가, 개념적 일관성이 부족한 결과물을 만들어낸다.

3.7 수석 프로그래머와 수술 팀으로 이루어진 조직은, 적은 사람이 설계에 관여함으로 인한 제품의 일관성, 많은 조력자에 의한 높은 생산성, 그리고 현저하게 줄어든 의사소통 체계를 얻을 방법을 제공한다.

4장. 귀족 정치, 민주주의, 시스템 설계

4.1 "개념적 일관성이야말로 시스템 설계에서 가장 중요한 부분이다."

4.2 단순히 기능의 풍부함이 아니라, "기능 대 개념적 복잡성의 비율이 시스템 설계의 최종적인 시금석이다." [이 비율은 사용의 용이성을 재는 척도이며, 사용처가 단순하든 복잡하든 무관

하다.]
4.3 개념적 일관성을 얻으려면 시스템의 설계는 한 명 또는 생각을 같이 하는 극소수에 의해 이루어질 수밖에 없다.
4.4 "아키텍처를 구현으로부터 분리하는 것은, 초대형 프로젝트에서 개념적 일관성을 달성할 수 있는 아주 효과적인 방법이다." [작은 프로젝트에서도 마찬가지이다.]
4.5 "시스템이 개념적 일관성을 가져야 한다면, 누군가가 그 개념을 통제해야만 한다. 이것이 설령 귀족 정치라 해도 양해를 구할 일은 아니다."
4.6 예술에 있어 절제는 미덕이다. 외부로부터 아키텍처가 주어진다는 사실은 구현 담당 그룹의 창조성을 저해하기보다 더 높여 준다.
4.7 개념적으로 일관된 시스템은 더 빨리 구축하고 더 빨리 테스트할 수 있다.
4.8 소프트웨어의 아키텍처, 구현, 제품화는 병렬로 함께 진행될 수 있다. [하드웨어와 소프트웨어 설계 역시 유사하게 병렬 진행이 가능하다.]

5장. 두 번째 시스템 효과

5.1 일찍부터 지속적으로 소통해 간다면, 책임 구분을 모호하게 하지 않고도 아키텍트는 비용에 대한 감을 잡을 수 있으며 구현자는 설계에 대한 확신을 얻을 수 있다.
5.2 아키텍트가 구현에 영향을 미치고자 할 때는 다음을 명심해야 한다.
- 구현 과정에서 창의성을 발휘할 책임은 구현자에게 있음을 기억하라. 아키텍트는 단지 제안할 뿐이다.

- 명세하는 모든 것에 대해 적어도 한 가지 구현 방법은 제시할 수 있도록 항상 준비하고, 목적을 똑같이 만족하는 다른 방안도 수용할 수 있어야 한다.
- 이런 제안은 조용히 개인적으로 이야기한다.
- 개선안을 제시한 공을 인정받는 데 미련을 두지 말아야 한다.
- 아키텍처 개선을 제안하는 구현자의 이야기에 귀를 기울이라.

5.3 두 번째 시스템은 한 사람이 설계할 수 있는 것 중 가장 위험한 시스템이며, 일반적으로 설계가 과도해지는 경향을 보인다.

5.4 OS/360은 두 번째 시스템 효과의 좋은 사례다. [윈도 NT는 이 효과의 1990년대판 사례인 것 같다.]

5.5 각 기능마다 필요한 저장 공간과 수행 시간에 따라 사전에 정해둔 값을 매기는 것은 가치 있는 훈련이다.

6장. 말을 전하다

6.1 설계를 맡은 팀이 규모가 클 때라도, 세부 내용에 일관성이 유지되려면 한두 명이 결과물을 저술해야 한다.

6.2 아키텍처 중 규정되지 않는 부분을 규정되는 부분만큼 주의 깊게 명시적으로 정의하는 일은 중요하다.

6.3 명세 작성에는 정확성을 얻기 위한 형식적 정의와 이해를 쉽게 하기 위한 서술적 정의가 모두 필요하다.

6.4 형식적 정의와 서술적 정의 중에서 하나는 기준이 되고 다른 하나는 보조적이어야 한다. 기준은 두 가지 중 어느 것이라도 될 수 있다.

6.5 시뮬레이션을 포함하여 구현체를 하나 택해서 아키텍처의 정의로 사용할 수 있지만, 이 방법에는 상당한 단점이 존재한다.

6.6 '직접 포함하기'는 아키텍처 표준을 소프트웨어 내에 강제할 수 있는 아주 깔끔한 방법이다. [하드웨어에서도 마찬가지다. 매킨토시의 WIMP[III] 인터페이스가 ROM에 들어 있음을 생각해 보라.]

6.7 "처음부터 구현체를 두 개 이상 만든다면, [아키텍처의] 정의가 더 깔끔해지고 질서도 좀 더 잡힐 것이다."

6.8 구현자의 설계 관련 질의에 대하여 아키텍트가 전화로 해석을 내리도록 하는 일은 중요하다. 통화한 내용은 반드시 기록해서 배포하도록 한다. [이제는 전자우편이 이런 일에 적합한 매체다.]

6.9 "프로젝트 관리자의 가장 좋은 친구는 매일 적군 역할을 하는 독립적인 제품 테스팅 조직이다."

7장. 바벨탑은 왜 실패했는가?

7.1 바벨탑 프로젝트는 '의사소통'과 거기서 귀결되는 '조직'의 부재로 인해 실패했다.

의사소통

7.2 "일정 붕괴, 기능적 부조화, 시스템 버그 같은 일들은 모두 오른손이 하는 일을 왼손이 알지 못해서 생긴다." 팀들은 이런 저런 가정 속에서 제각기 표류한다.

7.3 팀들은 가능한 한 다양한 방식으로 소통해야 하며, 그 방식으로는 비공식적 대화, 기술 브리핑이 포함된 정기 프로젝트 회의, 공식적인 프로젝트 워크북 등이 있다. [전자우편도 추가.]

III (옮긴이) window, icon, menu, pointer의 약자

프로젝트 워크북

7.4 프로젝트 워크북이란 "또 다른 별개의 문서라기보다는 프로젝트를 진행하면서 어차피 생산될 문서들로 구성한 하나의 체계"다.

7.5 "프로젝트의 '모든' 문서는 이 [워크북이란] 체계의 일부분이 되어야 한다."

7.6 워크북의 구조는 '초반에 주의 깊게' 설계할 필요가 있다.

7.7 문서화 작업을 초반부터 적절히 구조화해 두면 "차후에 작성될 문건들이 그 구조 속에 들어맞는 조각으로 자리 잡을" 수 있으며, 제품 매뉴얼 품질도 향상될 것이다.

7.8 "모든 팀 구성원이 모든 [워크북] 자료를 보아야 한다." [지금 시점에서는 모든 팀원이 모든 자료를 '볼 수 있어야' 한다고 이야기함이 타당해 보인다. 즉, 웹 페이지라면 충분할 것이다.]

7.9 때맞게 갱신하는 일은 대단히 중요하다.

7.10 워크북 사용자는 특히 마지막으로 읽은 이후에 바뀐 내용들과 그 중요도에 주의를 기울일 필요가 있다.

7.11 OS/360 프로젝트의 워크북은 처음에 종이책으로 시작해서 마이크로피시microfiche로 전환되었다.

7.12 오늘날[심지어 1975년에도 그랬다] 이 모든 목적을 달성할 수 있으면서 더 저렴하고 더 단순하며 더 나은 방법은 전자문서 형태의 노트를 공유하는 것이다.

7.13 그렇더라도 여전히 본문에는 변경 표식과 개정 일자[에 해당하는 무엇인가가 명기되어야 한다. 또한 후입선출 방식의 변경 사항 요약본도 전자문서 형태로 여전히 필요할 것이다.

7.14 파르나스Parnas는 모든 사람이 모든 내용을 본다는 그 목적이 '완전히 틀렸다'고 강하게 주장한다. 자기 것이 아닌 부분은 그 누구도 내부를 알 필요가 없고 알게 해서도 안 되며, 오직 드러난 인터페이스만 보아야 한다는 것이다.

7.15 파르나스의 제안은 재앙을 부르는 일이다. [나는 파르나스의 주장에 상당히 설득되었고, 완전히 견해를 바꾸었다.]

조직

7.16 조직의 목적은 필요한 의사소통과 상호 조율의 규모를 줄이는 데 있다.
7.17 조직에서 의사소통을 줄이기 위한 방법은 '분업'과 '전문화'다.
7.18 통상적인 트리 형태의 조직은 누구도 두 명의 상사를 모실 수 없다는 '권한' 구조의 원칙을 반영한다.
7.19 조직 내의 '의사소통' 구조는 트리가 아니라 그물망과 같다. 따라서 트리 형태 조직에서는 소통에 관련된 결점을 극복하기 위해 온갖 특별한 방법(조직도상의 '점선')들이 동원되어야 한다.
7.20 모든 하위 프로젝트에는 두 종류의 리더십이 충족되어야 하는데, 하나는 '프로듀서', 다른 하나는 '기술 총괄' 또는 '아키텍트'다. 두 역할이 담당하는 기능은 아주 다르며 각기 별도의 재능이 필요하다.
7.21 두 역할 간의 관계는 세 가지 조합이 가능한데, 셋 다 효과적으로 운용될 수 있다.
- 프로듀서와 기술 총괄이 같은 사람인 경우
- 프로듀서가 수장이고 기술 총괄이 그의 오른팔인 경우
- 기술 총괄이 수장이고 프로듀서가 그의 오른팔인 경우

8장. 예고 홈런

8.1 코딩 부분만을 추정한 후에 비율에 따라 다른 작업의 공수를 역산하는 식으로는 프로젝트의 전체 공수나 일정을 정밀하게 추정하지 못한다.

8.2 독립적인 소규모 프로그램 제작에 관한 데이터를 프로그래밍 시스템 제품에 적용할 수는 없다.

8.3 프로그래밍에 투입되는 공수는 프로그램 크기의 거듭제곱에 비례한다.

8.4 어떤 연구 결과에 따르면 그 지수는 1.5 정도다. [보엠Boehm의 데이터는 이와 전혀 달라서 1.05~1.2 사이의 분포를 보인다.][1]

8.5 포트먼Portman의 ICL쪽 데이터에 따르면, 전일제 프로그래머들이 프로그래밍과 디버깅에 할애할 수 있었던 시간은 다른 간접적인 일 때문에 업무 시간의 50% 정도밖에 되지 않았다.

8.6 아론Aron의 IBM 데이터에 나타난 생산성 수치는 맨이어당 1.5에서 10 KLOC[IV]까지 다양하며, 이것은 시스템을 이루는 각 부분 간에 상호 작용이 얼마나 많은가와 관계있는 것으로 나타났다.

8.7 하Harr의 벨 연구소 데이터는 제작 완료된 제품들을 대상으로 하였는데, 운영 체제 유형의 작업일 경우 맨이어당 0.6 KLOC, 컴파일러 유형의 작업일 경우 2.2 KLOC 수준의 생산성을 보여주었다.

8.8 브룩스의 OS/360 관련 데이터 역시 하Harr의 것과 일치하여, 운영 체제는 0.6~0.8 KLOC, 컴파일러는 2~3 KLOC 정도로 나타났다.

8.9 MIT의 멀틱스MULTICS 프로젝트에 대한 코르바토Corbató의 데이터는 운영 체제와 컴파일러의 구분 없이 맨이어당 1.2 KLOC라는 생산성을 보여주는데, 이것은 PL/I 코드의 라인 수이지만 앞서 나온 다른 자료들은 어셈블러 코드 기준이었다!

8.10 생산성은 기본적인 문장 단위로 볼 때 일정한 것 같다.

8.11 프로그래밍의 생산성은 적절한 고급 언어를 사용할 경우 다섯 배까지도 향상될 수 있다.

IV (옮긴이) 소스 코드 1000줄 단위(K lines of code)

9장. 5파운드 자루에 담은 10파운드

9.1 실행 시간 외에도 프로그램이 차지하는 '메모리 공간' 역시 주요한 비용이다. 이것은 코드의 대부분이 메모리에 상주하는 운영체제의 경우 더욱 그렇다.

9.2 설령 그렇다 해도, 프로그램 상주용 메모리에 지출한 비용은 다른 곳에 썼을 경우와 비교할 때 훨씬 더 나은 효용을 가져다준다. 프로그램의 크기 자체가 나쁜 것이 아니라, 불필요한 크기가 나쁜 것이다.

9.3 하드웨어 제작자가 부품에 대해 그러듯이, 소프트웨어를 만드는 사람도 크기에 대한 목표치를 세우고, 그것을 통제하며, 크기를 줄일 기법을 개발해야 한다.

9.4 메모리 공간에 대한 예산을 짤 때는 상주에 사용되는 크기뿐 아니라 프로그램을 적재할 때 발생하는 디스크 접근에 대해서도 명시해야 한다.

9.5 공간 할당은 기능 배정에 맞춰져야 한다. 어떤 모듈의 크기를 지정할 때는 그 모듈이 할 일도 정확히 정의하라.

9.6 규모가 큰 팀 내의 하위 팀들은 고객에 미칠 전체 효과를 고려하기보다는 자기 목표를 달성하기 위해 노력하는 경향을 보인다. 이와 같은 방향성의 와해는 큰 프로젝트에서는 심각한 위험이다.

9.7 아키텍트들은 구현 기간 전반에 걸쳐 시스템의 일관성이 유지되도록 지속적인 주의를 기울여야만 한다.

9.8 전체적인 관점으로 시스템을 바라보며 사용자 중심의 태도를 가지도록 장려하는 일은 아마도 프로그래밍 관리자의 가장 중요한 역할일 것이다.

9.9 사용자가 얼마나 세밀하게 기능을 선택할 수 있느냐에 관한 정

책은 초반에 결정되어야 한다. 그 옵션들을 한데 묶는다면 메모리 공간을 절약할 수 있기 때문이다. [그리고 종종 마케팅 비용도 절약된다.]

9.10 페이징에 사용될 메모리 영역의 크기, 즉 디스크에서 한 번에 가져올 수 있는 프로그램 크기를 결정하는 일은 중요하다. 그 크기에 프로그램 성능이 좌우되기 때문이다. [이 모든 내용은 가상 메모리와 저렴해진 실제 메모리 때문에 구식이 되어 버렸다. 사용자들은 이제 주요 애플리케이션 코드 전체를 올릴 만한 크기의 실제 메모리를 구매하곤 한다.]

9.11 실행 시간과 필요한 메모리 공간 사이에서 적절한 타협점을 찾기 위해서는, 개발 팀이 특정 언어나 장비에 고유한 프로그래밍 기법에 대해 훈련될 필요가 있다. 이것은 새로운 언어나 장비일 경우에 특히 그렇다.

9.12 프로그래밍에도 기술 개발이 필요하며, 모든 프로젝트에는 표준 구성 요소로 이루어진 라이브러리가 있어야 한다.

9.13 프로그램 라이브러리의 구성 요소들은 속도 우선과 크기 우선의 버전이 각각 있어야 한다. [이것은 이제 더 이상 필요하지 않아 보인다.]ⱽ

9.14 군더더기 없고 빠른 프로그램들은 거의 항상 전술적 영리함보다는 '전략적이고 획기적인 발전'의 결과물이다.

9.15 이것은 흔히 새로운 '알고리즘'의 형태로 나타난다.

9.16 하지만 획기적 발전은 데이터나 테이블을 새롭게 표현하는 것에서 비롯되는 경우가 더 많다. '표현 방법이 바로 프로그래밍의 정수다.'

ⱽ (옮긴이) 오늘날에도 모바일 단말 등의 환경에서는 속도와 크기 중 한쪽을 택해 최적화해야 할 때가 있다.

10장. 기록물 가설

10.1 "가설: 온갖 서류의 홍수 속에서 몇몇 문서는 점차 모든 프로젝트 관리 업무가 그것을 중심으로 돌아가는 핵심적인 축이 된다. 이 문서들이 관리자의 주요한 개인 도구다."

10.2 컴퓨터 개발 프로젝트에서 핵심적인 문서들은 목표, 매뉴얼, 일정, 예산, 조직도, 공간 배치, 그리고 기계 자체에 대한 추정, 예측, 가격 같은 것들이다.

10.3 대학의 학과에 필요한 문서들도 유사하다. 목표, 학위 취득 요건, 강좌 설명서, 연구 제안서, 수업 일정표 및 교수 배정안, 예산, 공간 배치, 사무직원 및 대학원생 조교 배정안이다.

10.4 소프트웨어 프로젝트에 필요한 문서 역시 목표, 사용자 매뉴얼, 내부 문서화, 일정, 예산, 조직도, 공간 할당 등으로 동일하다.

10.5 그러므로 프로젝트 규모가 작다 할지라도 관리자는 처음부터 이런 일련의 문서들을 공식화해두어야 한다.

10.6 이런 문서 하나하나를 준비하면서 생각의 초점이 모이고 논의가 명확해진다. 글로 적는 행위에는 수백 가지의 작은 의사 결정이 필요하며, 분명하고 정확한 정책이 모호한 정책과 구별되는 부분은 이런 의사 결정의 존재 여부에서다.

10.7 각 핵심 문서를 유지 관리하는 일은 상황에 대한 감독과 경고 체계로 기능한다.

10.8 각 문서는 체크리스트와 데이터베이스 역할을 한다.

10.9 프로젝트 관리자의 기본 업무는 모든 사람이 같은 방향으로 계속 가도록 하는 것이다.

10.10 프로젝트 관리자의 주된 일과는 의사 결정이 아니라 의사소통이고, 이 문서들은 계획과 결정 사항을 전체 팀에 알리는 역할을 하게 된다.

10.11 기술 프로젝트 관리자가 외부에서 정보를 얻기 위해 쓰는 시간은 전체 중에서 아마도 20퍼센트 정도에 지나지 않을 것이다.

10.12 그러므로 시장에서 요란하게 선전해대는 '경영 종합 정보 시스템'이란 개념은 경영진의 실제 행동 양식에 근거하지 않은 것이다.

11장. 버리기 위한 계획

11.1 화학 분야 엔지니어들은 실험실에서 동작하던 공정을 곧바로 공장에서 돌리지 않고, 비보호 환경에서 대량으로 가동하는 경험을 얻기 위해 '파일럿 공장'을 세워야 한다는 것을 배웠다.

11.2 이런 중간 단계는 프로그래밍 제품에도 똑같이 필요하지만, 소프트웨어 엔지니어들은 아직 최종 제품 납품 전에 파일럿 시스템을 현장 테스트하는 일이 일상화되지 않았다. [이것은 이제 베타 버전이라는 이름으로 일반적인 관례가 되었다. 베타 버전은 제한적인 기능을 탑재한 프로토타입, 즉 알파 버전과는 다르다. 나는 알파 버전 역시 지지한다.]

11.3 대부분의 프로젝트에서 나온 첫 시스템은 거의 쓸 수 없는 수준이다. 너무 느리거나, 너무 크거나, 쓰기 불편하거나, 셋 다일 수도 있다.

11.4 폐기하고 재설계하는 일은 한꺼번에 진행될 수도, 조금씩 진행될 수도 있지만, 어쨌거나 그런 일은 일어날 것이다.

11.5 버릴 것을 고객에게 납품할 경우 시간은 벌 수 있으나 그 대가는 비싸다. 사용자는 힘들어 할 것이고, 개발진은 재설계를 동시에 진행하느라 정신없을 것이며, 제품의 명성은 아무리 최선을 다해 재설계를 한다고 해도 만회할 수 없는 상처를 입을 것이다.

11.6 그러니 버리기 위한 계획을 세우라. 어쨌거나 버리게 될 것이다.

11.7 "프로그램이라는 것은 실체를 가진 다른 어떤 제품보다도 사용자 욕구를 만족시킨다."(코스그로브Cosgrove)

11.8 프로그램이 만들어지고 테스트되고 사용되는 과정에서 사용자의 실제 욕구와 그에 대한 인식 역시 변해갈 것이다.

11.9 소프트웨어 제품은 다루기 쉽고 형체가 없기에 그 개발자들은 (유난히도) 요구 사항의 끝없는 변경에 노출된다.

11.10 목표가 (또한 개발 전략이) 얼마간 변경되는 것은 피할 수 없고, 그런 일이 일어나지 않을 거라 가정하기보다는 사전에 대비를 해 두는 편이 낫다.

11.11 소프트웨어 제품을 변화에 대비시키기 위한 기법들, 특히 주의 깊게 구성된 모듈 인터페이스 문서화에 의한 구조적 프로그래밍 같은 기법들이 잘 알려져 있기는 하지만 그 실천이 한결같지는 않아 보인다. 그리고 가능하다면 테이블 기반 기법을 활용하는 것도 도움이 된다. [현대의 메모리 가격과 용량은 이런 기법들의 효과를 더욱 높여주고 있다.]

11.12 변경 과정에서 비롯되는 오류를 줄이기 위해 고급 언어, 컴파일 타임 기능, 참조에 의한 선언 포함, 자체 문서화 기법 등을 사용하라.

11.13 변경 사항은 잘 정의된 버전 번호를 가지고 일정한 묶음으로 처리하라. [현재는 표준적인 관행이 되었다.]

조직을 변화에 대비시키라

11.14 프로그래머들이 설계를 선뜻 문서화하려 들지 않는 것은 게으름 탓이라기보다 언제든 바뀔 수 있는 내용을 애써 방어하기 꺼리는 탓이다. (코스그로브)

11.15 조직을 변화에 대응하도록 구성하는 일은 시스템을 그렇게 설계하는 것보다 훨씬 어렵다.

11.16 프로젝트의 총책임자는 관리자들과 기술자들이 재능이 허락하는 범위에서 임무를 교대할 수 있게 유지해 두어야 한다. 특히 기술적 역할과 관리적 역할 간에 인원 이동이 쉬워야 한다.

11.17 효과적인 이중 경력 제도를 가로막는 장벽은 사회학적인 것으로, 여기에 대해서는 부단한 경계와 열정으로 맞서야만 한다.

11.18 이중 경력 제도의 양쪽 직군에 각기 상응하는 급여를 책정하는 일은 쉽다. 하지만 대등한 수준의 위신을 부여하기 위해서는 강력하고 선제적인 조치가 필요하다. 거기에는 동등한 사무실, 동등한 지원 서비스, 과잉 보상이다 싶을 정도의 관리적 행위 등이 포함된다.

11.19 외과 수술 팀 형태의 조직을 꾸리는 것은 이런 문제의 모든 면에 근본적으로 대응하는 방안이다. 이것은 유연한 조직이라는 문제에 대한 실로 장기적인 안목의 해답이다.

두 걸음 전진, 한 걸음 후퇴: 프로그램 유지 보수

11.20 프로그램 유지 보수는 하드웨어 유지 보수와 본질적으로 다르다. 이것은 주로 설계 결함을 수정하고, 기능을 추가하며, 사용 환경이나 설정 변화에 대응하기 위한 변경 사항들로 구성된다.

11.21 널리 쓰이는 프로그램을 유지 보수하는 비용은 통상 그 개발 비용의 40% 또는 그 이상이다.

11.22 유지 보수 비용은 사용자 수에 크게 영향을 받는다. 사용자가 많을수록 더 많은 버그가 발견된다.

11.23 캠벨Campbell은 제품 수명 주기에 걸친 월당 버그 개수의 그래프가 하락 후 상승하는 흥미로운 모양을 보인다고 지적한다.

11.24 결함을 수정할 때는 상당한(20~50%) 확률로 또 다른 결함이 유입된다.

11.25 매번 수정 후에는 시스템이 알 수 없는 방식으로 손상되지 않았음을 보장하기 위해 이전에 수행된 테스트 케이스 전체를 다시 수행해야 한다.

11.26 부수적인 효과를 없애거나 최소한 드러나게 하는 프로그램 설계 방법이라면, 유지 보수 비용 면에서 막대한 이득을 얻을 수 있음이 분명하다.

11.27 더 적은 인원, 더 적은 인터페이스로 설계 내용을 구현할 방법이라면 이 또한 더 적은 버그를 만들어 낼 것이므로 같은 효과가 있다.

한 걸음 전진, 한 걸음 후퇴: 계속 증가하는 시스템의 엔트로피

11.28 리먼Lehman과 벨러디Belady의 대형 운영 체제(OS/360) 사례 연구에서, 모듈의 총 개수는 버전에 따라 선형적으로 늘어나지만 출시로 영향 받은 모듈 개수는 기하급수적으로 늘어난다는 것이 발견되었다.

11.29 모든 수정 행위는 시스템 구조를 훼손하고 엔트로피와 무질서를 증가시키는 경향을 보인다. 아무리 능숙하게 수행된 유지 보수라 해도 시스템이 수리 불가의 무질서 상태가 되는 것을 잠시 늦출 수 있을 뿐이며, 거기로부터 완전한 재설계가 필요하게 된다. [성능 문제 같은 프로그램 업그레이드에 관한 실질적인 요구는 특히 프로그램 내부의 구조적 한계를 대상으로 하는 경우가 많다. 나중에야 표면화되는 결함의 원인이 이런 원천적 한계일 때가 종종 있다.]

12장. 예리한 도구

12.1 프로젝트 관리자는 공용 도구의 제작과 관련된 정책을 세우고 자원을 확보해둘 필요가 있으며, 동시에 개인별로 특화된 도구의 필요성도 인지해야 한다.

12.2 운영 체제를 만드는 팀에는 디버깅에 쓸 전용 타깃 장비가 있어야 한다. 이 장비는 빠른 속도보다는 최대한 많은 메모리, 그리고 표준 소프트웨어를 최신으로 유지할 시스템 프로그래머를 필요로 할 것이다.

12.3 또한 온갖 프로그램 인자에 대한 측정치를 자동 산출하기 위한 디버깅 장비나 소프트웨어도 마련되어야 한다.

12.4 타깃 장비의 사용 요구량은 특이한 증가 곡선을 그린다. 저조한 활용률 이후에 폭발적인 성장세를 보인 다음, 다시 안정 상태가 된다.

12.5 시스템 디버깅은 천문학과 마찬가지로 늘 밤 시간에 주로 진행되어 왔다.

12.6 타깃 장비 시간은 팀별로 넉넉하게 할당해 주는 것이 가장 좋은 방법으로 판명되었다. 이것은 이론적으로 최상의 방법인 번갈아가며 할당하기보다 더 효과가 좋았다.

12.7 희소한 컴퓨터 자원을 큰 덩어리 단위로 스케줄링하는 이 방식은 가장 생산적이기 때문에 [1975년 기준으로] 20년의 기술적 변화에도 살아남았다. [이것은 1995년에도 여전히 유효하다.]

12.8 만약 타깃 장비가 새로운 것이라면, 그 장비에 대한 논리적 시뮬레이터가 필요하다. 시뮬레이터가 가능한 한 일찍 마련된다면 '믿을 수 있는' 디버깅 장비의 역할을 할 것이며, 이것은 실장비가 사용 가능해진 다음에도 마찬가지다.

12.9 마스터 프로그램 라이브러리는 (1) 개인별로 배정된 '아기 놀이

울', (2) 시스템 테스트가 진행되는 시스템 통합용 서브라이브러리, (3) 출시 버전의 세 가지로 나눠야 한다. 공식적 분리와 진보 단계별 진행이라는 개념이 통제를 가능하게 한다.

12.10 프로그래밍 프로젝트에서 가장 품을 많이 덜어주는 도구는 아마도 텍스트 편집 시스템일 것이다.

12.11 방대한 시스템 문서화는 확실히 새로운 불가해함을 만들어낸다 [예를 들어 유닉스를 보라]. 하지만 흔히 보는 것처럼 문서화가 심각하게 빈약한 것에 비하면 이 편이 훨씬 바람직하다.

12.12 성능 시뮬레이터는 안팎을 뒤집어서 하향식으로 만들라. 아주 초반부터 가동해두되, 무언가 문제가 나타날 때는 주의를 기울여야 한다.

고급 프로그래밍 언어

12.13 오직 관성과 나태함만이 고급 언어와 대화식 프로그래밍의 보편적인 채택을 막고 있다. [오늘날에는 널리 채택되었다.]

12.14 고급 언어를 사용하면 생산성뿐 아니라 디버깅 과정도 개선되어 버그 수도 줄고 찾기도 쉬워진다.

12.15 기능이 부족하다, 오브젝트 코드가 너무 크다, 오브젝트 코드가 너무 느리다 같은 전형적인 반대의 목소리는 언어와 컴파일러 기술이 발전함에 따라 더는 유효하지 않게 되었다.

12.16 시스템 프로그래밍에 적합한 후보로는 PL/I이 현재 유일하다. [더는 그렇지 않다.]

대화식 프로그래밍

12.17 일부 분야에서는 대화식 시스템이 일괄 처리 시스템을 결코 대체하지 않을 것이다. [여전히 유효하다.]

12.18 시스템 프로그래밍에서 가장 어렵고 더딘 부분은 디버깅이며,

디버깅의 골칫거리는 느린 회송 시간이다.

12.19 몇몇 사례에 의하면 대화식 프로그래밍은 시스템 프로그래밍의 생산성을 최소한 두 배 이상 향상시킨다.

13장. 전체 그리고 부분들

13.1 앞서 4, 5, 6장에서 논의했던 아키텍처에 대한 세심하고 공들인 노력은[VI] 제품을 사용하기 쉽게 할 뿐 아니라 만들기도 쉽게 하고 버그 수도 줄인다.

13.2 비소츠키Vyssotsky는 이렇게 얘기한다. "수없이 많은 실패가 제대로 정의하지 않음에서 비롯됩니다."

13.3 명세는 코드가 한 줄이라도 만들어지기 훨씬 전부터 외부의 테스팅 그룹으로 넘겨져서 완전성과 명확성을 검토받아야 한다. 개발자들은 이런 일을 스스로 할 수가 없다(비소츠키).

13.4 "워스Wirth의 [단계별 세분화에 의한] 하향식 설계는 근래 10년을 통틀어[1965-1975] 가장 중요하고 새로운 프로그래밍 형식화 방법이다."

13.5 워스는 각 단계마다 가능한 한 높은 수준의 표기법을 쓰기를 권한다.

13.6 좋은 하향식 설계는 네 가지 면에서 버그를 회피하도록 해준다.

13.7 때로는 다시 돌아가서 상위 단계의 설계를 폐기하고 새로 시작해야 할 경우도 있다.

13.8 (잡다한 분기 대신) 코드 블록을 다루는 특정 문장들[VII]만 가지고 프로그램의 제어 구조를 구성하는 구조화 프로그래밍은, 버그를 방지할 수 있는 믿을 만한 방법이자 올바른 사고방식이다.

VI (옮긴이) 제품의 개념적 일관성을 가리킨다.
VII (옮긴이) 반복문과 조건문을 가리킨다.

13.9 골드Gold의 실험 결과는 대화식 디버깅의 각 세션에서 첫 번째 인터랙션의 진척률이 그 이후에 비해 세 배에 달했음을 보여준다. 작업에 들어가기 전에 주의 깊게 세우는 디버깅 계획은 여전히 그럴 가치가 있는 일이다. [이것은 1995년에도 여전히 유효한 것 같다.]

13.10 좋은 [응답이 빠른 대화식 디버깅] 시스템을 제대로 쓰려면, 두 시간의 터미널 세션마다 두 시간의 서류 작업이 필요한 것 같다. 한 시간은 세션 후의 뒷정리와 문서화에, 한 시간은 다음 세션을 위한 변경 및 테스트 계획 수립에 필요하다.

13.11 (구성 요소 디버깅과는 대조적으로) 시스템 디버깅에는 예상했던 것보다 더 많은 시간이 소요될 것이다.

13.12 시스템 디버깅은 그 어려움으로 인해 철저히 체계적이고 계획적인 접근이 필요하다.

13.13 시스템 디버깅은 각 부분이 제대로 동작하게 된 다음에 시작해야 한다(인터페이스 버그를 드러내기 위해 일단 모두 조립하고 본다든지, 구성 요소들의 버그가 모두 드러났으되 수정은 되지 않은 시점에 시스템 디버깅을 시작하는 것이 아니다). [이 내용은 특히 여러 팀일 경우 더 그러하다.]

13.14 디버깅을 위한 비계飛階와 테스트 코드는 많이 만들어둘 만한 가치가 있으며, 그 분량은 때로 디버깅하는 제품 코드의 절반에 이를 수도 있다.

13.15 프로그램의 변경 내용과 버전은 문서화되고 통제되어야 하며, 팀원들은 각자의 사본을 가지고 작업하게 해야 한다.

13.16 시스템 디버깅 중에는 구성 요소를 한 번에 하나씩만 추가하라.

13.17 리먼과 벨러디는 변경 사항의 묶음이 크고 띄엄띄엄하거나 아주 작고 빈번해야 한다는 증거를 제시한다. 후자의 경우 더 불안정해질 가능성이 크다. [마이크로소프트의 어떤 팀은 작고 빈

번한 묶음을 채택하고 있는데, 전체 시스템이 매일 밤 다시 빌드되면서 성장해 간다.]

14장. 재앙의 알을 품다

14.1 "프로젝트는 어떻게 해서 1년 늦어지는가? … 한 번에 하루씩."

14.2 매일매일 조금씩 일어나는 일정 지연은 큰 재난보다 더 알아차리기 어렵고, 예방도 어려우며, 만회하기도 더 힘들다.

14.3 일정이 빠듯한 대형 프로젝트를 관리하기 위한 첫 걸음은 일정을 잡는 것부터 시작된다. 일정은 마일스톤과 목표 날짜로 이루어진다.

14.4 마일스톤은 구체적이고 명확하고 측정 가능한 이벤트여야 하며, 날이 선 듯이 분명하게 정의되어야 한다.

14.5 마일스톤이 너무나 분명해서 스스로를 속일 수 없을 정도라면, 프로그래머가 진행 상황을 거짓으로 말하기는 쉽지 않을 것이다.

14.6 대규모 개발 프로젝트에서 정부 계약 업체들의 추정 행태를 조사한 연구에서는, 2주마다 신중하게 갱신된 활동별 소요시간의 추정치는 시작 시기가 다가와도 크게 바뀌지 않았고, 활동 중에는 과대평가된 추정치가 꾸준히 낮아졌으며, 과소평가된 추정치는 애초 예정된 종료 시점 3주 전까지 변동이 없었다.

14.7 만성적인 일정 지연은 사기를 꺾는 주범이다. [마이크로소프트의 짐 매카시Jim McCarthy는 "만약 마감 시한을 한 번 놓쳤다면, 다음번에는 반드시 맞춰야 한다"라고 말한다.[2]]

14.8 '허슬'은 뛰어난 야구팀뿐 아니라 뛰어난 프로그래밍 팀에도 필수적인 요소다.

14.9 일정 지연이 발생할 경우 그것이 얼마나 문제가 되는지 파악하

는 데는 임계 경로 기법만한 것이 없다.

14.10 임계 경로 차트의 준비 과정은 그 쓰임새 중에서 가장 가치 있는 부분이다. 네트워크를 배치하고 종속 관계를 식별하며 소요 시간을 추정하는 행위들 모두, 프로젝트의 아주 이른 시점에 대단히 구체적인 계획이 이루어지도록 만들기 때문이다.

14.11 첫 번째로 나온 차트는 항상 엉망이며, 두 번째를 만드는 과정 속에서 이런저런 고안이 이루어진다.

14.12 임계 경로 차트는 "어차피 다른 쪽도 늦었다"라는, 사기를 저하시키는 구실에 대해 답을 제시한다.

14.13 보스들은 두 종류의 정보가 필요하다. 계획에 차질을 가져와서 조치가 필요한 문제들, 그리고 상황 파악과 조기 경고를 위한 프로젝트의 전체 모습이 그것이다.

14.14 상황을 파악하는 일은 쉽지 않은데, 일선 관리자에게는 그런 내용을 공유하지 않을 만한 온갖 이유가 있기 때문이다.

14.15 잘못된 조치를 취하면 일선 관리자들이 있는 그대로 이야기할 마음이 완전히 사라진다. 반대로, 당황하거나 역할을 가로채는 일 없이 상황 보고를 주의 깊게 구분하여 받아들인다면 솔직한 보고를 장려하게 될 것이다.

14.16 있는 그대로의 실제 상황을 모두에게 공유하기 위한 점검 기법이 마련되어야 한다. 여기에는 마일스톤 일정과 완료 보고서가 핵심적인 역할을 한다.

14.17 비소츠키의 이야기: "나는 마일스톤 보고서 안에 '예정된'(즉 보스의) 날짜와 '추정된'(즉 최일선 관리자의) 날짜를 둘 다 넣는 것이 유용함을 알게 되었다. 프로젝트 관리자는 추정된 날짜에 손을 대지 말아야 한다."

14.18 마일스톤 보고서를 유지 관리하는 소규모의 '계획 및 통제' 팀은 대형 프로젝트에서 대단히 유용하다.

15장. 또 다른 면

15.1 프로그램 제품에 있어서 사용자를 향한 또 하나의 측면, 즉 문서화는 기계를 향한 측면만큼 똑같이 중요하다.

15.2 가장 사적인 프로그램의 경우라도 상세한 문서화는 필요한데, 저자이자 사용자인 사람의 기억은 시간에 따라 희미해지기 때문이다.

15.3 교사와 관리자들이 게으름과 일정의 압박을 떨쳐내고 평생 동안 간직할 문서화에 대한 자세를 프로그래머들에게 주입시키려 시도했지만, 그 결과는 대체로 실패다.

15.4 이런 실패는 열정이나 말재주가 부족해서였다기보다, 문서를 '어떻게' 효과적이고 경제적으로 작성하는지 보여주지 못했기 때문이다.

15.5 많은 문서의 경우 전체적인 '개관'을 제시하는 데 인색하다. 뒤로 한 발 물러난 다음 찬찬히 들여다보라.

15.6 핵심적인 사용자용 문서들은 기본 계획에 관련된 결정 사항이 구체화된 것이므로, 프로그램이 만들어지기 이전에 초안을 작성해야 한다. 여기에는 아홉 가지 내용이 기술되어야 한다(본문 내용 참고).

15.7 프로그램은 출하시에 테스트 케이스를 포함해야 하며, 이것은 유효한 입력값, 경계선상에 위치한 입력값, 명백히 무효한 입력값들로 구성된다.

15.8 프로그램을 수정해야 하는 이를 위한 내부 구조 문서화에도 역시 상세한 개관이 있어야 하며, 여기에는 다섯 가지 내용이 포함되어야 한다(본문 내용 참고).

15.9 순서도는 프로그램 문서화 중에서도 가장 과대 선전된 기법이다. 세세하게 작성된 순서도는 그 자체가 골칫거리이며 '글로

된' 고급 언어에 의해 그 효용 가치를 잃는다(순서도는 '도표로 된' 고급 언어이기 때문이다.)

15.10 한 페이지를 넘는 순서도가 필요한 프로그램은 드물다. [MILSPEC[VIII]의 문서화 요구 조건은 이런 점에서 완전히 잘못되었다.]

15.11 프로그램 구조 그래프는 실로 요긴한 것이지만, 여기에 ANSI 순서도 표준을 적용할 필요는 없다.

15.12 문서가 지속적으로 유지 관리되도록 하려면, 그 내용을 별개의 문서가 아니라 프로그램 소스에 포함시키는 것이 핵심이다.

15.13 문서화의 부담을 최소화하려면 다음 세 가지가 중요하다.
- 문서화할 내용을 최대한 많이 포함시키기 위해, 명칭이나 선언부처럼 프로그램에 어차피 있어야 할 부분들을 이용하라.
- 가독성을 높이고 종속과 내포 구조를 드러내기 위해 공백과 서식을 최대한 활용하라.
- 상세한 문서화의 내용을 프로그램 안에, 특히 모듈 헤더에 단락 형태의 주석문으로 삽입하라.

15.14 프로그램을 수정할 사람들이 참조할 문서에는, '어떻게'에 대한 내용뿐 아니라 '왜' 그렇게 되어 있는지도 기술해야 한다. '목적'은 이해를 위한 열쇠다. 고급 언어의 문법조차도 목적에 대한 것은 전혀 전달해 주지 않는다.

15.15 온라인 시스템과 고급 언어라는 권장 도구들과 함께 사용될 때 자체 문서화 기법은 가장 큰 효용과 능력을 발휘한다.

VIII (옮긴이) 미 국방성 표준

원판의 후기

E.1　소프트웨어 시스템은 아마도 사람이 만든 것 중 (서로 다른 부품의 개수 면에서) 가장 난해하고 복잡한 사물일 것이다.

E.2　소프트웨어 공학이란 타르 구덩이는 앞으로도 오랫동안 계속해서 끈적거릴 것이다.

19 맨먼스 미신, 20년 후

과거에 비춰보는 것 외에 미래를 판단할 방법을 나는 달리 알지 못한다.

- 패트릭 헨리 Patrick Henry[I]

과거에 의해 미래를 계획할 수는 없다.

- 에드먼드 버크 Edmund Burke[II]

[I] (옮긴이) 미국의 독립 혁명 지도자(1736~1799). "자유가 아니면 죽음을 달라"라는 연설로 유명하다.
[II] (옮긴이) 영국의 보수주의 정치가(1729~1797)

◀ 급류 타기
베트만 문서보관소

20주년 기념판을 만든 이유

비행기는 라구아디아LaGuardia[III]를 향해 밤의 대기 속을 웅웅거리며 날았다. 구름과 어둠 탓에 창 밖에는 구경거리랄 것이 없었고, 나는 지나다니는 사람들만 쳐다보는 중이었다. 하지만 지루하지는 않았다. 옆에 앉은 사람이 『맨먼스 미신』을 읽고 있었고, 나는 그가 무슨 말이나 행동으로 반응을 보일지 궁금했기 때문이다. 이윽고 비행기가 착륙해서 게이트로 활주해가자 나는 더 기다릴 수가 없었다.

"그 책 어떤가요? 추천할 만합니까?"

"흠! 이미 알고 있는 내용 말고는 없더군요."

나는 내 소개를 하지 않기로 했다.

『맨먼스 미신』은 왜 여태껏 살아남았을까? 어째서 지금의 소프트웨어 업계 상황에서도 여전히 유의미한 것으로 여겨질까? 소프트웨어 이외의 분야에도 독자층을 형성하고 변호사, 의사, 심리학자, 사회학자들로부터 논평과 인용과 투고를 이끌어 내는 이유는 무엇일까? 이제 그 유용성은 많이 줄었지만, 30년 전에 소프트웨어를 만들었던 경험에 대해 쓴 20년 전의 책이 어떻게 여전히 유의미할 수 있는 것일까?

거기에 대해 가끔 제시되는 설명 중 하나는, 소프트웨어 개발이란 분야가 정상적으로 또는 제대로 진보하지 않았다는 것이다. 이런 관점을 뒷받침하기 위해, 20년간 최소 1000배는 향상된 하드웨어 제조 생산성과 소프트웨어 개발의 생산성이 흔히 대비되곤 한다. 하지만 앞서 16장에서 설명했듯이 소프트웨어 분야의 발전이 느린 것이 아니

[III] (옮긴이) 미국 뉴욕 시의 국제공항

라, 인류사에서 유례를 찾아볼 수 없도록 급격히 발전한 하드웨어 기술이 오히려 이례적이다. 이 사실은 대체로 컴퓨터 생산이 조립 산업으로부터 장치 산업으로, 노동 집약적 생산에서 자본 집약적 생산으로 서서히 이행한 것에 기인한다. 하지만 컴퓨터의 생산과 대비할 때, 하드웨어와 소프트웨어의 개발 분야는 여전히 본질적으로 노동 집약적인 상태다.

자주 제시되는 두 번째 설명은, 『맨먼스 미신』에서 소프트웨어는 부수적일 뿐이며 사람들이 팀을 이뤄 무언가를 만들기 위한 방법이 중심 주제라는 것이다. 여기에는 확실히 어느 정도 진실이 담겨 있다. 소프트웨어 프로젝트를 관리하는 일은 대부분의 프로그래머들이 애초에 생각하던 것보다도 훨씬 여타 관리 분야와 비슷하다고 1975년판의 서문은 적고 있다. 인류의 역사란, 줄거리는 변함없고, 대본은 문화의 진보에 따라 조금씩 바뀌며, 배경 설정은 항상 변하는 드라마와도 같다. 20세기에 우리 자신의 모습을 셰익스피어, 호머, 성서 속에서 찾을 수 있는 것은 그 때문이다. 『맨먼스 미신』이 사람과 팀에 대한 내용을 담고 있는 한, 쉽사리 시대에 뒤떨어지지는 않을 것이다.

이유가 무엇이든, 독자들은 계속해서 책을 사고 고마운 의견들을 보내오고 있다. 근래 들어 나는 이런 질문을 종종 받는다. "당시에 쓴 내용 중에서 지금 생각에 잘못되었다 싶은 부분은 무엇인가? 이제 구식이 되어 버린 내용은 무엇인가? 소프트웨어 분야에서 정말로 새로운 것은 무엇인가?" 별로 겹치지 않는 이 질문들은 모두 타당하므로, 나는 할 수 있는 데까지 그런 내용을 다루어 보고자 한다. 다만 앞의 순서대로가 아니라 주제별로 묶어서 다룰 것이다. 첫 번째로, 책이 쓰였을 당시에도 옳았고 지금도 여전히 옳은 내용은 어떤 것인지 알아보자.

중심 논제: 개념적 일관성과 아키텍트

개념적 일관성. 깔끔하고 우아한 프로그래밍 제품이라면 일관된 심성 모델mental model을 모든 사용자에게 제공해야만 하며 거기에는 응용 분야, 응용 전략, 동작과 매개 변수를 지정할 때의 사용자 인터페이스 등이 포함된다. 사용자가 인지하는 제품의 개념적 일관성은 사용의 용이성 면에서 가장 중요한 요소다. (물론 다른 요소들도 있다. 매킨토시의 모든 응용 프로그램에서 찾아볼 수 있는 한결같은 사용자 인터페이스가 중요한 사례다. 게다가, 일관되지만 몹시 불편한 인터페이스를 구성하는 것 역시 가능하다. MS-DOS의 경우를 생각해 보라.)

우아한 소프트웨어 제품을 한두 명이 설계한 사례는 쉽게 찾아볼 수 있다. 책이나 음악처럼 순수하게 지적인 작품은 대부분 그렇게 만들어진다. 하지만 많은 산업 분야의 제품 개발 과정에는 개념적 일관성을 얻기 위해 이런 간단한 방법을 적용할 수가 없다. 경쟁에 의한 압박이 긴급함을 강요하기 때문이다. 많은 현대 기술은 그 최종 제품이 대단히 복잡하며, 설계에는 어쩔 수 없이 대규모의 맨먼스가 투입되어야 한다. 소프트웨어 제품은 복잡하면서도 그 일정의 긴급함이 엄청나다.

많은 이들의 지적 노력이 필요할 만큼 규모가 크거나 긴급하다면, 어떤 제품이라도 이내 특별한 어려움에 직면하게 된다. 사용자가 볼 때 결과물이 개념적으로 일관되어야 함과 동시에 설계에 많은 사람이 투입되어야 한다. 어떻게 설계 활동을 조직화하면 그런 개념적 일관성을 얻을 수 있을까? 이것이 『맨먼스 미신』이 다룬 핵심 질문이다. 그 논지 중에, 대형 프로그래밍 프로젝트 관리는 오직 참여한 인원 수 때문에 소규모 프로젝트와 질적으로 다르다는 것이 있다. 일관성을 얻기 위해서는 계획적이며 심지어는 영웅적인 관리 활동이 필요하다.

아키텍트. 4장부터 7장의 내용을 통해, 나는 사용자가 인지하는 제품의 모든 측면에 개념적 일관성을 부여할 책임을 맡을 한 사람을 그 제품의 '아키텍트'로 임명하는 것이 가장 중요한 조치라고 주장했다. 아키텍트는 제품의 용도를 사용자에게 설명하는 데 쓰일 공개적인 심성 모델을 형성하고 소유하게 된다. 여기에는 모든 기능에 대한 상세 명세와 그 기능을 작동하고 제어하기 위한 수단들이 포함된다. 또한 아키텍트는 사용자의 대리인으로 제품의 기능, 성능, 크기, 비용, 일정 사이에 절충이 불가피할 때 적절한 식견을 가지고 사용자의 이해를 대변한다. 아키텍트는 상근직이어야 하며, 아주 소규모의 팀일 때만 팀 관리자와 겸임이 가능하다. 아키텍트는 영화로 보면 감독이고 팀 관리자는 제작자라 할 수 있다.

구현과 제품화로부터 아키텍처의 분리. 아키텍트의 핵심적인 업무가 실제로 가능해지려면, 제품의 정의(定義)로 사용자가 인지하는 아키텍처를 그 구현으로부터 분리할 필요가 있다. 구현과 대비해 볼 때 아키텍처는 설계 작업 각 부분 간의 경계가 명확하며, 그 경계 양쪽으로 할 일이 많다.

하위 아키텍트들. 제품이 아주 크다면 한 사람이 모든 아키텍처를 담당할 수 없고, 이것은 구현에 관련된 사항을 모두 분리해 낸 다음에도 마찬가지다. 그러므로 마스터 아키텍트는 전체 시스템을 여러 개의 하위 시스템으로 분할할 필요가 있다. 하위 시스템 간 경계는, 상호 인터페이스가 최소화되고 엄밀한 정의를 내리기가 가장 쉬운 지점이어야 한다. 그런 다음에는 각 하위 시스템마다 아키텍처를 담당하면서 마스터 아키텍트에게 보고할 전담 아키텍트가 배정된다. 이런 과정은 필요한 만큼 아래쪽으로 되풀이될 수 있다.

오늘날 나는 어느 때보다도 더욱 확신을 갖게 되었다. 개념적 일관성은 제품 품질에 핵심적인 요소다. 시스템 아키텍트를 두는 것은 개념적 일관성을 향한 가장 중요한 단계다. 이 원리는 결코 소프트웨어 시스템에 국한되지 않으며, 컴퓨터, 비행기, SDIStrategic Defense Initiative[IV], GPSGlobal Positioning System[V] 등 복잡한 구조물의 개발이라면 어디든지 적용된다. 소프트웨어 공학 연구실에서 20회 이상 강의를 진행한 뒤, 나는 겨우 네 명의 학생으로 이루어진 팀에 대해서도 관리자와 아키텍트를 따로 두게 하였다. 이렇게 작은 팀에서 별도의 역할을 정의하는 것은 다소 지나친 일일 수 있지만, 나는 이런 역할 분담이 작은 규모에서도 잘 작동하며 성공적인 설계에 이바지함을 확인할 수 있었다.

두 번째 시스템 효과: 피처 크립[VI]과 빈도 추정

대규모 사용자 군群을 대상으로 설계하기. 개인용 컴퓨터 혁명이 가져온 변화 하나는, 기성품 패키지가 적어도 상용 데이터 처리 분야에서는 맞춤형 애플리케이션을 점점 대체하고 있다는 것이다. 게다가 표준적인 소프트웨어 패키지들은 수십만 본, 심지어 수백만 본씩 팔리기도 한다. 장비 업체가 제공하는 소프트웨어의 시스템 아키텍트들은, 한 회사 내에서 사용될 단일하고 정의 가능한 애플리케이션이 아니라 규모가 크고 뚜렷한 특징도 없는 사용자 군을 상정하며 시스템을 설계해야 했다. 이제 수없이 많은 시스템 아키텍트들이 이 문제에 직면해 있다.

역설적이게도 특수 목적용 도구보다 범용 도구를 설계하는 것이

IV (옮긴이) 전략 방위 구상. 우주 공간에서 레이저 등으로 탄도 미사일을 요격하겠다는 미국의 방위 계획으로, 1983년 레이건 대통령 때 발표되었다.
V (옮긴이) 미국 국방부에서 개발한 범지구 위치 결정 시스템
VI (옮긴이) featuritis 또는 feature creep. 제품에 기능이 덕지덕지 붙어가는 현상을 가리킨다.

훨씬 어려운데, 그 이유는 바로 다양한 사용자의 다양한 요구를 줄 세워야 하기 때문이다.

피처 크립. 스프레드시트나 워드프로세서 같은 범용 도구의 아키텍트는, 성능이나 심지어 사용의 용이성까지 희생하면서 별로 중요하지도 않은 기능을 탑재하려는 유혹에 빠지기가 쉽다. 그런 기능들이 가진 매력은 초반부터 명백하지만, 성능에 미치는 영향은 시스템 테스트가 진행될 때야 비로소 드러난다. 기능이 조금씩 추가되면서 사용의 용이성은 모르는 새 조금씩 훼손되어 가고, 매뉴얼은 점점 비대해져만 간다.[1]

여러 세대를 살아남아 진화해 온 대량 판매용 제품의 경우 이런 유혹은 특히 강렬하다. 수백만 사용자들이 수백 가지 기능을 요청하며, 어떤 요구 사항이라도 그 자체로 "시장이 필요로 한다"라는 증거가 된다. 원래의 시스템 아키텍트는 종종 더 좋은 곳으로 가버렸기 십상이고, 제품의 아키텍처는 사용자의 이해 전반을 균형 있게 반영해 본 경험이 많지 않은 사람의 손에 놓이게 된다. 마이크로소프트 워드 6.0에 대한 최근 리뷰는 이렇게 쓰고 있다. "워드 6.0은 이런저런 기능으로 가득하고, 업데이트는 덩치 탓에 느려졌다. … 워드 6.0 역시 비대하고 느리다." 그 리뷰는 당황스러운 어조로 워드 6.0 실행에 4MB 램이 필요함을 언급한 후, 계속해서 그런 풍부한 추가 기능들이란 "매킨토시Macintosh IIfx[VII]마저도 워드 6 작업을 간신히 감당할 정도"임을 뜻한다고 쓰고 있다.[2]

사용자 군群 정의하기. 사용자 규모가 크고 특징이 분명하지 않을수록, 개념적 일관성을 얻기 위해 사용자 군을 명시적으로 정의할 필요성이 더욱 커진다. 설계 팀의 각 구성원은 당연히 사용자에 대한 나름의 심

[VII] (옮긴이). 1990년대 초반 애플의 매킨토시 시리즈 중 최상위 모델

상을 가지고 있을 것이며, 그 이미지는 사람마다 다를 것이다. 아키텍트가 사용자에 대해 품고 있는 심상은 의식적이든 아니든 아키텍처에 관한 모든 결정에 영향을 미치게 되므로, 설계 팀 전체가 통일된 이미지를 공유하는 것은 반드시 필요하다. 그러기 위해서는 예상되는 사용자 군의 속성을 다음과 같이 하나씩 적어볼 필요가 있다.

- 그들은 누구인가?
- 그들이 필요한 것은?
- 그들이 필요하다고 생각하는 것은?
- 그들이 원하는 것은?

빈도수. 어떤 소프트웨어 제품에 대해서도 그 사용자 군이 가진 속성은 사실 일정한 분포를 이룰 것이고, 각 값은 나름의 빈도가 있을 것이다. 어떻게 하면 아키텍트가 이 빈도를 알 수 있을까? 이처럼 제대로 정의되지 않은 모집단을 조사하는 것은 불확실하고 비용이 드는 과제다.[3] 사용자 군을 완전하고 명시적이고 공유 가능하도록 기술하려면, 전체 속성과 그 값 및 해당 빈도수를 아키텍트들이 '짐작' 또는 '가정'해야 함을 여러 해 동안 나는 확신하게 되었다.

정말 될까 싶은 이 과정을 통해 여러 가지 이득을 얻을 수 있다. 첫째, 빈도수를 조심스레 짐작하는 과정에서 아키텍트는 예상 사용자 군에 대해 아주 신중히 생각하게 될 것이다. 둘째, 빈도수를 기록하는 일은 설계 담당자들의 토론을 유도하고, 그로써 모든 참석자의 생각이 공유되며 각자가 갖고 있는 심상들의 차이점이 표면화될 것이다. 셋째, 빈도수를 명시적으로 나열함으로써 어떤 결정 사항이 사용자 군의 어떤 속성에 연관되는지 모두 알게 된다. 이렇게 비공식적인 민감도 분석이라도 효용은 크다. 몹시 중요한 결정이 특정 빈도의 추정치에 달린 상황이라면, 더 나은 추정치를 얻기 위해 비용을 들일 가치가 있다(제프 콩클린Jeff Conklin이 개발한 gIBIS 시스템은 설계 관련 결정 사항을 공식적이고 정밀하게 추적하며 각각에 대한 사유를 문서화하는 도구를 제공한다.[4] 내가 직접 사용해 볼 기회는 없었지만 상당히 도움이 될 것이라고 생각한다).

요약하면 이렇다. 사용자 군의 속성에 대해 짐작한 내용을 명시적으로 기록하라. 명시적이면서 틀린 것이 그냥 모호한 것보다 훨씬 낫다.

"두 번째 시스템 효과"는 어떤가? 『맨먼스 미신』이 재앙을 부르는 지름길을 추천하고 있음을 어떤 학생이 예리하게 지적했다. 새로운 시스템이라면 두 번째 버전을 납품하도록 계획하라고 했으나(11장), 두 번째 시스템은 한 사람이 설계할 수 있는 가장 위험한 것이다(5장). 나는 그에게 한 방 먹었음을 인정해야 했다.

이 모순은 실제 그렇다기보다는 언어적인 면이 크다. 5장에서 설명한 '두 번째' 시스템은 현장에 두 번째로 배치된, 추가 기능과 겉치레를 덧붙이기 쉬운 후속 시스템을 지칭한다. 11장의 '두 번째' 시스템은 최초로 배치될 시스템을 만드는 과정 중의 두 번째 시도를 뜻한다. 이것은 일정, 재능, 무지함 등 신규 프로젝트를 특징짓는 그 모든 제약 조건이 동일하게 적용되는 환경에서 구축되며, 그런 제약 조건들은 시스템에 군더더기가 없도록 해준다.

WIMP 인터페이스의 대성공

지난 20년간 소프트웨어 분야의 가장 인상적인 발전 중 하나는 윈도, 아이콘, 메뉴, 포인팅 장치, 약칭 WIMP가 이뤄낸 대성공이다. WIMP는 오늘날 너무도 익숙해졌으므로 따로 설명이 필요하지는 않을 것이다. 이 개념은 스탠포드 연구소Stanford Research Institute의 엥겔바트 Douglas Engelbart 팀이 1968년 웨스턴 조인트 컴퓨터 콘퍼런스Western

Joint Computer Conference에서 최초로 공개하였다.[5] 아이디어는 그 후 제록스Xerox의 팔로 알토 연구소Palo Alto Research Center로 전해져서 밥 테일러Bob Taylor 팀의 알토 개인용 워크스테이션에 탑재되었다. 그리고는 스티브 잡스Steve Jobs가 이 개념을 가져다가 애플 리사Lisa에 넣었는데, 이 컴퓨터는 대단히 사용하기 쉬운 개념을 탑재했지만 그것을 뒷받침하기에는 너무 느렸다. 1985년 잡스는 이것을 상업적으로 성공한 애플 매킨토시에 다시 내장시켰고, 그 뒤로 IBM PC 및 호환 기종용 마이크로소프트 윈도에도 적용되었다. 여기서는 매킨토시 버전을 예로 들 것이다.[6]

비유를 통한 개념적 일관성. 탁상이라는 익숙한 비유를 도입하고 컴퓨터 그래픽을 활용하기 위해 그 비유를 주의 깊게 확장했다는 점에서, WIMP는 개념적 일관성을 획득한 사용자 인터페이스의 대단히 훌륭한 사례라 하겠다. 예를 들면 윈도들을 타일링하는 대신 겹칠 수 있도록 한 것은, 비용은 들어도 올바른 결정이었으며 탁상 비유에서 바로 유추 가능하다. 윈도의 크기와 모양을 바꿀 수 있도록 한 것은, 컴퓨터 그래픽으로 얻은 새로운 능력을 사용자에게 부여하는, 비유의 일관성 있는 확장이다. 탁상 위의 서류는 그렇게 쉽사리 크기와 모양을 바꿀 수 없다. 끌어서 놓는 동작 역시 탁상 비유에서 비롯되며, 커서로 아이콘을 선택하는 것은 손으로 사물을 집는 동작에 해당한다. 아이콘 및 중첩 가능한 폴더는 탁상 위의 서류들에 대한 충실한 유사물이며 휴지통 역시 그렇다. 자르고, 복사하고, 붙이는 개념은 우리가 탁상에서 문서를 가지고 하던 작업을 그대로 반영하고 있다. 비유를 너무도 충실히 따르고 있고 그 확장 역시 일관성이 있기에, 처음 접한 사용자는 아이콘을 휴지통으로 끌어서 디스켓을 꺼내는 방식에 신선한 충격을 받게 된다. 인터페이스가 그처럼 거의 획일적인 수준으로 일관되지 않았더라면, 그런 (상당히 심각한) 부조화가 그만큼 튀어 보이지는 않았을 것이다.

　WIMP 인터페이스가 탁상이라는 비유를 벗어나게 된 지점은 어디일까? 두 가지가 가장 주목할 만한데, 메뉴와 한 손 작동이 그것이다. 실제 탁상에서 작업할 때는 문서를 직접 조작할 뿐이며 누군가 또는 무언가에게 그 일을 하라고 얘기하지는 않는다. 그리고 보통 누군가에게 어떤 일을 하라고 얘기할 때는 말이나 글로 된 문장을 만들어 내지, 여러 명령문 중에서 선택하지는 않는다. 예를 들면 이런 식이다. "이걸 철해주세요." "더 이전의 편지를 찾아줘요." "이걸 메리에게 처리하라고 보내줘요."

　안타깝게도 자유로운 형식의 말과 글로 된 영어 명령문을 신뢰성 있게 해석하는 일은 현재 기술 수준을 벗어난다. 그런 이유로 인터페이스 설계자들은 사용자가 문서를 직접 조작하는 것으로부터 두 단계 떨어져 있게 되었다. 하지만 그들은 영리하게도 보통의 탁상에서 명령 선택의 사례가 될 만한 것을 찾아냈다. 그것은 인쇄된 연락용 메모지처럼, 표준적 의미를 지닌 명령의 제한적인 메뉴 중에서 원하는 동작을 선택하는 것이다. 그들은 이 아이디어를 가로 방향 메뉴와 그 하위의 세로 방향 풀다운pull-down 메뉴로 확장했다.

명령의 발화發話와 이중 커서 문제. 명령문에는 항상 동사가 하나 있고, 대개 거기 대응하는 목적어가 뒤를 따른다. 어떤 동작이든 사용자는 동사와 명사를 하나씩 지정할 필요가 있다. 포인팅에 내포된 비유로 볼 때, 두 개의 사물을 동시에 가리키려면 화면에는 두 개의 커서가 있어야 하고, 각각은 오른손과 왼손의 마우스로 조작되어야 한다. 어쨌거나 우리는 실제 탁상에서 대개 양손으로 일을 한다(하지만 한 손은 종종 물건을 잡느라 고정된 상태인데, 우연찮게 컴퓨터의 데스크톱 상황도 기본적으로 동일하다). 사람의 정신은 확실히 양손 조작이 가능하다. 우리는 타이핑이나 운전, 요리 등에 보통 양손을 모두 사용한다. 안타깝게도 개인용 컴퓨터 제조사 입장에서는 마우스 하나만으로도 이미 큰 진전이었던 듯하다. 어떤 상용 시스템도 양손으로 동시에 조작하는 두 개의 마우스 커서 동작을 도입하지는 않았다.[7]

인터페이스 설계자들은 그런 현실을 받아들여서 마우스 한 개를 가정한 설계를 했고, 명사를 먼저 가리킨다는 (선택한다는) 문법적 관례를 채택했다. 사용자는 그 다음에 동사, 즉 메뉴 항목을 가리킨다. 이것은 참으로 사용의 용이성을 크게 해치는 일이다. 사용자들을 직접 관찰하거나 녹화 비디오나 커서 추적 결과를 관찰할 때, 나는 즉각적으로 커서 하나가 커서 두 개 몫의 일을 하고 있다는 느낌을 받는다. 일단 윈도의 데스크톱 쪽에 있는 개체 하나를 선택한다. 메뉴 쪽에서 동사를 고른다. 데스크톱에 있는 개체를 (다시) 찾는다. 메뉴를 다시 끌어내려서 동사를 고른다(종종 이전과 같은 메뉴다). 커서는 데이터 공간과 메뉴 공간을 이리저리 왔다 갔다 하고, 그럴 때마다 그 공간 내의 최종 위치 같은 유용한 정보는 유실되어, 전체적으로 비효율적인 과정이 되어 버린다.

기발한 해결책. 비록 하드웨어와 소프트웨어가 커서 두 개를 동시에 손쉽게 처리할 수 있다 해도 공간 배치에 관련된 문제는 여전히 남는다. WIMP 비유 속의 탁상에는 타자기가 포함되어 있으며, 실제 탁상 위의 물리적인 공간에는 키보드를 놓을 공간이 필요하다. 키보드에 마우스 패드를 두 개 더한다면, 두 팔이 차지하는 공간은 상당히 넓어야 할 것이다. 하지만 이러한 키보드 문제는 또 다른 기회가 될 수 있다. 한 손은 키보드로 동사를 지정하게 하고 다른 손은 마우스로 명사를 지정함으로써 효율적인 양손 동작을 구현하면 어떨까? 이제 커서는 데이터 공간 내에 머물게 되므로, 명사를 연속적으로 지정하며 높은 국지성을 활용할 수 있게 된다. 실로 효율적이면서도 고수준의 기능을 제공하는 방법이 아닌가.

고급 기능 대 사용의 용이성. 그러나 이 해결책은 초심자들이 쉽게 메뉴를 사용할 수 있다는 이점을 버리게 된다. 메뉴들이란 어떤 특정 상태에서 유효한 대체 동사들을 나타낸다. 우리는 패키지 소프트웨어를 사 가지고 집에 온 다음 매뉴얼도 안 보고 바로 사용을 시작할 수 있다. 무엇 때문에 샀다는 것만 아는 상태로 이런저런 메뉴의 동사들을 실험해 보는 것이다. 소프트웨어의 아키텍트들이 당면한 가장 어려운 문제 중 하나가 고급 기능과 사용의 용이성 간에 균형을 잡는 일이다. 초심자 또는 가끔씩 쓰는 사용자를 위해 동작을 단순하게 설계할 것인가, 아니면 전문 사용자를 위해 효율적인 고급 기능을 넣을 것인가? 이상적이라면 두 가지 모두를 WIMP 인터페이스에서 개념적으로 일관되게 제공해야 할 것이다. 사용 빈도가 높은 메뉴의 동사들은 그에 상응하는 커맨드 키 + 단일 키의 조합을 갖도록 하고, 키 조합은 대개 왼손으로 한 번에 쉽게 누르도록 선정한다. 맥의 예를 보면 커맨드 키(⌘)가 Z와 X키 바로 밑에 있으므로, 가장 높은 빈도를 갖는 동작들은 ⌘Z, ⌘X, ⌘C, ⌘V, ⌘S로 매핑된다.

초심자에서 점차 파워 유저로. 이렇게 명령 동작을 지정하는 이중 체계는 초심자에게 필요한 습득 용이성과 파워 유저에게 필요한 효율성을 모두 충족하며, 모든 사용자가 두 방식 사이를 매끄럽게 옮겨가도록 해준다. '단축키'라고 부르는 이 글자 매핑은 메뉴의 동사 옆에 표시되며, 사용자는 확신이 들지 않을 경우 그냥 메뉴를 선택해 버리는 대신 풀다운 메뉴에서 키 조합을 확인할 수 있다. 초심자들은 먼저 자신이 자주 사용하는 기능의 단축키를 익힌다. 어떤 단축키가 미심쩍을 경우 바로 시험해볼 수 있는데, 실수했다면 ⌘Z 키를 눌러 방금 한 동작을 취소할 수 있기 때문이다. 그게 아니면 메뉴를 보면서 어떤 명령들이 유효한지 확인할 수도 있다. 초심자들은 풀다운 메뉴를 많이 사용할 것이고 파워 유저들은 아주 적게 쓸 것이다. 그 사이의 사용자들은 메뉴를 이따금씩만 클릭할 텐데, 가장 많이 쓰는 기능의 단축키 몇 개 정도는 알기 때문이다. 우리 소프트웨어 설계자들 대부분은 이런 인터페이스에 너무 익숙해져서 그 우아함과 강력함을 다 인식하지 못하고 있다.

아키텍처 강제를 위한 방편으로서 '직접적 포함'이 거둔 성공. 맥의 인터페이스는 다른 면으로도 주목할 만하다. 설계자들은 강제성 없이도 그 인터페이스가 여러 응용 프로그램에 걸쳐 표준이 되게 하였고, 여기에는 제삼자가 출시한 제품 대부분이 포함된다. 그에 따라 사용자는 기기와 함께 제공된 소프트웨어뿐 아니라 모든 응용 프로그램의 인터페이스에서 개념적인 일관성을 얻게 된다.

맥의 설계자들이 이루어낸 이 업적은 인터페이스를 ROM에 구현해 넣음으로써 가능했는데, 개발자들이 자기만의 고유한 인터페이스를 만들기보다 그냥 그것을 쓰는 편이 더 쉽고 빨랐기 때문이다. 통일성을 겨냥한 이런 자연스러운 장려책은 사실상의 표준으로 충분할 만큼 널리 퍼지게 되었다. 이 장려책은 애플의 강력한 경영적 지원과 수많은 설득으로 더욱 힘을 얻었다. 제품을 소개하는 잡지의 독립적인 리뷰어들은 여러 응용 프로그램에 걸친 개념적 일관성의 막대한 가치를 알아보았고, 거기에 따르지 않는 제품들을 가차 없이 비평함으로써 그런 장려책에 역시 한몫을 보탰다.

이것은 6장에서 권장하였던 기법이 대단히 훌륭하게 구현된 사례다. 그 기법은 다른 이들이 주어진 명세에 따라 자기 나름의 소프트웨어를 만들게 하는 대신, 주어진 코드를 그들의 제품에 바로 포함시키도록 권장함으로써 통일성을 획득한다.

WIMP의 운명: 시대에 뒤떨어짐. 그 뛰어남에도 불구하고, 나는 WIMP 인터페이스가 한 세대 이내로 역사적 유물이 되리라 본다. 명령에서 명사를 지정하는 방식은 여전히 포인팅이겠지만, 동사의 지정은 확실히 음성이 올바른 방식이다. 매킨토시용 보이스 내비게이터Voice Navigator나 PC용 드래곤Dragon 같은 도구가 이런 기능을 이미 제공하고 있다.

버리기 위해 만들지 말라: 폭포수 모델은 틀렸다!

11장의 서두를 여는 '질주하는 거티Galloping Gertie'VIII 즉 타코마 내로우즈 브리지의 잊기 어려운 사진은 과격한 방법으로 이렇게 권한다. "버리기 위한 계획을 세워라. 어쨌거나 버리게 될 것이다." 지금에 와서 나는 이것이 틀렸음을 깨닫는다. 너무 급진적이라서가 아니라, 너무 단순화되었기 때문이다.

"버리기 위한 것을 만든다"는 사상에 담긴 가장 큰 오류는, 소프트웨어가 전통적인 폭포수 모델에 의해 순차적으로 만들어진다고 묵시적으로 가정했다는 점이다. 이 모델은 단계적 과정을 나타낸 간트Gantt 차트에서 비롯되었고, 종종 그림 19.1 같은 모양으로 나타낸다. 윈스턴 로이스Winston Royce는 이제 고전이 된 1970년도 논문에서 이런 순차적 모델을 개선할 방안을 다음과 같이 제시하였다.

- 위쪽 단계로 피드백을 보낼 수 있게 하기
- 거기서 발생하는 비용과 일정 지연을 억제하기 위해, 피드백은 바로 직전 단계만으로 한정하기

그는 『맨먼스 미신』보다 앞서서 "두 번 구축하라"라고 충고했다.[8] 순차적인 폭포수 모델로 인해 오점이 남게 된 것은 11장뿐만이 아니다.

VIII (옮긴이) 1940년 붕괴된 타코마 내로우즈 브리지Tacoma Narrows Bridge의 별칭으로, 공사할 때 강풍이 불면 다리가 요동치는 것을 보고 작업자들이 붙인 이름이라고 한다.

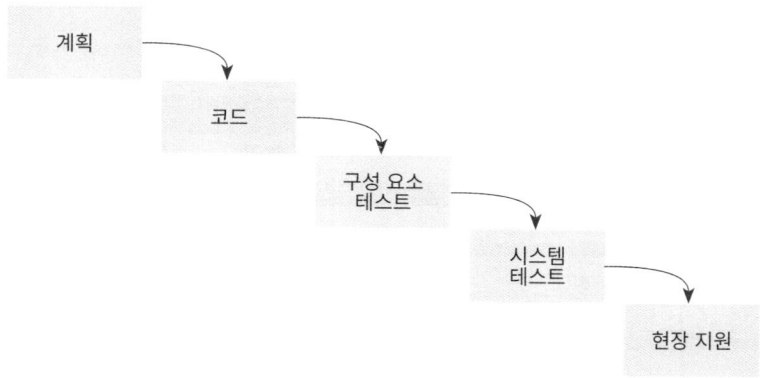

그림 19.1 소프트웨어 구축의 폭포수 모델

이 모델은 2장의 일정 관리 법칙부터 시작해서 책 전체를 관통하고 있다. 2장에 나온 경험 법칙은 일정의 1/3을 계획에, 1/6을 코딩에, 1/4을 구성 요소 테스트에, 1/4을 시스템 테스트에 할당하도록 한다.

폭포수 모델의 기본적인 오류는 프로젝트가 전체 과정을 '한 번씩' 만 거칠 것이라고, 즉 아키텍처는 뛰어나며 사용하기 쉽고, 구현 설계는 견고하며, 제품화 코딩은 테스트가 진행됨에 따라 수정 가능하다고 가정한 것이다. 다르게 표현하자면, 폭포수 모델은 잘못이 일어날 만한 단계는 제품화뿐이라고 가정하며, 따라서 그것들을 수정하는 사이사이에 구성 요소 및 시스템 테스팅이 별 문제 없이 진행될 것이라고 본다.

"버리기 위한 계획을 세워라"는 이런 오류에 정면으로 대처하였다. 여기서 잘못은 오류의 진단이 아니라 그 처방에 있다. 내 제안은 첫 번째 시스템을 버리고 재설계할 때 한꺼번에 아니라 조금씩 하라는 것이었다. 이 처방은 어느 정도는 쓸 만하지만 문제의 근원에는 이르지 못한다. 폭포수 모델은 시스템 테스트를 전체 과정의 가장 마지막에 두므로, '사용자' 테스트 역시 자연스럽게 마지막에 위치하게 된다. 따라서 있을 수 없는 사용상의 불편함, 용납되지 않는 성능, 사용자 오류나 악의에 노출될 위험 등은 전체 시스템이 구축된 이후에야 발견이 가능하다. 확실히, 명세를 정밀 조사하는 알파 테스트의 목적이 이런 결함들을 초기에 발견하는 것이긴 하지만, 직접 써 보는 것 만한 대안은 없다.

폭포수 모델의 두 번째 오류는, 구현 설계 전체와 대부분의 코딩이 완료되고 구성 요소 테스트도 상당히 진행된 상태에서, 총괄 시스템 테스트를 위해 각 부분을 결합하는 식으로 전체가 한 번에 만들어진다고 가정하는 것이다.

1975년에 소프트웨어 프로젝트를 수행하는 방법이라고 하면 대부분의 사람들이 폭포수 모델을 생각했고, 이 모델은 안타깝게도 모든 군사용 소프트웨어에 적용되는 미 국방성 표준인 DOD-STD-2167로 등재되고 말았다. 이로 인해 폭포수 모델은 상당수의 의식 있는 실무자들이 그 부적합성을 깨닫고 폐기한 후에도 여전히 살아남을 수 있었다. 다행히도 국방성은 그 이래로 상황의 심각성을 이해하기 시작한 것 같다.[9]

위로 거슬러 오르는 움직임이 필요하다. 이번 장을 여는 그림의 활기찬 연어처럼, 구축 과정에서 쌓인 경험과 아이디어는 상류로, 가끔은 한 단계 이상 뛰어 올라 위쪽의 활동에 영향을 미쳐야 한다.

구현 설계 도중 아키텍처상의 몇 가지 기능 탓에 심각한 성능 저하가 예상된다면, 아키텍처를 수정해야 할 것이다. 제품화 코딩 중에 어떤 함수가 메모리를 엄청나게 잡아먹는다는 사실이 드러날 경우, 아키텍처와 구현 쪽의 수정이 필요할 수도 있다.

그러므로 코드로 무언가를 제품화하기 이전에 아키텍처와 구현 설계의 순환을 두 번 이상 반복해야 할 수도 있다.

점진적 구축 모델이 더 낫다: 단계적인 세분화

전체 과정을 담은 뼈대 시스템 만들기

할란 밀스Harlan Mills는 일찍이 실시간 시스템을 만들 때는 기초적인 폴링 루프polling loop부터 만들어야 한다고 주장했다. 여기에는 모든 기능에 대응하는 서브루틴 호출이 들어 있지만, 각 서브루틴은 빈껍데기 상태다. 이것을 컴파일하고 실행하면, 무한히 돌아가면서 말 그대로 아무런 일도 하지 않지만 올바르게 동작하는 시스템을 얻게 된다.[10]

그다음으로는 (아마도 기초적인) 입출력 모듈을 구현해 붙인다. 자! 단조롭긴 하지만 어쨌든 뭔가를 수행하는 시스템이 가동되었다. 이제 하나씩 기능을 만들어 모듈을 덧붙인다. 어떤 단계든지 우리에게는 가동 중인 시스템이 있는 것이다. 좀 더 부지런하다면 디버깅과 테스트가 이루어진 시스템을 모든 단계에서 확보할 수 있다(시스템이 커져가면서, 새로운 모듈 추가 후에 이전 테스트 케이스 전체로 시험하는 회귀 테스팅의 부담 역시 커져간다).

모든 기능이 기초적인 수준에서 동작하게 된 다음에는, 모듈을 하나씩 차례로 개선하거나 재작성하면서 시스템을 점진적으로 '성장'시킨다. 가끔 최초의 루프 자체나 그 모듈 인터페이스까지 변경해야 할

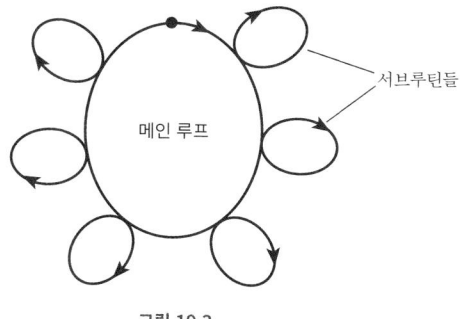

그림 19.2

때도 확실히 있기는 하다.

동작하는 시스템이 항상 확보되므로 우리는,

- 아주 초반부터 사용자 테스트가 가능하고,
- 구축을 예산에 맞춤으로써 일정이나 예산이 절대로 초과되지 않도록 하는 전략을 쓸 수 있다(어느 정도의 기능 부족은 감수해야 할 것이다).

나는 노스캐롤라이나 대학교에서 소프트웨어 공학 연구실의 학생들을 22년간, 때로 데이비드 파르나스David Parnas와 함께 가르쳐왔다. 이 수업에서는 대개 네 명의 학생이 팀을 이뤄 실제 소프트웨어 응용 시스템을 한 학기 동안 만들게 된다. 나는 그 세월의 중간쯤부터 점진적 개발을 가르치는 방향으로 선회했다. 첫 번째 돌아가는 시스템에서 처음 출력한 그 화면이 팀의 사기에 미치는 열광적 효과에 나는 깜짝 놀라고 말았다.

파르나스의 가계도

파르나스는 지난 20년간 소프트웨어 공학 분야의 중요한 이론가였다. 그가 제창한 정보 은닉이라는 개념은 누구에게든 익숙할 것이다. 그보다는 덜 익숙하지만 대단히 중요한 개념 하나는, 소프트웨어 제품을 연관된 여러 제품의 가계家系로 설계한다는 것이다.[11] 그는 제품 설계자가 방계傍系에 해당하는 확장 버전과 직계에 해당하는 버전이 모두 생길 것을 염두에 두고, 연관 제품 가계도를 구성하기 위해 직계와 방계 간의 기능 또는 플랫폼 측면의 차이점을 정의해야 한다고 주장한다(그림 19.3).

이런 트리 구조를 설계할 때의 요령은, 별로 바뀔 것 같지 않은 부분을 루트 근처에 두는 것이다.

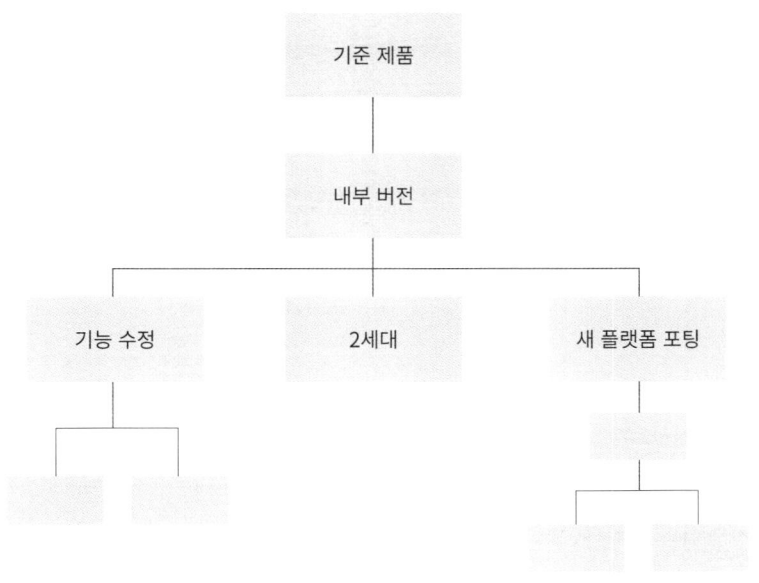

그림 19.3

이 같은 설계 전략은 모듈들을 최대한 재사용할 수 있게 한다. 더 중요한 것은, 출시 대상 제품뿐 아니라 점진적 개발에 의한 직계의 중간 버전들에도 이런 전략을 적용하도록 확장이 가능하다는 점이다. 제품은 이렇게 여러 개의 중간 단계를 거치면서 역행을 최소화하며 성장하게 된다.

마이크로소프트의 '매일 밤 빌드하기'
제임스 매카시James McCarthy는 마이크로소프트에서 그의 팀 및 다른 이들이 도입한 제품 개발 과정을 설명해주었다. 그것은 점진적 성장이 도달하는 논리적 결론과도 같다.

> 우리가 제품을 처음 출시한 다음에는, 동작 중인 기존 제품에다 기능을 추가해서 후속 버전들을 출시하게 될 겁니다. 최초의 빌드 과정이라고

다를 필요가 있을까요? 제품의 첫 출시를 위한 마일스톤 세 개 중에서 첫 번째를 시작할 때, 우리는 개발 시스템을 매일 밤 다시 빌드하고 테스트 케이스를 돌립니다. 이 빌드 주기는 프로젝트의 심장 박동이 됩니다. 프로그래머와 테스터들은 매일 새로운 기능이 추가된 모듈을 체크인합니다. 매번 빌드가 끝난 후에는 동작하는 시스템이 확보됩니다. 빌드가 깨지면, 문제점이 밝혀지고 수정될 때까지 모든 작업을 중단합니다. 프로젝트의 상황을 모든 팀원이 항상 알게 되지요.

　이 과정은 정말로 어렵고, 많은 자원을 쏟아 부어야 합니다. 하지만 이것은 체계가 잡히고 추적 가능하며 잘 알려진 절차입니다. 이렇게 해서 팀은 스스로에게 신뢰를 줍니다. 신뢰는 팀의 사기와 감성 상태를 결정합니다.

다른 조직에서 일하는 사람들이 이런 절차를 알게 되면 놀라거나 심지어는 충격을 받는다. 어떤 이는 이렇게 말한다. "나도 매주 빌드하도록 관례를 만들었지만, 매일 밤 빌드하는 건 일이 너무 많을 것 같군요." 이 말이 옳을 수도 있다.[IX] 예컨대 벨 노던 리서치Bell Northern Research[X]에서는 1200만 라인에 달하는 시스템을 매주 다시 빌드한다.

점진적 구축과 고속 프로토타이핑

점진적 구축으로 인해 초기에 실 사용자가 테스트하는 것이 가능하다면, 고속 프로토타이핑과는 어떤 차이가 있을까? 내 생각에 그 둘은 연관되어 있긴 해도 서로 별개인 듯하다. 둘 중 하나가 없이도 다른 것을 택할 수 있기 때문이다.

　프로토타입에 대해 하렐이 내린 정의는 상당히 유용하다.

[IX] (옮긴이) 지금은 젠킨스(Jenkins), 크루즈컨트롤(CruiseControl) 등의 지속적 통합(Continuous Integration, CI) 도구를 써서 수시로 빌드하는 사례가 흔하다.

[X] (옮긴이) 벨 캐나다(Bell Canada)와 노던 텔레콤(Northern Telecom)의 합작 회사로 통신 관련 연구 개발을 수행했다.

이것은 어떤 프로그램의 개념적 모델을 준비하는 과정에서 내려진 설계 측면의 결정만이 반영된 버전으로, 구현 측면의 결정 사항들은 반영되지 않는다.[12]

출시를 향해 성장시켜 가는 제품과는 전혀 관계없이 프로토타입을 만드는 일도 가능하다. 예를 들면 실제 연결된 프로그램 기능이 없이, 동작을 보여주기 위한 일종의 오토마타로 인터페이스 프로토타입을 구성할 수 있다. 더 나아가서 오즈의 마법사 같은 인터페이스 프로토타입을 만들고 테스트할 수도 있는데, 이 경우에는 사람이 뒤에 숨어서 시스템의 응답을 흉내 내게 된다. 이런 프로토타이핑은 사용자 피드백을 조기에 얻는 데는 대단히 유용하지만, 출시를 향해 성장시켜 가는 제품을 테스트한다는 개념과는 상당히 동떨어져 있다.

그와 비슷하게 제품의 일부를 수직적으로 구현해볼 수도 있다. 이 경우에는 성능에 문제가 될 만한 부분을 초기에 드러내기 위해 아주 한정적인 일련의 기능들을 처음부터 끝까지 구축하게 된다. 그렇다면 첫 마일스톤부터 빌드하는 마이크로소프트 방식과 고속 프로토타이핑 간의 차이점은 무엇일까? 그것은 기능에 있다. 전자의 경우는 흥미를 끌 만한 기능이 충분히 탑재되어 있지 않을 수 있다. 출시 가능한 제품이란, 유용한 기능들이 완전하게 갖추어져 있는지 여부와, 그 기능들이 강건하게 동작하리라는 믿음, 즉 품질로 정의된다.

정보 은닉에 대해서는, 파르나스가 옳았고 내가 틀렸다.

7장에서 나는, 팀 구성원들이 다른 이들의 설계 내용과 코드에 대해 얼마나 알도록 허락되거나 권장되어야 하는가라는 질문에 대해 두 가지 접근법을 대비시켰다. OS/360 프로젝트에서는 모든 프로그래머들이 모든 자료를 보아야 했다. 다시 말하자면 각자가 프로젝트 워크북의 사본을 갖도록 했는데, 이것은 1만 쪽이 넘는 분량이었다. 할란 밀스는 "프로그래밍이란 공개적인 과정이어야 한다"라고 설득력 있게 주장한 바 있다. 모든 업무 내용을 모두의 시선 아래 드러내는 것은, 일을 잘해내야 한다는 상호 간의 압력이자, 또 결함과 버그들을 실제로 발견해 냄으로써 품질 관리에 도움이 된다는 것이다.

그런 관점은, 코드의 모듈이 잘 정의된 인터페이스로 캡슐화되어야 하며, 모듈 내부 구조는 담당한 프로그래머의 사유물로서 외부에 노출되지 않아야 한다는 파르나스의 주장과 극명한 대조를 이룬다. 프로그래머들은 자기 것이 아닌 모듈의 내부 구조에 노출될 때가 아니라 그로부터 차단될 때 가장 효율적이 된다.[13]

나는 7장에서 파르나스의 개념을 "재앙을 부르는 일"이라고 묵살했었다. 그가 옳았고, 내가 틀렸다. 이제 나는, 오늘날 객체 지향 프로그래밍에 종종 포함되는 정보의 은닉이야말로 소프트웨어 설계 수준을 높일 수 있는 유일한 방법이라 확신한다.

사실 두 가지 중 어떤 방법으로도 재앙을 초래할 수는 있다. 밀스의 방법은 프로그래머들이 인터페이스 반대쪽에 무엇이 있는지 알게 함으로써 인터페이스에 담긴 상세한 의미를 파악하도록 한다. 그런 의미를 숨기는 것은 시스템의 버그를 유발한다. 반면 파르나스의 방법은 변화에 대해 강건하며, 변화를 염두에 두고 설계하는 경우에 더 적합하다.

본서 16장은 다음과 같은 주장을 펴고 있다.

- 소프트웨어 생산성 분야의 지난 성과들은 대부분 불편한 기계어나 일괄 처리 시스템의 느린 전환 시간 등 본질적이지 않은 어려움을 제거하는 것에서 비롯되었다.
- 이제 그런 손쉬운 이삭줍기는 별로 남아 있지 않다.
- 근본적인 진전은 복잡한 개념적 구조물을 만들 때의 본질적 어려

움을 공략하는 데에서 비롯되어야 할 것 같다.

이 일을 해내기 위한 가장 확실한 방법은, 프로그램이란 것이 고급 언어의 개별 문장보다 훨씬 큰 개념적 덩어리, 즉 서브루틴, 모듈, 또는 클래스 같은 것으로 이루어졌음을 인식하는 것이다. 미리 만들어진 이런 덩어리로 필요한 것을 조합하고 매개 변수를 조정하는 것으로 설계와 구현을 한정시킬 수 있다면 그 개념적 수준은 급격히 높아질 것이며, 막대한 분량의 작업은 물론 개별 문장 수준에 내재된 엄청난 오류 가능성들을 제거할 수 있게 된다.

파르나스가 정보 은닉이란 관점으로 모듈에 대해 내린 정의는, 결정적 중요성을 가진 해당 연구 분야에서 출간된 첫 번째 성과이며, 객체 지향 프로그래밍을 낳은 지적 조상 중 하나다. 그는 모듈이란 것을 자신만의 데이터 모델과 연산 체계를 갖춘 소프트웨어 개체로 정의하였다. 모듈의 데이터는 오로지 그 모듈에 고유한 연산을 통해서만 접근이 가능하다. 이 분야의 두 번째 성과는 몇몇 사상가의 기여로 얻어진 결과인데, 파르나스의 모듈 개념을 '추상적 자료형'으로 발전시켜서 그로부터 많은 객체가 파생될 수 있게 하였다. 추상적 자료형은 모듈의 인터페이스를 고민하고 명세하기 위한 통일된 방법과, 강제하기 쉬운 접근 규율을 제공한다.

세 번째 성과인 객체 지향 프로그래밍은 '상속'이라는 강력한 개념을 도입한다. 여기서 클래스(자료형)들은 지정된 속성을 계층상의 선조로부터 기본적으로 물려받는다.[14] 우리가 객체 지향 프로그래밍으로부터 얻고자 하는 대부분의 것들은 사실 첫 번째 단계인 모듈 캡슐화와, 그에 더해서 '재사용을 위해 설계하고 테스트한' 모듈 또는 클래스들의 미리 준비된 라이브러리라는 발상에서 비롯된다. 그런데 많은 이들은 이런 모듈들이 단순한 프로그램이 아니며 1장에서 논의된 프로그램 제품이라는 점을 무시하기로 한 것 같다. 또 어떤 이들은 제품 수준의 품질을 갖춘, 즉 일반화되고 견고하며 테스트와 문서화가 완료된 모듈을 만들기 위한 초기 비용을 감수하지도 않으면서 모듈이 많이 재사용되기를 헛되이 바라고 있다. 객체 지향 프로그래밍과 재사용은 16장과 17장에서 다루었다.

맨먼스는 어느 정도로 미신적인가: 보엠의 모델과 데이터

소프트웨어 생산성과 거기에 영향을 주는 요소들, 특히 프로젝트의 인원과 일정 간의 타협점에 대한 정량적인 연구는 여러 해 동안 다수 진행되어 왔다.

그중 가장 방대한 것은 배리 보엠Barry Boehm이 63개의 소프트웨어 프로젝트를 조사한 것인데, 대부분 항공우주 분야이며 25개 정도가 TRW[XI]에서 수행되었다. 그의 저서 『Software Engineering Economics』는 이런 연구 결과뿐 아니라 점진적 포괄성에 대한 일련의 유용한 비용 모델도 포함하고 있다. 물론 일반 상용 소프트웨어에 대한 모델 계수는 정부 표준에 맞춰서 개발하는 항공우주 분야와는 다르겠지만, 그의 모델들이 막대한 양의 데이터에 기반을 두고 있음은 분명하다. 이 책은 한 세대 후에 유익한 고전이 될 것 같다.

그가 내놓은 결과들은, 인원수와 기간 사이의 절충은 전혀 선형적이지 않으며, 생산성의 척도로서 맨먼스는 실로 미신과 같다는 『맨먼스 미신』의 주장을 더욱 공고히 뒷받침해 주고 있다. 특히 그는 다음과 같은 점을 지적한다.[15]

- 첫 번째 출시에 대해 비용을 최적화하는 일정, $T = 2.5(MM)^{1/3}$이 존재한다. 즉 최적 일정은 예상 투입 인원MM의 세제곱근에 비례하며,

---

[XI] (옮긴이) 미국의 항공우주 분야 회사로 2002년 방산업체인 노스럽 그러먼Northrop Grumman에 인수되었다.

이것은 모델에 따른 크기 추정 및 다른 요인들로부터 나온 수치다. 최적 인원 곡선은 그로부터 자연스럽게 도출된다.
- 계획된 일정이 최적치보다 길 경우 비용 곡선은 서서히 상승한다. 시간이 넉넉한 사람들은 작업을 더 천천히 하게 된다.
- 계획된 일정이 최적치보다 짧을 경우 비용 곡선은 급격히 상승한다.
- 계산으로 나온 최적 일정의 3/4 이내에 성공적으로 끝난 프로젝트는 거의 없었고, 이것은 투입된 인원수와 무관했다! 인용할 가치가 있는 이 결과는, 고위 관리층으로부터 불가능한 일정을 약속하라고 요구받는 소프트웨어 관리자에게 확실한 탄약이 되어 준다.

브룩스의 법칙은 얼마나 옳을까? 늦어진 소프트웨어 프로젝트에 인력을 더 투입하면 더욱 늦어진다는 브룩스의 (의도적으로 단순화한) 법칙에 대해 그 진실성을 평가하려는 진지한 연구들이 있었다. 그중 가장 뛰어난 것은 압델-하미드Abdel-Hamid와 매드닉Madnick의 논의로, 1991년 출판된 야심차고도 값진 저서 『Software Project Dynamics: An Integrated Approach』에 실려 있다.[16] 이 책은 프로젝트 역학 관계에 관한 정량적 모델을 개발하며, 브룩스의 법칙에 할애된 장에서는 투입되는 인력의 부류와 시기를 여러 가지로 가정할 때 어떤 일이 일어날지에 대해 좀 더 상세한 통찰을 제공한다. 이를 위해 저자들은 중간 규모의 응용 프로그램 프로젝트에 대한 나름의 모델을 확장한다. 신규 인원은 학습 곡선의 영향을 받는다고 가정하고, 추가로 발생하는 의사소통과 훈련도 계산에 넣는다. 그들이 내린 결론은 이렇다. "늦어진 프로젝트에 인원을 더 투입하는 일은 언제나 비용을 증가시키지만, '항상' 더 늦게 완료되도록 만들지는 않는다.[강조는 원 저자들에 의함]" 특히 일정 초반에 인원을 추가로 투입하는 것은 후반에 비해 훨씬 안전한 조치다. 새로 합류한 인원들은 언제나 곧바로 부정적인 효과를 수반하며, 그것을 벌충하는 데는 몇 주가 걸리기 때문이다.

슈투츠케Stutzke도 비슷한 연구를 위해 좀 더 단순한 모델을 개발해서 비슷한 결과를 얻었다.[17] 여기서는 신규 작업자들을 동화시키기 위한 과정과 비용에 대해 자세히 분석했고, 그들을 챙겨줄 멘토들이 프로젝트 업무 자체로부터 멀어지게 되는 점도 명시적으로 포함시켰다. 그는 일정의 중간쯤 지연이 발생했을 때 인원을 두 배로 증원하여 원래 일정을 준수하는 데 성공한 실제 프로젝트로 자신의 모델을 시험하였다. 그리고 프로그래머 추가 투입을 대신할 다른 방안들, 특히 초과 근무에 대해 다루었다. 추가 투입의 부정적인 영향을 최소화하려면 신규 인원이 어떤 식으로 추가되고 훈련되고, 도구로 지원받아야 하는지 조언한 실무적 내용들은 그중에서도 가장 유용하다. 특히 주목할 만한 조언은, 개발 프로젝트에 뒤늦게 신규 투입되는 사람들은 현재의 체계 안에서 기꺼이 협력하며 일하려는 팀 플레이어들이어야 하며, 기존 체계 자체를 바꾸거나 개선하려 들어서는 안 된다는 것이다.

슈투츠케는 좀 더 큰 프로젝트 내의 의사소통에 따른 추가 부담을 이차적인 것으로 간주하여 모델에 반영하지 않았다. 압델-하미드와 매드닉이 그 부분을 고려하였는지는 분명하지 않다. 추가 인원을 투입할 때는 기존 업무도 다시 분할되어야 하는데, 두 모델 모두 이 부분은 계산에 넣지 않았다. 내 경험으로 보아 그 과정은 그리 만만한 것이 아니다.

"지나칠 정도로 단순화된" 브룩스의 법칙은 이처럼 상세하게 검증한 연구들 덕택에 좀 더 유용하게 되었다. 이 모든 것을 감안할 때, 진실에 대한 최선의 일차 근사치로, 그리고 늦어진 프로젝트에 본능적인 해법을 맹목적으로 적용하지 않도록 경고하기 위한 경험법칙으로, 나는 원래의 직설적인 진술을 고수하고자 한다.

사람이 전부다(말하자면, 거의 전부다)

일부 독자들은 『맨먼스 미신』이 내용의 대부분을 기술적 이슈가 아닌 소프트웨어 공학의 관리적 측면에 할애한 것에 대해 의아하게 여겼다. 이런 편향은 내가 IBM OS/360(현재는 MVS/370) 프로젝트에서 담당했던 역할의 성격에 어느 정도 기인한다. 좀 더 근본적으로는, 프로젝트에 참여한 인원들의 자질과 그 사람들을 어떻게 조직하고 관리하느냐 하는 것이, 어떤 도구를 쓰느냐 또는 어떤 기술적 접근을 택하느냐보다도 프로젝트 성공에 훨씬 더 중요하다는 확신에서 비롯된 것이다.

뒤이은 연구들도 이런 확신을 뒷받침해준다. 보엠의 COCOMO 모델[XII]은 팀의 자질이 성공에 있어서 가장 큰 요인이며 두 번째 큰 요인보다도 네 배나 중요하다는 것을 밝혀냈다. 소프트웨어 공학 분야의 학술적 연구들은 대부분 도구에 집중했었다. 나는 예리한 도구들을 찬탄하며 또한 갈망한다. 그렇긴 하지만, 사람들을 배려하고 성장시키며 양육하는 일, 또 소프트웨어 관리의 역학 관계에 대한 연구들이 진행되는 것을 보면 마음이 든든해진다.

피플웨어. 드마르코DeMarco와 리스터Lister의 1987년도 저서인 『Peopleware: Productive Projects and Teams』[XIII]는 최근 몇 년 사이의 주요한 공헌으로 꼽을 수 있다. 이 책은 "우리가 업무에서 맞닥뜨리는 중요한 문제들은 그 본질상 '기술적'이기보다는 '사회학적'이다"라는 논지를 바탕에 두고 있다. 책 속에는 "관리자의 역할이란 사람들이 일하게 만드는 것이 아니라 일할 수 있도록 하는 것이다"처럼 주옥같은 문구들

[XII] (옮긴이) Constructive Cost Model. 배리 보엠Barry W. Boehm이 개발한 소프트웨어 비용 추정 모델. 다수의 실제 프로젝트 데이터에 근거한 회귀 분석으로 공식을 도출하였다.
[XIII] (옮긴이) 번역서로 『피플웨어』(인사이트, 2014)가 있다.

이 가득하며, 업무 공간, 가구, 팀 회식 같은 일상적인 주제들도 다루고 있다. 드마르코와 리스터가 제시한 코딩 워 게임Coding War Games의 실제 데이터에는, 같은 조직에서 온 프로그래머들의 성취도 사이, 또 업무 공간의 특성과 생산성 및 결함 수준 사이의 깜짝 놀랄 만한 연관 관계가 드러나 있다.

> 최고의 성취를 이룬 사람들의 업무 공간은 더 조용하고, 더 사적이며, 방해받을 일이 적고, 그런 식이었다. … 업무 공간의 조용함, 널찍함, 독립성 같은 것들이, 지금 여러분의 사람들로 하여금 일을 더 잘하도록 하는 데 도움이 되는지, [그렇지 않으면] 더 좋은 사람들을 끌어들이고 유지하는 데 도움이 되는지 여부가 … 여러분에게 정말로 중요한가?[18]

나는 이 책을 모든 독자에게 진심으로 추천한다.

프로젝트 이관하기. 드마르코와 리스터는 막연하지만 매우 중요한 특성인 팀의 '융합'에 상당한 주의를 기울이고 있다. 소재지가 여러 곳인 회사에서 프로젝트를 다른 연구실로 옮기는 경우에 볼 수 있었던 미비함은, 관리 층이 그런 융합을 간과했기 때문이라고 본다.

    내가 경험하고 목격한 것은 대여섯 건 정도지만, 이관이 성공적이었던 경우는 한 번도 없다. '임무'를 성공리에 이관하는 것은 가능하다. 하지만 프로젝트를 이관하는 경우, 훌륭한 문서화와 선진적인 설계, 그리고 원래 팀의 일부 인원이 남겨졌음에도 불구하고, 새 팀은 개발을 사실상 처음부터 다시 시작했다. 맹아기에 있던 제품을 폐기하고 다시 만들게 된 것은 원래 팀의 융합이 깨졌기 때문이 아닐까 생각한다.

권력을 포기할 수 있는 권력

창조성이란 것이 이 책 곳곳에서 주장한 것처럼 구조나 절차가 아닌 개개인으로부터 비롯됨을 믿는다면, 소프트웨어 관리자의 당면한 핵심 문제는 구조와 절차를 어떻게 설계해야 창조성과 독창성을 저해하지 않고 더 향상시킬 수 있느냐가 된다. 이 문제는 다행히도 소프트웨어 분야 조직에 국한된 것이 아니어서, 여러 훌륭한 사상가의 사색 대상이 되어 왔다. 슈마허E. F. Schumacher는 고전이 된 저서 『Small is Beautiful: Economics as if People Mattered』[XIV]에서 작업자들의 창조성과 즐거움을 최대화하는 방향으로 기업을 조직하기 위한 이론을 제안한다. 첫 번째 법칙으로 그는 교황 비오 11세[XV]의 회칙[XVI] 「콰드라게시모 안노Quadragesimo Anno」[XVII]에 실린 "보조적 기능의 원리Principle of Subsidiary Function"를 선택한다.

> 더 작은 하위 조직이 할 수 있는 일을 더 크고 상위인 조직에 맡기는 것은 불의한 일이자 중대한 해악이며 올바른 질서의 교란입니다. 모든 사회적 활동은 그 본질상 사회 구성원들에게 도움이 되어야 마땅하고, 그들을 파괴하거나 흡수해서는 결코 안 되기 때문입니다. … 이런 보조적 기능의 원리를 따름으로써 다양한 조직 간의 위계질서가 유지될수록 사회적 권위와 능률은 더 높아지고 국가의 상태도 더 행복해지며 번영하리라는 점을, 권력을 가진 이들은 명심해야 하겠습니다. [19]

[XIV] (옮긴이) 번역서로 『작은 것이 아름답다: 인간 중심의 경제를 위하여』(문예출판사, 2002)가 있다.
[XV] (옮긴이) 제259대 교황(재위 1922년~1939년)
[XVI] (옮긴이) 교황이 주교들에게 보내는 칙서의 형식으로 전체 가톨릭교회에 전하는 교서
[XVII] (옮긴이) 라틴어로 '40주년'이라는 뜻이며, 교황 레오 13세가 1891년 공포한 회칙 "노동헌장(Rerum Novarum)"의 40주년을 기념하여 비오 11세가 1931년에 발표했다.

슈마허가 이어서 해설한다.

> '보조적 기능의 원리'가 가르치는 바는, 하부 구조의 자유와 책임이 신중하게 유지될 때 중심부는 권위와 능률면에서 이득을 얻고 결과적으로 조직 전체가 "더 행복해지며 번영"한다는 것이다.
>
> 　어떻게 하면 이런 체계를 이룰 수 있는가? … 큰 조직은 어느 정도 자율성을 가진 여러 구성단위로 이루어지며, 이것을 준(準)회사라고 부를 수 있을 것이다. 그 각각은 창조성과 기업가 정신이 가능한 한 잘 발휘되도록 상당한 수준의 자유를 가지게 될 것이다. … 모든 준회사는 자체적인 손익 계정과 대차 대조표를 가지고 있어야 한다.[20]

조직 구성에 관련된 이런 아이디어를 현실화하는 초기 단계는 소프트웨어 공학 분야 발전 과정에서 가장 흥분되는 것 중 하나다. 먼저, 마이크로컴퓨터 혁명이 수백 개의 신생 기업을 탄생시키면서 새로운 소프트웨어 산업을 일으켰다. 모두 소규모로 시작했던 그 기업들은 열정, 자유, 창조성으로 특징지을 수 있었다. 이제 많은 소규모 회사들이 더 큰 회사에 인수되면서 업계는 변화하는 중이다. 작은 조직의 창조성을 보존하는 일이 중요하다는 것을 인수자인 큰 기업들이 이해할지 어떨지는 앞으로 두고 볼 일이다.

　더욱 주목할 만한 것은, 몇몇 대기업의 고위 경영층이 개별 소프트웨어 프로젝트 팀에 권한을 위임하면서 구조와 책임 면에서 슈마허의 준회사에 근접하도록 만든 경우다. 그들은 그 결과에 놀라며 기뻐하고 있다.

　마이크로소프트의 짐 매카시Jim McCarthy는 맡은 팀들을 자유롭게 해방시켰던 경험을 나에게 이야기해 주었다.

30~40명 정도의 각 기능 팀은 그 나름의 기능 목록과 일정은 물론 업무 정의, 제품 개발, 출시를 위한 절차까지도 보유하게 됩니다. 각 팀은 구축, 테스팅, 저술을 포함한 네댓 개의 전문 분야로 이루어집니다. 이런저런 논쟁은 팀 내에서 알아서 정리하고, 상사는 관여하지 않지요. 팀이 자신의 성공을 책임지게 하는 권한 이양의 중요성은 아무리 강조해도 지나치지 않습니다.

은퇴한 IBM 소프트웨어 사업 부문 책임자인 얼 휠러Earl Wheeler는 IBM의 부서 관리 체제하에서 오랫동안 중앙에 집중되어 왔던 권한을 하부로 이양한 경험을 전해주었다.

(근년의) 핵심적인 추진력은 권한을 아래로 위임하는 것이었습니다. 그것은 마법과도 같았지요! 품질, 생산성, 팀의 사기 모두가 개선되었습니다. 우리 팀들은 규모가 작고, 중앙의 통제는 없습니다. 업무 절차는 각 팀 소관에 맡겨지지만 어쨌거나 무슨 절차든 가지고는 있어야 합니다. 팀들이 선정한 절차들은 여러 가지로 다양합니다. 각 팀은 스스로 일정을 챙기지만 시장의 압력도 느끼고 있습니다. 이런 압력은 각 팀으로 하여금 나름의 도구들을 확보하도록 만듭니다.

물론 팀의 구성원과 개별적으로 이야기를 나눠 보면, 위임된 권력과 자유를 환영하는 동시에, 실제 양도된 통제권의 정도에 대해 다소 보수적으로 추정하는 모습도 보인다. 그렇긴 하지만, 이런 위임을 이루었다는 것은 확실히 올바른 방향으로 한 걸음 나아간 것이다. 비오 11세가 예견했던 이익은 거기서 생겨난다. 중심부는 권력을 위임함으로써 진정한 권위를 얻고, 조직 전체는 더 행복해지며 번영한다.

가장 놀라운 새 소식 : 수백만 대의 컴퓨터

내가 이야기를 나눠본 소프트웨어 전문가들은 다들 마이크로컴퓨터 혁명과 그 소산인 패키지 소프트웨어 산업의 출현에 깜짝 놀랐음을 인정한다. 이것은 의문의 여지없이 『맨먼스 미신』 이래 20년 사이의 중대 변화이며, 소프트웨어 공학 분야에 많은 영향을 미쳤다.

모든 이의 컴퓨터 사용 방식을 바꾸어놓은 마이크로컴퓨터 혁명. 슈마허는 20년도 더 전에 이런 도전을 언급했었다.

> 우리가 과학자나 기술자들에게 정말로 원하는 것은 무엇인가? 내가 답해보자면, 우리는
> - 거의 누구나 이용할 수 있을 정도로 저렴하고
> - 소규모 응용에 적합하며
> - 인간의 창조 욕구에 맞는
>
> 그런 방법론과 장치가 필요하다.[21]

이것들은 마이크로컴퓨터 혁명이 컴퓨터 산업계와 이제 일반 대중이 된 사용자들에게 가져다 준 바로 그 놀라운 특성이다. 평균적인 미국인들은 이제 자기 소유의 컴퓨터뿐 아니라 20년 전이라면 한 나라 국왕의 월수입이 들어갔을 소프트웨어 묶음까지 구매할 수 있게 되었다. 슈마허가 나열했던 목표 하나하나는 숙고할 가치가 있고 각각이 달성된 정도도 음미해 볼 만한데, 마지막 것이 특히 그러하다. 여러 분야에서 등장한 새로운 자기표현 수단은, 전문가는 물론이고 보통 사람들도 접할 수 있는 것이 되었다.

    부수적 어려움을 제거함으로써 소프트웨어 창작 분야에 개선이 이루어졌듯이, 다른 분야에서도 같은 식으로 어느 정도 개선이 이루어

지고 있다. 타이핑된 원고의 예를 들자면, 이전까지는 변경할 일이 있어도 다시 타이핑하는 시간과 비용 때문에 어쩔 수 없이 그대로 두는 일이 많았다. 300쪽 분량의 원고라면 석 달에서 여섯 달마다 다시 타이핑하는 과정을 거치지만, 그 사이에도 원고에는 계속 표시를 해두어야 한다. 변경된 내용이 논리의 흐름이나 단어의 운율에 어떤 영향을 주는지 파악하기도 쉽지 않았다. 하지만 이제, 원고는 놀랄 만한 유동성을 갖추게 되었다.[22]

컴퓨터는 다른 매체에도 그와 비슷한 유동성을 가져다주었다. 드로잉, 건물 도면, 작곡, 사진, 비디오, 발표용 슬라이드, 멀티미디어 작업, 그리고 스프레드시트까지. 이 모든 것을 수작업으로 만들 경우, 변경 내용을 전체 맥락에서 확인하려면 변하지 않은 대부분의 내용까지도 재차 복사해야 했다. 이제 우리는 시분할 방식이 소프트웨어 창작에 가져다준 이점을 그런 매체들에 대해서도 누리게 되었다. 내용을 변경하고서 생각의 흐름이 끊기는 일 없이 결과를 바로 확인할 수 있는 것이다.

창조성은 새롭고 유연성 있는 보조적 도구를 통해서도 향상된다. 예를 들어 우리가 글을 쓸 때는 철자 교정기, 문법 검사기, 문체 추천기, 참고 문헌 시스템 같은 것들의 도움을 받으며, 작성과 동시에 페이지 내용이 최종 레이아웃으로 포매팅되는 기능은 특히 놀랄 만한 것이다. 언제든 바로 불러낼 수 있는 백과사전이나 월드와이드웹 속의 무한한 자원이 저술가의 즉흥적 연구에 어떤 의미를 가질지는 아직 알지 못한다.

가장 중요한 점은, 매체의 새로운 유동성 덕분에 창작품이 막 구체화될 즈음하여 극단적으로 다른 여러 대안을 시도해 보기가 수월해졌다는 것이다. 어떤 작업에 착수할 때, 변경 사항이 반영되는 시간이라는 양적 인자에 자릿수 하나만큼의 향상이 이루어져서 질적인 전환을 가져오게 되는 또 하나의 사례가 여기에 있다.

드로잉 도구는 건물 설계자들이 같은 시간에 더 많은 선택지를 검토할 수 있게 해준다. 컴퓨터와 신디사이저를 연결하고, 자동으로 악보를 생성하거나 연주하는 소프트웨어를 탑재하면, 건반으로 곡을 두드려서 컴퓨터로 캡처하는 일이 훨씬 쉬워진다. 어도비 포토샵Adobe Photoshop 같은 디지털 사진 처리 프로그램을 쓰면 암실에서 여러 시간 걸리던 실험이 단 몇 분에 끝난다. 스프레드시트는 수십 가지 '만약'에 해당하는 시나리오를 손쉽게 조사하도록 만들어준다.

마지막으로, 개인용 컴퓨터가 도처에 깔리면서 전혀 새로운 창작 수단들이 사용 가능하게 되었다. 1945년 배너바 부시Vannevar Bush에 의해 제안된 하이퍼텍스트는 오직 컴퓨터를 통해서만 현실화될 수 있는 개념이다.[23] 멀티미디어로 발표하고 체험하는 일은, 개인용 컴퓨터와 풍부하고 저렴한 소프트웨어의 등장 이전에는 엄청난 일거리였으며 애로 사항도 너무 많았다. 가상 환경 시스템은 아직은 저렴하지도 않고 널리 퍼지지도 않았지만, 향후 그렇게 된다면 또 하나의 창작 매체로 자리매김할 것이다.

소프트웨어 만드는 방식을 바꾸어 놓은 마이크로컴퓨터 혁명. 1970년대 소프트웨어 개발 체계는 마이크로컴퓨터 혁명과 그것을 가능토록 한 기술적 발전 때문에 총체적인 변화를 겪었다. 소프트웨어 제작 과정상의 부수적 어려움은 많은 부분 제거되었다. 이제 고성능 개인용 컴퓨터가 개발자들의 일상 도구이고, 전환 시간은 낡은 개념이 되어 버렸다. 오늘날 개인용 컴퓨터는 1960년대의 슈퍼컴퓨터뿐 아니라 1985년의 유닉스 워크스테이션보다도 빠르다. 그 얘기는 곧 가장 시원찮은 기계에서도 컴파일이 빠르다는 것이고, 대용량 메모리로 인해 디스크 기반 링킹의 기다림도 사라졌다. 또한 심벌 테이블을 오브젝트 코드와 함께 메모리에 올릴 수 있게 되면서 재컴파일 없는 고수준의 디버깅이 일상화되었다.

지난 20년간 우리는 소프트웨어를 만드는 방법론으로 시분할을 거의 완전한 수준으로 이용하게 되었다. 1975년에 시분할은 일괄 처리 방식을 이제 막 대체하여 가장 일반적인 기법이 된 참이었다. 개발자들은 공유 파일과 컴파일·링킹·테스팅 용도로 공유하는 강력한 엔진에 접근하기 위해 네트워크를 사용했다. 오늘날에는 개인용 워크스테이션이 그런 엔진 역할을 하며, 네트워크는 주로 팀 공동으로 작업하는 산출물 파일에 접근할 때 사용된다. 클라이언트-서버 시스템은 체크인, 빌드, 테스트 케이스 적용을 위한 동시 접근을 예전과는 다르고 더 단순한 과정으로 만들어준다.

사용자 인터페이스 면에서도 유사한 진전이 있었다. WIMP 인터페이스 덕분에 프로그램 코드는 물론 영어 텍스트 편집이 더 편리해졌다. 72열 24행이던 화면은 페이지 전체 또는 심지어 두 페이지를 한 번에 표시할 수 있도록 바뀌었고, 프로그래머는 자신이 수정하는 내용의 앞뒤 맥락을 더 잘 파악할 수 있게 되었다.

완전히 새로운 산업: 패키지 소프트웨어

고전적 소프트웨어 산업과 나란히 하여 또 다른 산업이 폭발적으로 생겨났다. 상품 판매량이 수십만, 심지어는 수백만에 달한다. 풍부한 기능을 담은 소프트웨어 패키지 전체를 프로그래머 한 명의 하루 유지비도 안 되는 가격으로 구입할 수 있다. 두 업계는 많은 면에서 다르지만 또한 공존하고 있다.

고전적 소프트웨어 산업. 1975년의 소프트웨어 업계는 약간씩 다른 몇 개의 요소로 이루어져 있었고, 각 요소는 지금까지도 존속한다.

- 자사 제품에 탑재할 운영 체제, 컴파일러, 유틸리티 등을 제공하는 컴퓨터 제조사들
- 경영 정보 시스템MIS 유틸리티 판매점, 은행, 보험사, 정부 기관 등 내부적으로 사용할 패키지를 만드는 응용 프로그램 사용자들
- 전용 패키지 제작을 목적으로 계약하는 주문형 응용 프로그램 제작자들. 이 중 많은 수는 요구 사항, 표준, 마케팅 절차가 특이한 국방 분야에 전문화되어 있다.
- 그 당시 통계 분석이나 CAD 시스템 등 특수 시장 대상의 대규모 응용 프로그램을 개발하던 상용 패키지 개발자들

톰 드마르코는 고전적 산업 중에서도 특히 응용 프로그램 사용자 분야의 파편화에 대해 이렇게 지적한다.

> 내가 예상하지 못했던 것은 우리 업계가 여러 개의 틈새 분야로 나뉜 점입니다. 여러분이 뭔가를 해내려면 범용 시스템 분석 방법론, 범용 언어, 범용 테스팅 기법이 아닌 틈새 분야의 기능을 이용하게 될 공산이 더 큽니다. 에이다 같은 경우는 범용 언어의 마지막 주자였지만 이제는 틈새시장의 언어가 되었지요.[XVIII]

일상적인 상업적 응용 분야에서는 4세대 언어4GL들이 큰 기여를 했다. 보엠Boehm은 이렇게 말한다. "성공적인 4GL들은 대부분 특정 분야의 업무를 누군가가 코드화해서 옵션과 인자를 통해 사용할 수 있도록 만든 결과물이다." 응용 프로그램 생성기, 그리고 조회용 언어를 포함한 데이터베이스-통신 결합 패키지들이 4GL 중에서는 가장 널리 퍼져 있다.

XVIII (옮긴이) 에이다는 군사, 항공, 철도 관제 같은 분야에서 주로 사용된다.

소수로 합쳐진 운영 체제 분야. 1975년에는 운영 체제가 아주 많았다. 각 하드웨어 제조사들은 제품군마다 고유한 운영 체제가 적어도 하나씩, 많은 경우 두 개씩 있었다. 지금은 상황이 얼마나 다른가! 개방형 시스템이 현재의 좌우명이고, 사람들이 응용 프로그램 패키지를 내놓는 운영 체제 환경은 고작 다섯에 지나지 않는다(다음은 시간 순이다).

- IBM MVS[XIX]와 VM[XX] 환경
- DEC VMS[XXI] 환경
- 유닉스 환경(여러 가지 변종 포함)
- 도스, OS/2, 윈도를 포함한 IBM PC 환경
- 애플 매킨토시 환경

패키지 소프트웨어 업계. 패키지 소프트웨어 업계의 개발자가 처한 경제적 조건은 고전적 업계와 전혀 다르다. 개당 개발 비용은 크게 줄어들며, 패키징과 마케팅 비용이 중요해진다. 고전적인 내부용 프로그램 개발의 경우 일정과 세부 기능은 절충 가능하지만 개발 비용은 그렇지 않을 수 있었다. 경쟁이 치열한 자유 시장에서는 개발 비용보다는 일정과 기능이 더 우선이다.

짐작할 수 있겠지만, 이토록 다른 경제적 조건으로 인해 양쪽의 프로그래밍 문화도 상당히 달라졌다. 고전적인 업계는 경영 스타일과 업무 문화가 이미 확립된 대기업이 우세한 편이었다. 반면에 패키지 소프트웨어 쪽은 수백 개의 신생 기업으로 시작했고, 절차보다는 자유분방함 속에서 일이 성사되는 것에 맹렬히 집중했다. 이런 속에서

[XIX] (옮긴이) IBM의 메인프레임 시스템/370과 390에서 널리 쓰이던 운영 체제
[XX] (옮긴이) IBM의 메인프레임 운영 체제이며 현재까지도 사용되고 있다.
[XXI] (옮긴이) DEC의 서버용 운영 체제로 VAX 계열 컴퓨터 등에 사용되었다.

개별 프로그래머의 재능은 더 크게 인정받아왔고, 뛰어난 설계는 뛰어난 설계자로부터 비롯된다는 인식 또한 무언중에 있어 왔다. 신생 기업들은 스타 개발자들의 기여에 비례해서 보상을 해줄 수 있었다. 하지만 고전적 업계에서는 사내 사회학과 급여 관리 계획 탓에 그러기가 늘 어려웠다. 많은 신세대 스타들이 패키지 업계로 끌리게 된 것은 놀랄 일이 아니다.

사서 만들라: 구성 요소로서의 패키지 소프트웨어

소프트웨어의 견고함과 생산성을 획기적으로 높이는 것은 한 수준 위로 올라서야만 가능한 일이며, 그 방법은 모듈 또는 객체들의 조합으로 프로그램을 구성하는 것이다. 근래의 동향 중, 대량 판매용 패키지를 바탕으로 더 풍부한 기능의 맞춤형 제품을 제작하는 방식은 특히 장래가 밝아 보인다. 데이터베이스-통신 패키지 프로그램 위에서 화물차 추적 시스템이 개발되며, 학생 정보 시스템 역시 그렇다. 컴퓨터 잡지에는 하이퍼카드HyperCard[XXII] 스택이나 맞춤형 엑셀 템플릿을 파는 광고들이 수백 개씩 실리고, 미니캐드MiniCad[XXIII]용 파스칼 특수 함수와 오토캐드AutoCad용 오토리스프AutoLisp[XXIV] 함수들도 수십 가지 찾아볼 수 있다.

메타프로그래밍. 하이퍼카드 스택, 엑셀 템플릿, 미니캐드 함수 등의 작성은 '메타프로그래밍'이라고도 하며, 패키지 사용자 중 일부를 대상으로 맞춤 기능을 제공하기 위해 새로운 층을 하나 더 쌓는 일이

[XXII] (옮긴이) 애플 II GS와 매킨토시에서 동작하던 애플의 하이퍼미디어 애플리케이션으로, 데이터베이스 기능을 탑재했다.
[XXIII] (옮긴이) 네메체크 벡터웍스Nemetschek Vectorworks의 CAD용 프로그램. 지금은 벡터웍스로 이름이 바뀌었다.
[XXIV] (옮긴이) 오토캐드 프로그래밍에 사용하도록 만들어진 리스프 언어의 일종

다. 이 개념은 새로운 것이 아니고 예전 것이 되살아나서 이름만 바 뀐 경우다. 1960년대 초반, 컴퓨터 제조사와 많은 대형 경영 정보 시 스템MIS 판매점들은 어셈블리어 매크로를 가지고 전혀 새로운 응용 프로그래밍 언어를 만들어 내는 소수의 전문가 집단을 보유하고 있 었다. 이스트만 코닥Eastman Kodak의 MIS 판매점은 IBM 7080 매크 로 어셈블러로 만든 자체 애플리케이션용 언어가 있었다. 그와 유 사하게 IBM OS/360의 큐드 텔레커뮤니케이션 액세스 메서드Queued Telecommunications Access Method[XXV]를 쓰면, 기계어 수준의 명령어를 접 하는 일 없이도 어셈블리처럼 생긴 통신 프로그램을 상당 부분을 읽 어내는 것이 가능하다. 지금 메타프로그래머들에 의해 제공되는 덩어 리는 그런 매크로보다는 훨씬 크다. 이와 같은 2차적 시장의 발달은 아주 전도가 유망해 보인다. 우리가 C++ 클래스를 거래하는 실물 시 장의 발달을 기다리는 동안, 재사용 가능한 메타프로그램 시장이 눈 에 띄지 않게 성장해왔던 것이다.

이것은 실로 본질을 공략한다. 패키지로 개발하는 이런 현상이 오늘날 의 일반적인 MIS 프로그래머에게는 별다른 영향을 미치지 못하기에, 아직 소프트웨어 공학 쪽에는 그다지 알려진 상태가 아니다. 하지만 이것은 개념적 구조물을 만드는 일의 본질적인 면을 공략하는 것이니 만큼 앞으로 급격하게 성장할 것이다. 패키지 소프트웨어는 복잡하되 적절한 인터페이스를 갖춘 대형의 기능 모듈을 제공하며, 그 내부의 개념적 구조는 전혀 설계할 필요가 없다. 엑셀이나 4th Dimension[XXVI] 같은 고기능 소프트웨어 제품들은 모듈로서는 정말로 크지만, 이 모 듈들은 잘 알려져 있고 문서화와 테스트가 이루어진 상태이며 맞춤형 시스템 개발에 이용이 가능하다. 차기 단계의 응용 프로그램 제작자

[XXV] (옮긴이) IBM 시스템/360의 통신용 API 같은 것으로, 지금의 장치 드라이버와 비슷하다.
[XXVI] (옮긴이) 프랑스 4D사의 관계형 데이터베이스 시스템

들은 풍부한 기능, 단축된 개발 시간, 테스트된 구성 요소, 엄청나게 절감된 비용이란 이점을 얻을 수 있을 것이다.

물론 어려운 점도 있다. 패키지 소프트웨어는 독립 개체로 설계되었기에 그 기능과 인터페이스를 메타프로그래머가 변경하는 것은 불가능하다. 더욱 심각한 것은, 패키지를 개발하는 사람들에게는 자기 제품이 더 큰 시스템 내의 모듈로 적합하도록 만들 만한 동기가 별로 없다는 점이다. 내 생각에 그런 인식은 잘못된 것이며, 메타프로그래밍에 활용 가능하도록 설계한 패키지 제품의 미개척 시장이 존재한다고 본다.

그러면 무엇이 필요한가? 패키지 제품 사용자는 사용 수준에 따라 다음과 같은 네 부류로 나눠볼 수 있다.

- 있는 그대로 쓰면서 제품의 기능과 인터페이스에 만족하는 사용자
- 최종 사용자의 일을 줄일 목적으로 패키지 프로그램에서 제공하는 인터페이스를 써서 템플릿이나 기능을 작성하는 메타프로그래머
- 프로그램에 부가 함수를 직접 코딩해서 추가하는 외부 함수 제작자. 이 함수들은 그 본질상 새로운 응용 프로그램 언어의 기본 요소가 되며, 범용 언어로 작성된 별도의 코드 모듈들을 호출한다. 제작자는 이런 새 함수를 명령어 가로채기나 콜백 callback, 함수 오버로딩 같은 형태로 프로그램에 인터페이스시킬 수 있어야 한다.
- 하나 또는 여러 개의 패키지를 더 큰 시스템 내의 구성 요소로 사용하는 메타프로그래머. 현재 이들의 요구는 제대로 충족되지 못하고 있다. 이런 용법은 또한 새 응용 프로그램을 만들 때 상당한 효과를 기대할 수 있는 방법이기도 하다.

마지막 부류의 사용자에 대해서는, 패키지 프로그램에서 메타프로그

래밍 인터페이스MPI를 추가로 문서화하여 제공할 필요가 있다. MPI는 몇 가지 조건을 갖추어야 한다. 우선 메타프로그램은 여러 응용 프로그램이 조합된 총체를 제어할 필요가 있다. 하지만 각 응용 프로그램은 보통 스스로를 제어의 주체라고 가정한다. 사용자 인터페이스도 조합된 총체에 의해 통제되어야 하지만, 보통은 각 응용 프로그램이 자기가 통제하는 것으로 가정하고 있다. 조합된 총체는 마치 사용자가 직접 입력한 듯이 각 응용 프로그램의 기능들을 실행할 수 있어야 한다. 그리고 화면을 대신해서 출력된 결과를 받는데, 그 출력은 그냥 표시되는 문자열 그대로가 아니라 적절한 자료형의 논리적 단위로 파싱되어야 한다. 폭스프로FoxPro 같은 일부 프로그램에는 명령 문자열을 전달할 수 있는 뒷문 같은 것이 있는데, 결과로 돌아오는 정보는 너무 빈약하며 파싱도 되지 않은 상태다. 이런 뒷문은 일반화되지 않고 설계에 의거하지도 않은 임시방편책이라 하겠다.

여러 응용 프로그램의 총체 가운데에서 상호 작용을 제어할 스크립트 언어가 있다면 좋을 것이다. 유닉스 운영 체제가 표준 아스키ASCII 문자로 된 파일 형식과 파이프를 통해 이런 기능을 최초로 제공하였고, 오늘날에는 애플스크립트AppleScript^{XXVII}가 좋은 사례다.

소프트웨어 공학의 현황과 미래

언제인가 노스캐롤라이나 주립대 화학 공학과 학과장인 짐 페렐Jim Ferrell에게, 화학 공학의 역사를 화학과 구분지어서 얘기해 달라고 부탁한 적이 있다. 그는 강철에서 빵과 향수에 이르기까지 고대부터 있어온 다양한 물건을 만드는 다양한 공정으로 시작하여, 한 시간에 걸친 멋진 즉석 강의를 들려주었다. 그는 MIT의 아서 리틀Arthur D. Little

---

XXVII (옮긴이) 애플 매킨토시용 운영 체제에서 제공하는 스크립트 언어

교수가 모든 공정에 공통되는 기본 기법을 알아내고 개발하며 가르칠 목적으로 1918년에 산업 화학과를 개설한 얘기를 해주었다. 처음에는 경험 법칙이, 다음은 실험 결과의 계산 도표[XXVIII]가, 그다음은 특정 성분을 만드는 공식들이, 그리고는 단일 용기 내의 열전달, 물질 전달, 운동량 전달에 대한 수학 모델이 뒤를 이었다.

페렐의 이야기가 펼쳐지는 동안, 나는 화학 공학의 발달과 소프트웨어 공학의 그것 사이에 50년 간극을 두고 발견되는 수많은 유사성에 놀라지 않을 수 없었다. 어쨌든 파르나스는 내가 '소프트웨어 공학'에 대해 글 쓰는 것 자체를 책망하고 있다. 그는 소프트웨어 분야를 전기 공학과 대비해 보면서 우리가 하는 일을 공학이라 칭하는 것은 주제넘다고 느끼고 있다. 우리 분야가 전기 공학처럼 정밀하고 모두를 아우르는 수학적 토대를 갖춘 공학으로 결코 발전하지 못할 거라는 점에서는 그가 옳을지도 모른다. 어쨌거나 소프트웨어 공학은 화학 공학처럼 산업적 규모의 공정으로 확장할 때 발생하는 비선형적 문제들에 연관되어 있으며, 산업 공학처럼 인간 행동의 복잡성 때문에 끝없이 혼란스러워 할 운명이다.

그럼에도 불구하고, 지금까지 화학 공학이 발전해 온 궤적을 보았을 때, 이제 27세의 소프트웨어 공학은 절망적이라기보다는 1945년의 화학 공학처럼 그냥 미숙할 뿐이라는 믿음이 생긴다. 화학 공학자들이 밀폐된 상호 연결형 연속 흐름 체계closed-loop interconnected continuous-flow system의 행동 양식을 실제로 다루게 된 것은 겨우 2차 대전 이후였다.

오늘날 소프트웨어 공학에 특유하다 할 관심사들은 이 책 1장에 제시되었던 내용과 일치한다.

[XXVIII]　(옮긴이) 원문은 노모그램nomogram. http://en.wikipedia.org/wiki/Nomogram 참고

- 일련의 프로그램들을 어떻게 설계하고 구현하면 하나의 '시스템'으로 만들 수 있는가?
- 프로그램이나 시스템을 어떻게 설계하고 구현하면, 견고하고 테스트되고 문서화되고 지원받는 '제품'으로 만들 수 있는가?
- '복잡성'에 대한 지적 통제를 대규모로 유지할 수 있는 방안은 무엇인가?

소프트웨어 공학의 타르 구덩이는 앞으로도 오랫동안 계속해서 끈적거릴 것이다. 우리 인류는 간신히 손이 닿는 곳 또는 바로 그 너머에 있을 이런저런 시스템에 계속 도전할 것이며, 소프트웨어 시스템은 아마도 인류가 만들어낸 가장 복잡한 창작물일 것이다. 이 복잡다단한 기예가 우리에게 요구하는 바는, 끊임없는 업계의 발전, 더 큰 단위로 구성하기 위한 학습, 새로운 도구의 효과적인 활용, 검증된 공학적 관리 방법론의 도입, 상식의 자유로운 적용, 그리고 우리의 불완전함과 한계를 분별할, 신이 주신 겸손함이다.

맺는 글

경이로움과 흥분, 즐거움으로 보낸 50년

열세 살 되던 해인 1944년 8월 7일, 하버드 마크 I Harvard Mark I 컴퓨터 I의 헌납식 기사를 읽으며 느꼈던 경이로움과 즐거움은 아직도 내 마음에 생생하다. 하워드 에이켄Howard Aiken이 아키텍트를 맡고 클레어 레이크Clair Lake, 벤자민 더피Benjamin Durfee, 프랜시스 해밀튼Francis Hamilton 같은 IBM 엔지니어들이 구현 설계를 담당했던 그 컴퓨터는 전자 기계 기술의 경이였다. 『Atlantic Monthly』 1945년 4월호에서 배너바 부시의 논문 「That We May Think」를 읽었을 때도 똑같은 경이로움을 느꼈다. 논문에서 그는, 하이퍼텍스트의 거대한 거미줄로 지식을 체계화하고, 이미 난 길을 따라감은 물론 그와 연관된 새로운 길도 열어갈 수 있는 장치를 사람들에게 제공하자고 제안했다.

컴퓨터에 대한 내 열정은 1952년에 다시 한 번 불타올랐다. 뉴욕주 엔디콧Endicott에 소재한 IBM의 여름 일자리에서 IBM 604 프로그래밍 실무 경험을 쌓고, 그 회사 최초의 프로그램 저장식 컴퓨터인 701에 대해 정식 교육도 받았던 것이다. 에이켄과 아이버슨Iverson의 지도 아래 보낸 하버드 대학원 시절은 앞날에 대한 꿈을 현실로 만들었으며, 나는 이 길에 내 평생을 걸게 되었다. 신은 인류 중 오직 일부에게만 아무런 대가 없이도 열정으로 기꺼이 했을 일로 생계를 삼는 특권

I (옮긴이) 하워드 에이켄이 IBM의 지원으로 제작한 초기의 범용 컴퓨터로, 원래 이름은 ASCC (Automatic Sequence Controlled Calculator)다. 19세기 찰스 배비지(Charles Babbage)가 구상했던 기계적 컴퓨터인 해석 기관(analytical engine)을 실제로 구현했다.

을 부여하셨다. 나는 너무나 감사하다.

컴퓨터 애호가로 살아온 시간보다 더 흥미진진한 것을 상상하기는 쉽지 않다. 기계 장치에서 진공관으로, 트랜지스터로, 집적 회로에 이르기까지 컴퓨터 기술은 폭발적으로 발전했다. 하버드를 갓 졸업한 내가 다루게 된 첫 번째 컴퓨터는 IBM 7030 스트레치 슈퍼컴퓨터였다. 스트레치는 1961년부터 1964년까지 세계에서 가장 빠른 컴퓨터로 군림하면서 아홉 곳에 설치되었다. 오늘날 내가 쓰고 있는 매킨토시 파워북은 더 많은 메모리와 더 큰 디스크 용량을 갖추었고, 더욱 빠를 뿐 아니라 1000배쯤 저렴하다(실질 달러 가치ii로는 5000배나 저렴하다.) 우리는 컴퓨터 혁명, 전자 컴퓨터 혁명, 미니컴퓨터 혁명, 마이크로컴퓨터 혁명이 차례로 도래하면서 컴퓨터의 대수를 자릿수 하나만큼씩 늘려가는 것을 보아 왔다.

컴퓨터와 관련된 지적 분야 역시 컴퓨터 기술만큼 폭발적으로 발전했다. 내가 대학원생이던 1950년대 중반에는 '모든' 저널과 학회 회보를 읽는 것이 가능했고, '모든' 분야에서 최신 상태를 유지할 수 있었다. 이제 내 포트폴리오가 숙달된 수준을 지나 계속 흘러넘치는 동안, 나는 하위 분야의 관심사들에 차례로 애석한 작별을 고해 왔다. 관심사가 너무 많고, 흥미진진한 배울 거리, 연구거리, 생각거리가 너무도 많다. 이 얼마나 경이로운 곤란함인가! 그 끝이 보이지 않음은 물론, 걸음에도 늦추어짐이 없다. 수많은 앞날의 즐거움이 우리 앞에 놓여 있다.

ii (옮긴이) 인플레이션에 의한 부분을 제외한 달러화의 가치

부록
조금 오래된 컴퓨터 이야기

본서 『맨먼스 미신』의 첫 출간이 1975년이고 20주년 기념판이 1995년에 나왔으니, IT 분야의 발전 속도에 비춰 보자면 청동기 시대 유물이라 해도 어색하지 않아 보인다. 그런 '옛날' 책이 수십 년의 세월을 뛰어넘어 계속 읽히는 것은, 지은이의 말처럼 특정 분야에 대한 지식의 전달이 아니라 많은 사람이 모여 무언가를 이루어낸다는 좀 더 보편적인 주제에 대한 통찰이 책 속에 담겨 있기 때문이 아닐까 싶다.

그렇기는 하지만, 책에 등장하는 구체적인 사례들은 대부분 어쩔 수 없이 수십 년 전을 배경으로 하고 있다. 어떤 독자들에게는 거기서 오는 생소함이 몰입을 방해하고 공감의 정도를 떨어뜨리는 원인이 될 수도 있을 것이다. 이번 부록에서는 본문에 등장하는 다소 오래된 컴퓨터 관련 용어와 개념을 간략히 다룸으로써 독자들의 이해를 돕고자 한다.

'컴퓨터'를 다시 보자

컴퓨터란 무엇일까? 지금이야 너무나 익숙해서 우리가 매일 일상에서 만나는 바탕 화면 정도가 된 느낌이지만, 사실 원래 이렇게 흔한 물건은 아니었다. 아니 대단히 귀한 물건이었다고 해야 맞겠다. 글자대로 해석할 때 '계산하는 것' 정도가 되는 이 물건은, 폭넓게 본다면 계산을 하기 위한 장치를 두루 일컫는 용어라 할 수 있다. 그런 기준에서,

컴퓨터는 20세기가 되기 전에도 있었으며 심지어는 고대 그리스 시대에도 있었던 걸로 추정된다(관심 있는 독자는 '안티키테라'를 검색해 보자).

계산의 대상이 되는 것은 보통 수치로 나타낸 어떤 양이다. 이 양이 전압이나 유량 같은 연속적인 값을 가지면, 이것을 계산하기 위한 기계는 아날로그 컴퓨터라고 부른다. 그렇지 않고 대상이 정수와 같이 이산적discrete으로 표현된 양이라면 디지털 컴퓨터가 된다. 디지털 컴퓨터에서도 실수 계산이 되니 연속량을 다루지 않느냐고 반문할 수 있겠지만, 이것은 원래의 값을 제한된 정밀도를 가진 디지털 근사치로 표현하고 있으므로 아날로그 계산이라고 하기는 어렵다.

그림 A.1 안티키테라 기계
(저작권 및 출처: User:Marsyas(CC BY-SA 3.0), http://commons.wikimedia.org/wiki/File:NAMA_Machine_d%27Anticyth%C3%A8re_1.jpg)

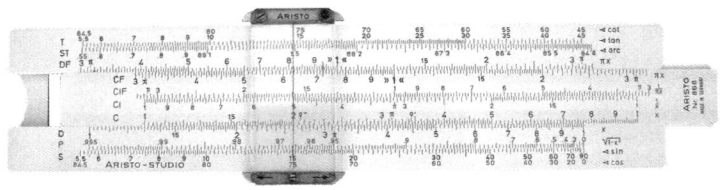

그림 A.2 계산자
(저작권 및 출처: Roger McLassus(CC BY-SA 3.0), http://commons.wikimedia.org/wiki/File:Sliderule_2005.png)

그림 A.3 아날로그 컴퓨터
(저작권 및 출처: 퍼블릭 도메인, http://commons.wikimedia.org/wiki/
File:NewmarkAnalogueComputer.jpg)

아날로그 컴퓨터는 훨씬 범용적으로 쓰일 수 있었던 디지털 컴퓨터에 밀려서 현재는 일부 특수한 용도로만 사용되는 처지가 되었다. 이 책 역시 디지털 컴퓨터에 대한 이야기다. 하지만 디지털 컴퓨터라 해서 지금 독자들이 쓰는 PC와 구조나 사용법이 비슷하겠거니 추측한다면 상당한 오산이다. 같은 목적을 달성하기 위한 기계지만, 그 구조나 외양은 큰 변화를 겪으면서 발전해왔던 것이다.

하버드 마크 I의 정체는?

맺음말에서 지은이는 어린 시절 강한 인상을 받았던 컴퓨터 관련 기사를 언급한다. 그것은 IBM의 엔지니어들에 의해 만들어진 '전자기계적' 컴퓨터로, 하버드 마크 IHarvard Mark I이라는 이름을 갖고 있었다. 해당 부분의 옮긴이 주에 언급한 것처럼 이 컴퓨터는 19세기 찰스 배비지Charles Babbage가 구상했던 해석 기관analytical engine을 현실에 구현한 것이었다. 시대가 시대이니만큼 배비지의 구상에는 당연히 현대의 전자 부품 같은 것은 들어 있지 않았고, 20세기에 구현된 마크 I 역시 크게 다르지 않았다.

그림 A.4 하버드 마크 I
(저작권 및 출처: User:Topory(CC BY-SA 3.0), http://commons.wikimedia.org/wiki/
File:Harvard_Mark_I_Computer_-_Right_Segment.JPG)

마크 I의 정체는 계전기(릴레이), 스위치, 톱니바퀴 같은 것으로 구성된 16미터 크기의 거대 기계 장치다. 전체 부품들을 동기화하기 위한 메커니즘으로는 5마력짜리 전기 모터에 연결된 16미터 길이의 회전 샤프트가 동원되었다. 연산 속도야 지금 기준에서 보면 너무나 느리지만, 어쨌거나 이 기계는 2차 대전 막바지에 군사용을 비롯한 여러 가지 계산 작업에 실제로 쓰였다.

이런 형태의 연산 장치는 얼마 지나지 않아 진공관으로 바뀌는데, 커누스D. E. Knuth가 자신의 책을 헌정한 것으로 유명한 IBM 650 같은 초창기 컴퓨터가 그 부류에 해당한다. 이후 트랜지스터가 연산 장치의 중심 역할을 맡으면서 컴퓨터는 현대적 의미에 좀 더 가까운 구조를 갖추게 되었다.

그림 A.5 IBM 시스템/360
(저작권 및 출처: 퍼블릭 도메인, http://commons.wikimedia.org/wiki/File:360-91-panel.jpg)

코어 덤프(Core Dumped)!

컴퓨터의 메모리 역시 많은 변화를 겪었다. 초기에 널리 쓰이던 메모리 장치는 자기 드럼magnetic drum으로, 원통형 금속 표면에 자성 물질을 도포하여 그 자화된 상태를 헤드로 읽어내는 원리였다. 이것은 어찌 보면 원반(플래터)을 사용하는 하드 디스크와도 비슷하다 하겠다. 용량은 지금 기준으로는 도대체 어떻게 쓰나 싶을 정도인데, 예를 들어 IBM 650에 장착된 드럼 메모리는 8KB였다. 하지만 훗날의 애플 II 같은 8비트 컴퓨터가 48KB의 메모리를 장착했던 것을 생각해 보면 그 당시로서는 그리 작은 용량은 아니었을 듯하다.

자기 드럼은 그 뒤에 등장한 자기 코어magnetic core 메모리에 주류의 지위를 내주게 된다. 이 메모리는 직경 1밀리미터가 안 되는 조그만 고리 모양의 자성체에 전류를 흘려서 데이터를 기억하는 원리로 동작하며, 고리 하나로 1비트를 나타냈다. 코어 메모리는 자기 드럼보다 밀도가 높고 속도도 빨랐으므로, 반도체 메모리로 대체될 때까지 컴퓨터의 기억 장치로 널리 사용되었다. 하지만 코어의 물리적인 크기 때문에, 용량은 10센티미터×10센티미터 유닛이라도 1KB 정도였다.

그림 A.6 코어 메모리(1024비트)
(저작권 및 출처: User:Thierry46(CC BY-SA 3.0), http://commons.wikimedia.org/wiki/File:Magnetic_core_memory_card.jpg)

이 시절에는 메모리를 가리키는 단어로 '코어'를 흔히 썼고, 디버깅 등을 위해 메모리 내용을 출력하는 것을 코어 덤프core dump라고 불렀다. 이 용어는 유닉스/리눅스 계열에서 C 언어로 개발한 경험이 있는 이들에게 아마도 익숙할 텐데, 비정상 종료나 의도적인 중지로 인한 메모리 덤프 파일은 여전히 'core'라는 이름으로 떨어진다.

이 코드 입력 좀 해주세요

현대의 컴퓨터를 제어하기 위한 방법은 너무나 다양해서, 적합하지 않은 방법을 찾는 것이 오히려 더 어려운 일이 되었다. 키보드와 마우스라는 다소 전통적인 방식 외에도 터치와 제스처, 스타일러스, 음성, 손짓, 발짓, 눈동자의 움직임, 뇌파 등이 컴퓨터에 명령을 내리는 데 사용된다. 하지만 초기 컴퓨터는 이와 많이 달랐을 것이라고 예상할 수 있다. 과연 얼마나 달랐을까?

일단 마우스란 것이 널리 사용된 때가 이 책의 초판 출간 이후라는 것으로 시작하자. 마크 I 같은 정말 초창기 컴퓨터는 데이터 입력용으로 로터리 스위치 같은 장치를 썼다. 스위치 하나에는 0부터 9까지 눈금이 달려 있었고, 이 스위치 24개로 십진수 하나를 나타냈다. 프로그램은 종이테이프에 구멍을 뚫어 표현했고, 테이프 리더가 그 명령들을 하나씩 읽어서 차례로 수행했다. 분기나 루프 명령 같은 것은 없었기에, 반복 수행을 시키려면 테이프 양 끝을 물리적으로 붙여서 썼다고 한다(다음 그림의 테이프 모양을 눈여겨보자).

그림 A.7 종이 테이프와 리더
(저작권 및 출처: User:Bad germ(CC BY-SA 3.0), http://commons.wikimedia.org/wiki/File:Harwell-dekatron-witch-10.jpg)

그다음 사용된 입력 수단으로는 천공(펀치) 카드가 있다. 이것은 말하자면 요즘의 OMR 카드 같은 것에 색칠 대신 네모난 구멍을 뚫은 것이다. 역자가 학생이었을 당시도 구내매점에 가면 포트란 과제용 천공 카드를 살 수 있었으니, 상당히 오랜 기간 사용된 방식인 듯하다. 대개는 펀치 기계를 직접 다루지 않고 80칼럼으로 된 코딩 용지에 프로그램 코드를 기재해서 키펀치 오퍼레이터에게 넘기면 천공을 해주는 식이었다. 카드에 난 빈 구멍 하나가 글자 하나에 해당하고, 그 위치를 카드 리더가 인식하여 문자 입력이 이루어진다.

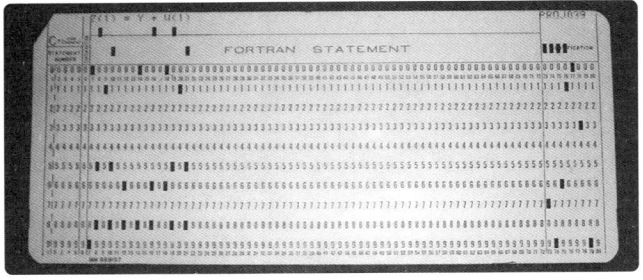

그림 A.8 천공 카드
(저작권 및 출처: Arnold Reinhold(CC BY-SA 2.5), http://commons.wikimedia.org/wiki/
File:FortranCardPROJ039.agr.jpg)

타자기 형태의 키보드 역시 입력 장치로 사용되었지만, 그 특성상 일괄 처리batch가 아닌 대화식interactive 컴퓨팅이라야 의미가 있었다. 여기에 대해서는 뒤쪽에서 조금 더 자세히 설명한다. 키보드는 원래 모습이 상당히 오랫동안 변하지 않고 남아 있는 편이어서, 별다르게 언급할 내용은 없을 듯하다.

라인 프린터에서 4K까지

디스플레이 장치가 본격적으로 발달하기 전까지 컴퓨터가 계산 결과를 내보내는 방식은 인쇄기, 즉 프린터였다. 초기에 널리 쓰인 것은 라인 프린터line printer로, 해머 같은 것이 잉크 리본에 충격을 가하면서 한 행line을 한 번에 인쇄하는 방식이었다. 인쇄 품질은 그리 좋지 않았지만, 분당 2000행이 넘는 속도로 출력물을 찍어낼 수 있었다. 유닉스 계열에서 파일을 프린트하는 명령이 lpr이고, 프린터를 나타내는 장치용 특수 파일의 이름이 유닉스에서는 /dev/lp, MS-DOS에서는 LPT 등인데, 모두 라인 프린터 시절의 흔적이다.

그림 A.9 IBM 1403 라인 프린터
(저작권 및 출처: User:JuergenG(CC BY-SA 3.0), http://commons.wikimedia.org/wiki/
File:PrinterIBM1403_090325.jpg)

이후 대화식 컴퓨팅이 가능해지자, 입력 장치인 키보드와 출력 장치인 프린터를 합쳐 놓은 기계가 등장했다. 이것이 텔레타이프 teletypewriter이며, 키보드로 명령을 입력하면 그 결과가 모니터 대신에 프린터로 출력되었다. 결과가 바로 나오는 것은 좋았지만, 대화식 시스템의 잠재력을 발휘하기에는 너무 제약이 많았다. 유닉스 계열에서 터미널을 뜻하는 TTY는 이 텔레타이프의 약자다.

그림 A.10 텔레타이프
(저작권 및 출처: ArnoldReinhold(CC BY-SA 3.0), http://commons.wikimedia.org/wiki/
File:ASR-33_at_CHM.agr.jpg)

마침내 비디오 디스플레이가 널리 쓰이면서, 프린터 대신 모니터에 키보드를 결합한 형태의 터미널이 등장하였다. 디스플레이 터미널은 대체로 80열 24행의 텍스트를 표시할 수 있었고, 시리얼 포트(RS-232C)로 호스트 컴퓨터에 연결되었다. 이때의 산업 표준 격인 모델이 바로 DEC사의 VT-100인데, 현재까지도 모든 터미널 에뮬레이션의 기준이 되어 있다. 유닉스 계열에서는 TERM이라는 환경변수를 설정함으로써 특정 디스플레이 터미널의 동작을 에뮬레이션할 수 있다(예: export TERM=vt100).

그림 A.11 VT-100 터미널
(저작권 및 출처: Jason Scott (CC BY 2.0), http://commons.wikimedia.org/wiki/File:DEC_VT100_terminal.jpg)

디스플레이 기술이 발전함에 따라 텍스트뿐 아니라 그래픽 요소까지 표시해 주는 터미널이 등장했는데, 자체적인 컴퓨팅 파워를 갖추면서 사실상 개인용 컴퓨터에 버금가는 성능을 보여주었다. 이 시절에 널리 쓰인 것으로는 터미널 내부에 펌웨어로 X윈도 서버를 탑재한 X 터미널이 있다. 지금의 데스크톱 리눅스 등에서 볼 수 있는 GUI 화면의 원조 격인데, 실제 작업은 원격 호스트 컴퓨터에서 수행되고 사용자

그림 A.12 NCD X 터미널
(저작권 및 출처: 퍼블릭 도메인, http://commons.wikimedia.org/wiki/File:Network_
Computing_Devices_NCD-88k_X_terminal.jpg)

인터페이스 화면만 터미널이 그려서 보여주는 방식이다.

이후의 발전은 독자들도 잘 아는 대로다. 개인용 컴퓨터가 널리 쓰이면서 모니터 크기와 해상도가 점차 커졌고, 2014년 말인 지금은 TV 만한 크기와 4K(3840×2160) 해상도를 가진 모니터를 PC 본체 정도 가격으로 살 수 있게 되었다. 더 이상 업무 환경 탓을 하기는 어려울 정도로 하드웨어가 발전하였으니, 이제 컴퓨터를 가지고 과연 무엇을 하느냐가 중요한 시대가 된 듯하다.

컴퓨터의 간략한 족보

이 책은 IBM 시스템/360 컴퓨터에서 동작할 OS/360이라는 운영 체제 개발 프로젝트를 관리한 경험에서 비롯되었다. 당시는 '컴퓨터'라면 시스템/360처럼 큰 캐비닛 모양의 기계가 주류였고, 집적 회로IC 발달에 힘입어 PDP-11 같이 좀 더 '작은' 컴퓨터들이 세상에 나오던 시기였다.

메인프레임(대형 컴퓨터)

메인프레임은 사실 따로 분류가 필요하지 않았던 '원조' 컴퓨터로, 일단 상당한 크기와 위용을 자랑한다. 진공관이나 트랜지스터로 각종 회로를 구성하고 그 기판들로 컴퓨터를 만들던 시절이니, 전체 크기가 커진 것은 당연한 일이라 하겠다. 이후 트랜지스터와 저항 같은 부품들을 손톱보다 작은 칩 속에 몰아넣은 집적 회로가 등장한 다음에는 더 소형화된 컴퓨터들에 길을 내주었지만, 고가용성high availability, 고신뢰성high reliability을 주요 특성으로 하는 이들 메인프레임은 최신 하드웨어와 가상화 기술 등으로 무장하여 현재도 미션 크리티컬한 업무에 사용되고 있다.

'미니' 컴퓨터

집적 회로의 등장으로 컴퓨터를 구성하는 각종 회로가 소형화되면서, 자연히 컴퓨터 전체의 크기도 작아졌다. 사실 그래봐야 방을 가득 채우던 규모에서 캐비닛 하나 정도로 줄어든 것이었지만, 그래도 상대적으로 작은 크기와 저렴한 가격을 내세워 메인프레임의 틈새시장을 공략했다. 이 부류의 컴퓨터들은 '미니' 컴퓨터로 불렸는데, 지금은 다소 오해의 소지가 있어 '중형' 컴퓨터라고 하는 것이 더 적절할 듯하다.

당시의 대표적인 기종으로는 DEC의 PDP-11과 그 뒤를 이은 VAX 시리즈를 들 수 있다. 이들은 대개 유닉스나 VMS 같은 다중 사용자용 운영 체제를 돌렸고, 1970년대 중반쯤 등장하기 시작한 마이크로컴퓨터에 비해 성능이 월등하여 연구실 등에서 널리 사용되었다.

그림 A.13 VAX-11/750
(저작권 및 출처: Dave Fischer(CC BY-SA 3.0), http://commons.wikimedia.org/wiki/
File:VAX-11-750.jpg)

마이크로컴퓨터 혁명

집적 회로 기술이 더욱 발전하여 하나의 칩 안에 연산과 제어 등 컴퓨터의 핵심 기능을 집어넣은 '마이크로프로세서'가 등장하면서 컴퓨터 업계는 또 한 번의 혁명적인 전기를 맞게 된다. 더욱 소형화된 컴퓨터들을 기관이나 학교가 아닌 개인이 사용하게 된 것이다.

사실 초창기 마이크로컴퓨터는 지금 PC와는 사뭇 달라서, 다음 그림의 알테어Altair 8800처럼 각종 램프와 스위치가 달린 박스의 모습을 하고 있었다(그래 봬도 CPU는 인텔 8080이었다). 사용자들은 해당 CPU의 명령코드opcode에 해당하는 이진수를 스위치로 세트하면서 프로그램을 입력해야 했다. 하지만 오래지 않아 테이프 리더, 비디오 출력, 키보드 같은 주변 기기들이 추가되면서 마이크로컴퓨터는 상당히 쓸 만한 기계가 되었다.

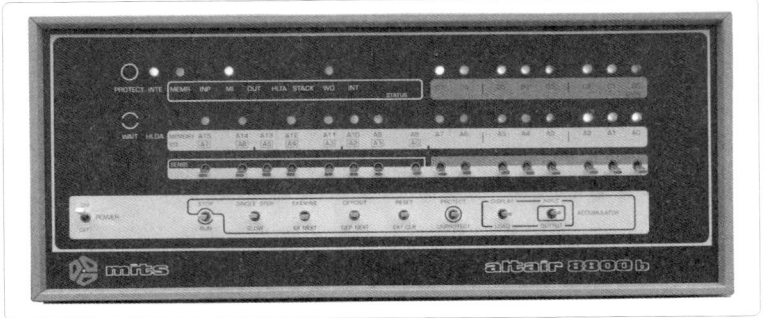

그림 A.14 알테어 8800b
(저작권 및 출처: 퍼블릭 도메인, http://en.wikipedia.org/wiki/File:Altair_Computer_Front_Panel.jpg)

초기 마이크로컴퓨터가 전자 공학에 관심 있는 일부 동호인들을 대상으로 했다면, 그다음 세대는 훨씬 쉬워진 사용법 덕에 '가정용' 컴퓨터로 자리 잡기 시작했다. 이 시기의 대표적인 기종이라면 역시 애플 II, 코모도어 64 같은 8비트 컴퓨터를 들 수 있다.

워크스테이션

개인이 소유할 만큼 작아진 컴퓨터는 빠르게 대중화되면서 더 이상 '마이크로'라는 수식어를 달 필요가 없어졌다. 하지만 가정용으로 만들어진 기계들은 여전히 '미니' 컴퓨터에 비하면 성능이 많이 떨어졌고, 개인 용도가 아니라 업무에 사용하기 위한 소형 컴퓨터의 필요성이 대두되었다. 이러한 사용층을 대상으로 만들어진 것이 워크스테이션workstation인데, 피자 박스처럼 생긴 썬SUN사의 스팍스테이션 SPARCstation, 전문 그래픽 작업을 위한 실리콘 그래픽스SGI의 IRIS 등이 널리 알려진 기종이다. 이후로 개인용 컴퓨터의 성능도 점차 좋아지면서, 이제 워크스테이션은 전문가용 부품을 장착한 고사양 PC를 일컫는 단어로 사용되고 있다.

그림 A.15 스팍스테이션 1
(저작권 및 출처: 퍼블릭 도메인, http://commons.wikimedia.org/wiki/File:SPARCstation_1.jpg)

떡방앗간 대 광교 맛집

본문에 가끔 언급되는 일괄 처리니 시분할이니 하는 단어들은 지금의 개인용 컴퓨터에 익숙한 사람에게는 도무지 와 닿지 않는 개념일 수 있다. 하지만 이 개념들은 이 책의 내용, 특히 1970년대에 컴퓨터를 이용하던 방식을 이해하는 데 중요한 키워드가 된다. 이들 개념에 대해 간단하게나마 알아보자.

줄을 서시오!

메인프레임 컴퓨터가 한 대 있다. 이 컴퓨터를 쓰려고 많은 사람이 사용 신청을 했지만, 컴퓨터는 한 번에 한 작업만 처리할 수 있을 뿐이다. 자연스레 대기열이 만들어진다. 마치 명절날 기계가 한 대인 떡방앗간에 손님들이 줄을 선 것 같은 모양새다.

컴퓨터는 사람의 개입 없이 펀치 카드 묶음들을 하나씩 차례로 읽

부록 조금 오래된 컴퓨터 이야기 333

어서 수행한 다음 그 결과를 라인 프린터로 내뱉는다. 손님들은 작업 번호를 받고 프린터 근처에서 결과물이 나오기를 기다리며 커피를 마시거나 점심밥을 먹으러 갔다 오기도 한다. 이것을 '일괄 처리batch processing' 방식이라고 한다.

이 방식은 컴퓨터라는 비싼 자원을 최대한 적게 놀리면서 효율적으로 사용하게 해주며, 반복적이고 대량의 데이터를 다루는 작업 처리에 지금도 여전히 이용된다.

손님 응대의 달인

서울 시내의 광교 근처에서 근무했던 적이 있다. 그 일대에는 수십 년 직장인의 애환이 서린 오래된 식당이나 주점이 더러 있었는데, 긴 세월 애환을 같이 해온 베테랑 주인장들은 손님이 많은 날이라도 응대에 한 치의 허술함이 없었다. 마치 나만을 위한 전용 서비스를 받는 것처럼.

컴퓨터에 대화식 장비가 연결되면서, 귀한 자원을 효율적으로 활용할 방법이 필요해졌다. 사람은 컴퓨터에 비해 굉장히 느리다. 타이핑이 빠르다 해도 초당 열 글자이고, 한 사용자에게만 이용권을 준다면 컴퓨터는 대부분의 시간을 긴긴 기다림에 쓰게 될 것이다. 해결책은 분명하다. 여러 명이 동시에 한 컴퓨터를 쓰도록 하는 것이다. 하지만 어떻게?

이제 컴퓨터의 메모리에는 한 개가 아닌 여러 개의 프로그램이 올라간다(멀티프로그래밍). 운영 체제는 나름의 규칙에 따라 각 프로그램을 돌아가며 실행하지만(스케줄링), 그 속도가 워낙 빠른 탓에 해당 프로그램을 실행하고 있는 인간 사용자들은 컴퓨터가 자신만을 위해 일한다고 느낀다. 컴퓨터 시간을 여러 명이 나누어서 쓴다고 하여, 이것을 시분할time-sharing 방식이라고 부른다. 현대에 와서는 운영 체제 기능이 고도화되면서 사용자가 한 명인 컴퓨터라도 동시에 여러 개의 작업이 실행되는데, 이것은 멀티태스킹이라고 한다.

큰 계산기, 작은 계산기

2차 대전 당시 영국이 독일군의 암호를 풀기 위해 만든 최초의 프로그램식 디지털 컴퓨터인 콜로서스Colossus 이후로 70여년이 흘렀다. 그 사이 하드웨어는 브룩스의 말처럼 "인류사에서 유래를 찾아볼 수 없을 정도로" 급격히 발전해 왔다. 이제 많은 사람이 주머니에 컴퓨터를 한 대씩 가지고 다니는 시대가 되었지만, 입력-연산-출력이라는 '계산기'의 기본적인 개념에는 큰 변화가 없어 보인다. 그렇기에 수십 년 전의 이야기를 읽더라도 몇몇 용어의 뜻만 알면 전체적인 맥락을 파악하는 데 별다른 무리가 없는 것이 아닐까?

옮긴이 후기

『맨먼스 미신』이 소프트웨어 분야의 바이블로 일컬어지는 것에 대해, 지은이인 브룩스가 어떤 인터뷰에서 이렇게 얘기한 적이 있다. "한 가지 면에서는 성서와 비슷한 것 같네요. 모두들 인용하고, 그중 일부는 읽어보기도 하지만, 거기 담긴 내용을 따르는 사람은 드물지요." 내 생각에도 꽤나 타당한 지적인 것 같다.

이 책이 고전으로 꼽히는 이유는 OS/360이라는 대형 프로젝트에 관련된 기술적 내용 때문이 아니다. 워낙 오래전에 쓰인지라 기술적인 내용들은 부록을 참조하면서 「그때를 아십니까」를 보는 기분으로 읽어도 무방할 터이지만, 사람과 팀, 조직과 커뮤니케이션에 대한 지은이의 깊이 있는 통찰은 지금에 와서도 고개를 끄덕이게 한다.

여러분이 속한 조직에는 소프트웨어 제품 하나를 맡아 그 사용자 입장을 대변하면서 개념적 일관성을 지키기 위해 관리층, 영업, 개발, 테스트 등 주위를 둘러싼 여러 세력과 기꺼이 줄다리기를 할 사람이 있는가? 그런 아키텍트나 제품 오너를 둔 제품은 운이 좋다. 이 중대한 전제 조건이 충족되지 않은 상황이라면 이 책에서 이야기하는 여러 가지 기법이나 도구는 얼마간 빛이 바랠 수밖에 없을 듯하다.

여러분이 속한 조직의 관리자들은 프로그래머라는 사람들이 생계에 관련된 것 외에도 추상적 세계에서 펼쳐지는 순수한 창작의 즐거움에 매혹되어 이 일을 한다는 것을 이해하고 있는가? 혹시라도 그것을 이른바 열정 페이처럼 사람을 손쉽게 이용하기 위한 빌미로 생각하고 있지는 않은가? 엄청난 유연성을 가진 표현 수단으로 만들어진다는 소프트웨어의 특성 탓에 그 제작자들이 끝없는 변경의 압박에 시달린다는 사실을 이해하면서 적절한 제어 장치를 마련해두는 관리자는 또 얼마나 될까?

추상의 세계에 지어지는 프로그램이라는 평화로운 구조물은, 현실 세계와 맞닿으면서 돈, 정치, 알력 등 온갖 어른의 사정에 의해 휘어지고 꺾이며 비틀거린다. 하지만 브룩스가 말했듯 프로그램이 시(詩)와 다른 점은 현실 세계에 실재하는 결과물을 만들어 낸다는 것이다. 소프트웨어는 추상의 세계에 거하지만 예술이 아닌 탓에 본질적으로 현실과 이어질 수밖에 없다. 그 접점이 바람직한 것이 되도록 돌보는 일에는 프로그래머와 관리자 양쪽의 노력이 모두 필요하겠지만, 관리자의 역할이 더욱 중요함은 말할 나위가 없을 것이다.

책을 번역하는 내내 들었던 생각은, 우리에게도 브룩스의 혜안을 가진 '업계의 어른'이 있으면 참 좋겠다는 것이었다. 지은이는 소프트웨어라는 업계가 젊은 분야이기에 아직 미숙할 따름일 것이라며 낙관적인 전망을 취하고 있지만, 우리 업계의 이런저런 모습을 떠올려보면 꼭 그렇지만은 않겠다는 우려가 든다.

이 책과 같은 고전의 번역을 맡겨주신 한기성 대표님에게, 감사와 더불어 '번역 일정 붕괴'에 대한 송구스러움을 전해드린다. 좋은 책에 대한 인사이트 출판사의 '정중한 고집'은 언젠가 결실을 맺고 타당한 평가를 받으리라 생각한다.

아무쪼록 이 책에 담긴 내용이 독자 제현께 '좋은 줄은 알지만 시도되지는 않는' 죽은 지식으로 머물지 않기를 바란다.

2015년 2월
강중빈

주석과 참고 문헌

1장

1. Ershov는 이것이 고뇌일 뿐 아니라 즐거움의 일부이기도 하다고 본다. A. P. Ershov, "Aesthetics and the human factor in programming," CACM, 15, 7 (July, 1972), pp. 501-505.

2장

1. 벨 전화 연구소(Bell Telephone Laboratories)의 비소츠키는 대형 프로젝트의 경우 매년 30% 정도의 인력 증강을 유지할 수 있을 것으로 추정한다. 그 이상이라면 7장에서 논의된 필수적인 비공식 조직 구조와 그 의사소통 경로의 발달에 무리를 주거나 심지어는 저해하기까지 한다. 장기적인 프로젝트라면 매년 20% 정도의 인원 이동을 예상해야 하며, 그 인원들은 기술적으로 훈련되어야 함은 물론 공식적인 구조 안에 통합되어야 한다고 MIT의 코르바토(F. J. Corbató)는 지적한다.

2. International Computers Limited의 포트먼(C. Portman)은 "모든 것이 통합되어 동작하는 것을 확인했다면, 앞으로 넉 달 일할 거리가 더 남아 있는 것이다"라고 말한다. 일정 분할에 대한 다른 방안 몇 가지를 다음에서 찾아볼 수 있다. Wolverton, R. W., "The cost of developing large-scale software," IEEE Trans, on Computers, C-23, 6 (June, 1974) pp. 615-636.

3. 그림 2.5부터 2.8까지는 제리 오그딘(Jerry Ogdin)에 의한 것이다. 그는 이 장의 내용이 담긴 이전 저작의 사례를 인용하면서 원래 그림을 훨씬 낫게 만들어 주었다. Ogdin, J. L., "The Mongolian hordes versus superprogrammer," Infosystems (Dec., 1972), pp. 20-23.

3장

1. Sackman, H., W. J. Erikson, E. E. Grant, "Exploratory experimental studies

comparing online and offline programming performance," CACM, 11, 1(Jan., 1968), pp. 3-11.
2. Mills, H., "Chief programmer teams, principles, and procedures," IBM Federal Systems Divisioon Report FSC 71-5108, Gaithersburg, Md., 1971.
3. Baker, F. T., "Chief programmer team management of production programming," IBM Sys. J., 11, 1(1972).

4장

1. Eschapasse, M., Reims Cathedral, Caisse Nationale des Monuments Historiques, Paris, 1967.
2. Brooks, F. P., "Architectural philosophy," in W. Buchholz(ed.), Planning A Computer System. New York: McGraw-Hill, 1962.
3. Blaauw, G. A., "Hardware requirements for the fourth generation," in F. Gruenberger(ed.), Fourth Generation Computers. Englewood Cliffes, N.J.: Prentice-Hall, 1970.
4. Brooks. F. P., K. E. Iverson, Automatic Data Processing, System/360 Edition. New York: Wiley, 1969, Chapter 5.
5. Glegg, G. L., The Design of Design. Cambridge: Cambridge Univ. Press, 1969, 여기서는 이렇게 언급한다. "언뜻 보기에는 규칙이나 원칙을 덧붙이는 것이 창조성의 발휘를 돕는다기보다 저해하는 것 같지만, 실제로는 그렇지 않다. 절제된 사고는 영감을 가리는 것이 아니라 거기에 집중하도록 해준다."
6. Conway, R. W., "The PL/C Compiler," Proceedings of a Conf. on Definition and Implementation of Universal Programming Languages. Stuttgart, 1970
7. 프로그래밍 기법의 필요성에 대한 좋은 논의를 On the Management of Computer Programming(G. F. Weinwurm (ed.), Philadelphia: Auerbach, 1971, pp. 35-42)에 수록된 "What's wrong with computer programming management?"(C. H. Reynolds)에서 찾아볼 수 있다.

5장

1. Strachey, C., "Review of Planning a Computer System," Comp. J., 5, 2(July, 1962), pp. 152-153
2. 이것은 제어 프로그램에 한정된 이야기다. 일부 컴파일러 팀에게는 OS/360이

세 번째나 네 번째 시스템이었고, 그들이 만든 제품의 탁월함이 그것을 말해준다.

3. Shell, D. L., "The Share 709 system: a cooperative effort"; Greenwald, I. D., M. Kane, "The Share 709 system: programming and modification"; Boehm, E. M., T. B. Steel, Jr., "The Share 709 system: machine implementation of symbolic programming"; all in JACM, 6, 2(April, 1959), pp. 123-140

6장

1. Neustadt, R. E., Presidential Power. New York: Wiley, 1960, Chapter 2.
2. Backus, J. W., "The syntax and semantics of the proposed international algebraic language." Proc, Intl. Conf. Inf. Proc. UNESCO, Paris, 1959, published by R. Oldenbourg, Munich, and Butterworth, London. 이것 외에도 다음 논문집에서 해당 주제에 관한 논문들을 전부 모아서 싣고 있다. T. B. Steel, Jr. (ed.), Formal Language Description Languages for Computer Programming, Amsterdam: North Holland, (1966).
3. Lucas, P., K. Walk, "On the formal description of PL/I," Annual Review in Automatic Programming Language. New York: Wiley, 1962, Chapter 2, p. 2
4. Iverson, K. E., A Programming Language. New York: Wiley, 1962, Chapter 2.
5. Falkoff, A. D., K. E. Iverson, E. H. Sussenguth, "A formal description of System/360," IBM Systems Journal, 3, 3(1964), pp. 198-261.
6. Bell, C. G., A. Newell, Computer Structures. New York: McGraw-Hill, 1970, pp. 120-136, 517-541.
7. 벨(C. G. Bell)과의 사적인 의견 교환

7장

1. Parnas, D. L., "Information distribution aspects of design methodology," Carnegie-Mellon Univ., Dept of Computer Science Technical Report, Feburary, 1971.
2. Copyright 1939, 1940 Street & Smith Publications, Copyright 1950, 1967 by Robert A. Heinlein. Published by arrangement with Spectrum Literary Agency.

8장

1. Sackman, H., W. J. Erikson, E. E. Grant, "Exploratory experimentation studies comparing online and offline programming performance," CACM, 11, 1(Jan., 1968), pp. 3-11.
2. Nanus, B., L. Farr, "Some cost contributors to large-scale programs," AFIPS proc. SJCC, 25(Spring, 1964), pp. 239-248
3. Weinwurm, G. F., "Research in the management of computer programming," Report SP-2059, System Development Corp., Santa Monica, 1965.
4. Morin, L. H., "Estimation of resources for computer programming projects," M. S. thesis, Univ. of North Carolina, Chapel Hill, 1974.
5. 포트먼(C. Portman)과의 사적인 의견 교환
6. 바데인(E. F. Bardain)의 1964년도 미발표 연구에 따르면 프로그래머들이 실제 생산적으로 사용하는 시간은 27% 정도라고 한다("Selection and evaluation of computer personnel,"(D. B. Mayer and A. W. Stalnaker, Proc. 23rd ACM. Conf., 1968, p. 661.)에서 인용됨).
7. 아론(J. Aron)과의 사적인 의견 교환
8. 패널 세션에서 발표된 논문이며 AFIPS 학회지에는 수록되어 있지 않다.
9. Wolverton, R. W., "The cost of developing large-scale software," IEEE Trans, on Computers, C-23, 6 (June, 1974) pp. 615-636. 최근 발표된 이 중요한 논문에는 본 장의 여러 가지 논점에 관련되었을 뿐 아니라 생산성에 관한 결론도 확인해 주는 데이터가 실려 있다.
10. Corbató, F. J., "Sensitive issues in the design of multi-use systems," lecture at the opening of the Honeywell EDP Technology Center, 1968.
11. 또한 탈리아페로(W. M. Taliaffero)의 다음 논문에는 어셈블리어, 포트란, 코볼로 연간 2400문장 수준의 일정한 생산성을 보이는 사례가 보고되어 있다. "Modularity. The key to system growth potential," Software, 1, 3 (July 1971) pp. 245-257.
12. E. A. Nelson's System Development Corp. Report TM-3225, Management Handbook for the Estimation of Computer Programming Costs, 표준 편차가 크기는 하지만, 고급 언어를 채택해서 생산성이 세 배 향상된 사례를 담고 있다 (pp. 66-67).

9장

1. Brooks, F. P. and K. E. Iverson, Automatic Data Processing, System/360 Edition. New York: Wiley, 1969, Chapter 6.
2. Knuth, D. E., The Art of Computer Programming, Vols. 1-3. Reading. Mass.: Addison-Wesley, 1968, ff

10장

1. Conway, M. E., "How do committees invent?" Datamation, 14, 4(April, 1968), pp. 28-31.

11장

1. 1932년 3월 22일 미국 오글소프(Oglethorpe) 대학교에서 행한 연설
2. 두 개의 시스템을 연이어 개발하면서 얻은 멀틱스의 경험이 다음에 명쾌하게 설명되어 있다. F. J. Corbató, J. H. Saltzer, and C. T. Clingen, "Multics—the first seven years," AFIPS Proc SJCC, 40 (1972), pp. 571-583.
3. Cosgrove, J., "Needed: a new planning framework," Datamation, 17, 23(Dec., 1971), pp. 37-39
4. 설계 변경은 실제로는 복잡한 사안이지만 여기서는 상당히 단순화시켰다. 다음을 보라. J. H. Saltzer, "Evolutionary design of complex systems," in D. Eckman (ed.), Systems: Research and Design. New York: Wiley, 1961. 하지만 어쨌거나 나는 버릴 작정으로 파일럿 시스템을 만들자고 여전히 주장하는 바이다.
5. Campbell, E., "Report to the AEC Computer Information Meeting," December, 1970. 이런 현상은 오그딘(J. L. Ogdin)도 "Designing reliable software"(Datamation, 18, 7 (July, 1972), pp. 71-78)에서 논하고 있다. 이 곡선이 결국 다시 아래로 꺾일 것인가에 대해서는, 경험 많은 내 친구들도 의견이 엇비슷하게 갈리는 편이다.
6. Lehman, M., L. Belady, "Programming system dynamics," given at the ACM SIGOPS Third Symposium on Operating System Principles, October, 1971.
7. Lewis, C. S., Mere Christianity. New York: Macmillan, 1960, p. 54.

12장

1. 다음도 보라. J. W. Pomeroy, "A guide to programming tools and techniques," IBM Sys. J., 11, 3 (1972), pp. 234-254.
2. Landy, B., R. M. Needham, "Software engineering techniques used in the development of the Cambridge Multiple-Access System," Software, 1, 2(April, 1971), pp. 167-173.
3. Corbató, F. J., "PL/I as a tool for system programming," Datamation, 15, 5(May, 1969), pp. 68-76.
4. Hopkins, M., "Problems of PL/I for system programming," IBM Research Report RC 3489, Yorktown Heights, N.Y., August 5, 1971.
5. Corbató, F. J., J. H. Saltzer, and C. T. Clingen, "Multics—the first seven years," AFIPS Proc SJCC, 40 (1972), pp. 571-582. "PL/I으로 작성된 부분 중 극단의 성능을 얻기 위해 기계어로 재코딩된 것은 대여섯 개에 불과했다. 그리고 원래 기계어로 작성되었던 프로그램 몇 개는 유지 보수성을 높이기 위해서 PL/I으로 재코딩되었다."
6. 참고 문헌 3번인 코르바토(Corbató)의 논문을 인용하자면, "PL/I은 지금 여기에 있지만 다른 대안들은 아직 검증되지 않았다." 하지만 그와 상당히 대조적인 견해를 잘 서술한 다음 논문도 보라. Henricksen, J. O. and R. E. Merwin, "Programming language efficiency in real-time software systems," AFIPS Proc SJCC, 40 (1972) pp. 155-161.
7. 모두가 동의하는 것은 아니다. 할란 밀스(Harlan Mills)는 사적인 의견 교환에서 이렇게 말한다. "이제까지 경험으로는 프로그램을 제작할 때 터미널 앞에 앉아야 하는 사람은 비서가 아닌가 싶습니다. 해결책은, 프로그래밍을 사적인 예술이 아니라 좀 더 공개적인 일로 만들어서 많은 팀 구성원의 철저한 검토 하에 두는 것입니다."
8. Harr, J., "Programming Experience for the Number 1 Electronic Switching System," paper given at the 1969 SJCC.

13장

1. Vyssotsky, V. A., "Common sense in designing testable software," lecture at The Computer Program Test Methods Symposium, Chapel Hill, N.C., 1972. 비소츠키(Vyssotsky)의 강의 대부분은 다음에 수록되어 있다. Hetzel, W. C. (ed.),

Program Test Methods. Englewood Cliffs, N.J.: Prentice-Hall, 1972, pp. 41-47.

2. Wirth, N., "Program development by stepwise refinement," CACM 14, 4 (April, 1971), pp. 221-227. "Top-down programming in large systems,"(Mills, H. in R. Rustin (ed.). Debugging Techniques in Large Systems. Englewood Cliffs, N.J.: Prentice-Hall, 1971, pp. 41-55)와 "System quality through structured programming"(Baker, F. T., AFIPS Proc FJCC, 41-I (1972), pp. 339-343)도 보라.

3. Dahl, O. J., E. W. Dijkstra, and C. A. R. Hoare, Structured Programming. London and New York: Academic Press, 1972. 이 책은 해당 주제를 가장 충실하게 다루고 있다. 데이크스트라(Dijkstra)의 초기 생각이 담긴 다음 서신도 보라. "GOTO statement considered harmful," CACM, 11, 3 (March, 1968), pp. 147-148.

4. Böhm, C., A. Jacopini, "Flow diagrams, Turing machines, and languages with only two formation rules," CACM, 9, 5(May, 1966), pp. 13-17.

5. Codd, E. F., E. S. Lowry, E. McDonough, C. A. Scalzi, "Multiprogramming STRETCH: Feasibility considerations," CACM, 2, 11(Nov., 1959), pp. 13-17.

6. Strachey, C., "Time sharing in large fast computers," Proc. Int. Conf. on Info. Processing, UNESCO (June, 1959), pp. 336-341. 341쪽에 실린 코드(Codd)의 의견도 보라. 그는 스트레이치(Strachey)의 논문에 제안된 것과 비슷한 작업의 진전을 언급하고 있다.

7. Corbató, F. J., M. Merwin-Daggett, R. C. Daley, "An experimental time-sharing system," AFIPS Proc. SJCC, 2, (1962), pp. 335-344. Reprinted in S. Rosen, Programming Systems and Languages. New York: McGraw-Hill, 1967, pp. 683-698.

8. Gold, M. M., "A methodology for evaluating time-shared computer system usage," Ph.D. dissertation, Carnegie-Mellon University, 1967. p. 100.

9. Gruenberger, F., "Program testing and validating," Datamation, 14, 7, (July, 1968), pp. 39-47.

10. Ralston, A., Introduction to Programming and Computer Science. New York: McGraw-Hill, 1971, pp. 237.-244.

11. Brooks, F. P., K. E. Iverson, Automatic Data Processing, System/360 Edition. New York: Wiley, 1969, pp. 296-299.

12. 명세 개발과 시스템 구축 및 테스트에 대해서는 다음 논문에서 잘 다루고 있

다. F. M. Trapnell, "A systematic approach to the development of system programs," AFIPS Proc SJCC, 34 (1969) pp. 411-418.
13. 실시간 시스템은 환경 시뮬레이터를 필요로 한다. 예를 들어 다음을 보라. M. G. Ginzberg, "Notes on testing realtime system programs," IBM Sys. J., 4, 1 (1965), pp. 58-72.
14. Lehman, M., and L. Belady, "Programming system dynamics," given at the ACM SIGOPS Third Symposium on Operating System Principles, October, 1971.

14장

1. On the Management of Computer Programming(G. F. Weinwurm (ed.), Philadelphia: Auerbach, 1971, pp. 35-42)에 수록된 "What's wrong with computer programming management?"(C. H. Reynolds)를 보라.
2. King, W. R., and T. A. Wilson, "Subjective time estimates in critical path planning—a preliminary analysis," Mgt. Sci., 13, 5 (Jan., 1967), pp. 307-320, 그리고 후속편, W. R. King, D. M. Witterrongel, K. D. Hezel, "On the analysis of critical path time estimating behavior," Mgt. Sci., 14, 1 (Sept., 1967), pp. 79-84.
3. 더 본격적인 논의는 다음을 보라. Brooks, F. P., and K. E. Iverson, Automatic Data Processing, System/360 Edition, New York: Wiley, 1969, pp. 428-430.
4. 사적인 의견 교환

15장

1. Goldstine, H. H., and J. von Neumann, "Planning and coding problems for an electronic computing instrument," Part II, Vol. 1, 1947년 미 육군 Ordinance Department에 제출된 보고서. Collected Works(J. von Neumann, A. H. Taub (ed.), Vol. v., New York: McMillan, pp. 80-151)에 재수록됨.
2. 1957년의 사적인 의견 교환. 이 논쟁은 이후 "The Use of APL in Teaching" (Iverson, K. E., Yorktown, N.Y.: IBM Corp., 1969)에 실렸다.
3. PL/I을 위한 또 다른 기법들이 월터(A. B. Walter)와 볼(M. Bohl)의 "From better to best—tips for good programming"(Software Age, 3, 11 (Nov., 1969), pp. 46-50)에 실려 있다. 이런 기법들은 알골과 심지어 포트란에도 적용할 수 있다. 콜로라도 대학교의 랭(D. E. Lang)이 보유한 STYLE이라는 포트란 포매팅 프로

그램은 이런 결과를 자동으로 만들어 준다. 다음도 보라. D. D. McCracken and G. M. Weinberg, "How to write a readable FORTRAN program," Datamation, 18, 10 (Oct., 1972), pp. 73-77.

16장

1. 「은 탄환은 없다」라는 제목을 단 이 글은 'Information Processing 1986, the Proceedings of the IFIP Tenth World Computing Conference'(H.-J. Kugler 편집(1986))에 실린 것으로, IFIP와 네덜란드 Elsevier Science사의 허락을 얻어 재수록하였다.
2. Parnas, D. L., "Designing software for ease of extension and contraction," IEEE Trans. on SE, 5, 2(March, 1979), pp. 128-138.
3. Booch, G., "Object-oriented design," in Software Engineering with Ada. Menlo Park, Calif.: Benjamin/Cummings, 1983.
4. Mostow, J., ed., Special Issue on Artificial Intelligence and Software Engineering, IEEE Trans. on SE, 11, 11(Nov., 1985).
5. Parnas, D. L., "Software aspects of strategic defense systems," Communications of the ACM, 28, 12 (Dec., 1985), pp. 1326-1335. 이 글은 "American Scientist, 73, 5"((Sept.-Oct., 1985), pp. 432-440)에도 실렸다.
6. Balzer, R., "A 15-year perspective on automatic programming," in Mostow, op. cit.
7. Mostow, op. cit.
8. Parnas, 1985, op. cit.
9. Reader, G., "A survey of current graphical programming techniques," in R. B. Grafton and T. Ichikawa, eds., Special Issue on Visual Programming, Computer, 18, 8(Aug., 1985), pp. 11-25.
10. 이 주제는 이 책 15장에서 논의되었다.
11. Mills, H. D., "Top-down programming in large systems," Debugging Techniques in Large Systems, R. Rustin, ed., Englewood Cliffs, N.J., Prentice-Hall, 1971.
12. Boehm, B. W., "A spiral model of software development and enhancement," Computer, 20, 5(May, 1985), pp. 43-57.

17장

참고 문헌 표시 없이 인용된 내용은 사적인 의견 교환에 의한 것이다.

1. Brooks, F. P., "No silver bullet—essence and accidents of software engineering," in Information Processing 86, H. J. Kugler, ed. Amsterdam: Elsevier Science(North Holland), 1986, pp. 1069-1076.
2. Brooks, F. P., "No silver bullet—essence and accidents of software engineering," Computer, 20, 4(April, 1987), pp. 10-19.
3. 몇 통의 서신과 그에 대한 답변이 『Computer』 1987년 7월호에 게재되었다. 「은 탄환은 없다」는 별다른 상을 받지 못했지만, 거기에 대한 브루스 스퀴어스키(Bruce M. Skwiersky)의 리뷰가 1988년 『Computing Reviews』에서 최우수 리뷰로 선정된 것은 특별한 기쁨이다. "Editorial"(E. A. Weiss, Computing Reviews (June, 1989), pp. 283-284)에서는 수상 소식을 전하면서 스퀴어스키의 리뷰를 재수록하였다. 리뷰에는 중요한 오류가 한 군데 있는데, "여섯 배"는 "10^6"이 맞다.
4. "아리스토텔레스와 스콜라 철학에 의하면, 부수성이란 어떤 사물의 본질적 또는 근본적인 성질 때문에 그 사물에 속한다기보다 다른 원인들의 결과로 나타나는 성질을 일컫는 것이다." Webster's New International Dictionary of the English Language, 2d ed., Springfield, Mass.: G. C. Merriam, 1960.
5. Sayers, Dorothy L., The Mind of the Maker. New York: Harcourt, Brace, 1941.
6. Glass, R. L., and S. A. Conger, "Research software tasks: Intellectual or clerical?" Information and Management, 23, 4 (1992). 저자들이 측정해 본 결과 소프트웨어 요구 사항 명세 작업의 80% 정도가 지적 작업이고 20%는 사무적 성격인 것으로 나타났다. Fjelstadt와 Hamlen의 1979년도 연구에서도 응용 소프트웨어 유지 보수에 대해 기본적으로 동일한 결과를 얻었다. 끝에서 끝까지 작업 전체를 대상으로 이 비율을 측정한 시도는 없었던 것으로 알고 있다.
7. Herzberg, F., B. Mausner, B. B. Sayderman. The Motivation to Work, 2nd ed. London: Wiley, 1959.
8. Cox, B. J., "There is a silver bullet," Byte(Oct., 1990), pp. 209-218.
9. Harel, D., "Biting the silver bullet: Toward a brighter future for system development," Computer(Jan., 1992), pp. 8-20.
10. Parnas, D. L., "Software aspects of strategic defense systems," Communications of the ACM, 28, 12(Dec., 1985), pp. 1326-1335.

11. Turski, W. M., "And no philosophers' stone, either," in Information Processing 86, H. J. Kugler, ed. Amsterdam: Elsevier Science(North Holland), 1986, pp. 1077-1080.

12. Glass, R. L., S. A. Conger, "Research Software Tasks: Intellectual or Clerical?" Information and Management, 23, 4(1992), pp. 183-192

13. Review of Electronic Digital Computers, Proceeding of a Joint AIEE-IRE Computer Conference(Philadelphia, Ded. 10-12, 1952). New York: American Institute of Electrical Engineers, pp. 13-20.

14. 같은 책, pp. 36, 68, 71, 97.

15. Proceedings of the Eastern Joint Computer Conference, (Washington, Dec. 8-10, 1953). New York: Institute of Electrical Engineers, pp. 45-47

16. Proceedings of the 1955 Western Joint Computer Conference(Los Angeles, March 1-3, 1955). New York: Institute ofElectrical Engineers.

17. Everett, R. R., C. A. Zraket, H. D. Bennington, "SAGE—A data processing system for air defense," Proceedings of the Eastern Joint Computer Conference, (Washington, Dec. 11-13, 1957). New York: Institute of Electrical Engineers.

18. Harel, D., H. Lachover, A. Naamad, A. Pnueli, M. Politi, R. Sherman, A. Shtul-Trauring, "Statemate: A working environment for the development of complex reactive systems," IEEE Trans. on SE, 16, 4(1990), pp. 403-444.

19. Jones, C., Assessment and Control of Software Risks. Englewood Cliffs, N.J.: Prentice-Hall, 1994. p. 619.

20. Coqui, H., "Corporate survival: The software dimension," Focus '89, Cannes, 1989.

21. Coggins, James M., "Designing C++ libraries," C++ Journal, 1, 1(June, 1990), pp. 25-32

22. 이 부분의 시제는 미래다. 다섯 번째 사용의 결과에 대해 보고한 바는 아직 들어보지 못했다.

23. Jones, op. cit., p. 604.

24. Huang, Weigiao, "Industrializing software production," Proceedings ACM 1988 Computer Science Conference, Atlanta, 1988. 이런 방식이라면 일자리가 늘어나기 어려울 것이라는 우려가 있다.

25. 『IEEE Software』 1994년 9월호는 전체를 재사용에 대한 기사로 채웠다.

26. Jones, op. cit., p. 323
27. Jones, op. cit., p. 329
28. Yourdon, E., Decline and Fall of the American Programmer. Englewood Cliffs, N.J.:Yourdon Press, 1992, p. 221
29. Glass, R. L., "Glass"(column), System Development, (January, 1988), pp. 4-5.

18장

1. Boehm, B. W., Software Engineering Economics, Englewood Cliffs, N.J.: Prentice-Hall, 1981, pp. 81-84.
2. McCarthy, J., "21 Rules for Delivering Great Software on Time," Software World USA Conference, Washington(Sept., 1994).

19장

참고 문헌 표시 없이 인용된 내용은 사적인 의견 교환에 의한 것이다.

1. 이 골치 아픈 주제에 대해서는 다음도 참고하라. Niklaus Wirth "A plea for lean software," Computer, 28, 2 (Feb., 1995), pp. 64-68.
2. Coleman, D., 1994, "Word 6.0 packs in features; update slowed by baggage," MacWeek, 8, 38(Sept. 26, 1994), p. 1.
3. 현장 배치 이후의 기계어 및 프로그래밍 언어 명령어 빈도에 대해서는 많은 조사 결과가 발표되었다. 예를 들어 헤네시와 D. 패터슨의 "Computer Architecture"를 보라. 이런 빈도 데이터는 정확하게 들어맞지는 않지만 후속 제품을 만들 때 대단히 유용하다. 내가 알기로 제품 설계 전의 추정 빈도에 대해 발표된 문헌은 없으며, '선험적' 추정과 '귀납적' 데이터를 비교한 사례도 상당히 적다. 켄 브룩스(Ken Brooks)에 의하면, 스스로 선택한 일부에 한정되기는 하지만, 이제 인터넷 게시판을 통해 신규 제품의 잠재적 사용자들로부터 저렴하게 데이터를 얻을 수 있게 되었다.
4. Conklin, J., M. Begeman, "gIBIS: A Hypertext Tool for Exploratory Policy Discussion," ACM Transactions on Office Information Systems, Oct. 1988, pp. 303-331.
5. Englebart, D., W. English, "A research center for augmenting human intellect," AFIPS Conference Proceedings, Fall Joing Computer Conference, San Francisco(Dec. 9-11, 1968), pp. 395-410.

6. Apple Computer, Inc., Macintosh Human Interface Guidelines, Reading, Mass.: Addison-Wesley, 1992.
7. 애플 데스크톱 버스에서 전자적으로 두 개의 마우스를 처리할 수 있음은 분명하지만, 운영 체제가 그런 기능을 제공하지 않는다.
8. Royce, W. W., 1970. "Managing the development of large software systems: Concepts and techniques," Proceedings, WESCON (Aug., 1970), ICSE 9 Proceedings에 재수록됨. 로이스(Royce)나 다른 누구도 앞 단계의 문서들을 갱신하지 않고 소프트웨어 프로세스를 밟아갈 수 있다고는 믿지 않았으며, 이 모델은 하나의 전형(典型)이자 개념을 돕기 위한 도구로 내세운 것이다. 다음을 보라. D. L. Parnas and P. C. Clements, "A rational design process: How and why to fake it," IEEE Transactions on Software Engineering, SE-12, 2 (Feb., 1986), pp. 251-257.
9. 1988년에 DOD-STD-2167을 대대적으로 개정한 DOD-STD-2167A가 나왔지만, 나선형 모델 등의 좀 더 최근 모델도 허용은 했으되 의무적으로 쓰게 하지는 않았다. 불행히도 2167A가 참조하는 MILSPECS와 거기 사용된 예제 삽화는 여전히 폭포수 모델 중심으로 되어 있어, 대부분의 조달에서는 폭포수 모델을 계속 사용했다고 보엠(Boehm)이 전한다. 래리 드루펠(Larry Druffel)과 조지 헤일메이어(George Heilmeyer)가 이끌었던 국방과학위원회의 태스크포스 팀은 1994년의 "국방 소프트웨어를 상용으로 취득하기 위한 태스크포스 보고서"에서 좀 더 현대적인 모델의 전면적인 사용을 주장했다.
10. Mills, H. D., "Top-down programming in large systems," in Debugging Techniques in Large Systems, R. Rustin, ed. Englewood Cliffs, N.J.: Prentice-Hall, 1971.
11. Parnas, D. L., "On the design and development of program families," IEEE Trans. on Software Engineering, SE-2, 1(March, 1976), pp. 1-9; Parnas, D. L., "Designing software for ease of extension and contraction," IEEE Trans. on Software Engineering, SE-5, 2(March, 1979), pp. 128-138
12. D. Harel, "Biting the silver bullet," Computer(Jan., 1992), pp. 8-20
13. 정보 은닉에 관련된 중대한 논문들은 다음과 같다. Parnas, D. L., "Information distribution aspects of design methodology," Carnegie-Mellon, Dept. of Computer Science, Technical Report (Feb., 1971); Parnas, D. L., "A technique for software module specification with examples," Comm. ACM, 5, 5 (May, 1972),

pp. 330-336; Parnas, D. L. (1972). "On the criteria to be used in decomposing systems into modules," Comm. ACM, 5, 12 (Dec., 1972), pp. 1053-1058.

14. 객체라는 개념은 원래 호어(Hoare)와 데이크스트라에 의해 개략적으로 제시되었지만, 최초이자 가장 영향력 있는 실제의 구현 사례는 시뮬라-67 언어였다.

15. Boehm, B. W., Software Engineering Economics, Englewood Cliffs, N.J.: Prentice-Hall, 1981, pp. 83-94; 470-472

16. Abdel-Hamid, T., S. Madnick, Software Project Dynamics: An Integrated Approach, ch. 19, "Model enhancement and Brooks's law." Englewood Cliffs, N.J: Prentice-Hall, 1991.

17. Stutzke, R. D., "A Mathematical Expression of Brooks's Law." In Ninth International Forum on COCOMO and Cost Modeling. Los Angeles: 1994

18. DeMarco, T., T. Lister, Peopleware: Productive Project and Teams. New York: Dorset House, 1987(『피플웨어』, 박재호・이해영 옮김, 인사이트, 2014)

19. Pius XI, Encyclical Quadragesimo Anno, [Ihm, Claudia Carlen, ed., The Papal Encyclicals 1903-1939, Raleigh, N.C.: McGrath, p. 428.]

20. Schumacher, E. F., Small Is Beautiful: Economics as if People Mattered, Perennial Library Edition. New York: Harper and Row, 1973, p. 244.

21. Schumacher, op. cit., p. 34.

22. 시사하는 바가 많은 어떤 벽보에 쓰여 있던 글귀: "언론의 자유란 그것을 소유한 자에게 속해 있다."

23. Bush, V. "That we may think," Atlantic Monthly, 176, 1(April, 1945), pp. 101-108.

24. 유닉스 창시자인 벨 연구소의 켄 톰슨(Ken Thompson)은 프로그래밍에 있어 큰 화면의 중요성을 일찍부터 깨달았다. 그는 자신의 원시적인 텍트로닉스(Tektronix) 브라운관 모니터에 코드 120줄을 두 열로 표시하는 방법을 고안했고, 작은 화면의 브라운관이 쓰이던 시절 내내 이 터미널을 고수했다.

찾아보기

참고: 굵은 숫자의 쪽 번호는 해당 항목이 비교적 중요하게 다루어졌음을 표시한다.

ㄱ

가격 108
가게
　소프트웨어 제품의 290
가상 메모리 256
가상 환경 ix, 306
간트 차트 286
개관 168, 268
개념 구조 185
개념적 구조물 188, 193, 219
개념적 일관성 36, 37, 41, 61, 80, 141, 190, 248, 249, 275, 277, 281, 285
개발
　점진적 210
개방형 시스템 309
객체 310
객체 지향 프로그래밍 196, 232, 295
검증 204
경영 정보 시스템 (MIS) 111, 231, 258, 311
계정 관리 132
계층적 구조 223, 232
계층적 자료형 197
계획 및 통제 팀 161
계획 수립 19
계획과 통제 팀 267
고급 언어 "언어/고급" 참조
고든, P. viii
고속 푸리에 변환 102
고속 프로토타이핑 185, 209, 292
골드, M. M. 147, 265, 343
골드스틴, H. H. 172, 203, 344
공간
　메모리 255
　업무 300
공간 배치 108
공간 할당 110

공식성
　문서화된 제안서의 68
괴델 224
괴테 165
교체
　인원 190
구문 44, 66
　추상 64
구성 요소 디버깅 144
구성 요소 236, 245, 256, 312
　더미 149
구조적 프로그래밍 32, 143, 230, 259, 264
구축
　소프트웨어 210
　시스템 343
　점진적 292
구축을 예산에 맞추는 전략 290
구현 14, 45, 142, 219, 249, 255, 276, 287
구현 파트 67
구현자 47, 54, 61
구현체 64, 250
　여러 벌 만들어진 69
국방과학위원회 viii, 349
국방과학위원회 산하 군사용 소프트웨어 태스크 포스 x
국방성 288
권력
　포기할 수 있는 301
권위 81
권한 8, 246, 253
귀족 정치 39, 44, 46
그래프 192
　구조 269
그래픽 프로그래밍 202
그랜트, E. E. 27, 29, 87, 337, 340
그루엔버거, F. 147, 338, 343
그물망 구조 (의사소통) 79

찾아보기 **353**

글래스, R. L.   225, 240, 346, 348
급여 인상   119
기계어   239
기성품 패키지   207
기술 총괄의 역할   80, 253, 276, 253, 276

ㄴ
나우르, P.   64
나이트, C. R.   3
낙관주의   13, 223, 247
날짜
　예정된   161
　추정된   161
네이너스, B.   88, 340
노스캐롤라이나 주립 대학교   313
노아   95
노트
　현황   33
놋쇠 탄환   232
뉴웰, A.   64, 339
늑대인간   185, 186, 217
늦어진 프로젝트   13, 89, 229, 251, 266, 297

ㄷ
단계적 세분화   289
단순성   43, 187, 193
단축키   284
달, O. J.   343
대성당   39
대화식 디버깅   34, 146
대화식 프로그래밍   137, 263, 263, 425
더미 구성 요소   149
더피, B   317
덤프
　메모리   134, 145
데스크톱 메타포   203
데이크스트라, E. W.   143, 343, 350
데이터 서비스   131
데이터베이스   107, 208, 237, 257, 308, 310
도구   125, 205, 262, 278, 305
도구 담당   34, 127
도르베, J.   39
두 번째 시스템 효과   51, 250, 277, 280
뒷문   313
드마르코, T.   ix, 230, 237, 238, 299, 308, 350
들어쓰기   179

디버깅   263
　고급 언어   136
　구성 요소   144
　대화식   35, 137, 146
　순차적일 수 밖에 없음   16
　시스템   147
　온-머신   144
디버깅 보조 도구   128
디버깅 장비의 신뢰성   131
디스크 운영 체제
　IBM 1410-7010   56, 58, 99
디스플레이 터미널   78, 128
디지텍   103

ㄹ
라이브러리   194, 235, 256, 262
　매크로   35
　클래스   239
　프로그램   132
라이트, W. V.   171
랭스 대성당   39
레이블   179
레이크, C.   317
로이스, W. W.   286, 349
로켄, O. S.   76
루스, G. H. (베이브)   87
루이스, C. S.   123, 341
루즈벨트, F. D.   113, 341
루카스, S.   221
리먼, M.   122, 123, 151, 261, 265, 341, 344
리스터, T.   299, 350
리틀, A. D.   313
링키지 에디터   56
링킹   306

ㅁ
마법   7, 141, 240
마우스   349
마이크로소프트   265, 291
마이크로소프트 워드 6.0   278, 348
마이크로소프트 웍스   231
마이크로소프트 윈도   281
마이크로컴퓨터 혁명   226, 302
마이크로피시   77, 252
마일스톤   22, 25, 155, 160, 266, 267, 292

매뉴얼 61, 257, 278, 284
　　System/360 62
매드닉, S. 297, 350
매일 밤 빌드하기 291
매카시, J. ix, 266, 291, 302, 348
매킨토시 WIMP 인터페이스 251, 281, 284
매트릭스형 관리 236
매트릭스형 조직 79
맨먼스 16, 247, 296
멀틱스 93, 137, 146, 254, 341, 342
메뉴 280
메모리 사용 패턴 129
메타포 281
메타프로그래밍 310
멘토 214, 298
명령 282, 312
명령어 312, 348
명세 141, 204, 210, 264, 276, 288, 343, 346
　　기능 32, 48, 50, 61, 75, 107, 110
　　내부 75
　　설계 42
　　성능 32
　　인터페이스 75
　　테스트 142
명확성 43
모델 296, 349
　　COCOMO 299
　　나선형 349
　　심성 275, 276
　　점진적 구축 223, 289, 292
　　폭포수 286, 349
모듈 101, 122, 142, 259, 261, 291, 294, 295, 311
모듈라 197, 213
모듈의 개수 122
모듈화 117, 195, 232
모린, L. H. 88, 340
모스너, B. 220, 346
모차르트 213
목적
　　변수의 179
　　프로그램의 168, 269
목표 8, 107, 109, 116, 257
　　공간과 시간 50
　　비용과 성능 50
무어, S. E. xiii
무어스, C. N. 43

묶음 처리
　　변경 사항의 117, 151, 265
문법 64, 239, 283
문서 105, 257
문서화 5, 32, 122, 167, 238, 252, 263, 268
문서화 시스템 134
미니캐드 설계 프로그램 310
민주주의 44
밀스, H. D. 31, 34, 211, 289, 294, 338, 343, 345, 349

ㅂ

바닐라 프레임워크 228
바벨탑 71, 251
바인부름, G. F. 88, 338, 340, 344
바흐 47
반복 210, 288
배커스, J. W. 64, 339
배커스-나우르 표기법 64
버그 141, 142, 204, 247, 251, 260, 261, 263, 264, 294
　　문서화된 148
버그 해결 추이 9
버리스, R. xiii
버릴 시스템 116, 258, 286
버전 117, 259, 290, 291
　　베타 258
　　알파 258
버크, E. 271
버크스, A. W. 203
버틀러, S. 243
법정
　　설계 관련 논란을 해결하기 위한 66
베드로 (사도) 173
베시 225
베이커, F. T. 36, 338, 343
베타 버전 258
벤고우, W. 107
벨 노던 리서치 292
벨 전화 연구소 xii, 90, 118, 134, 137, 141, 161, 254, 337
벨, C. G. x, 64, 339
벨러디, L. 122, 123, 151, 261, 265, 341, 344
변경
　　설계 259, 341
　　통제 149

변경 가능성 190, 259
변경 요약 77, 78
변화 116
  조직의 118
보관
  시간순대로 33
보라색 배선 기법 150
보스, H. x
보안 190
보엠, B. W. ix, 229, 254, 296, 308, 345, 348, 350
보조 장비 131
보조적 기능의 원리 301
복잡성 188, 221, 240, 248, 314
  개념적 220
  임의적 190, 221
본질 x, 183, 186, 205, 225, 235, 294, 311, 346
봄, C. 143, 343
부도-라모뜨, E. 41
부수성 x, 183, 219, 225, 294, 304, 306, 346
부수적인 것 188
부시, V. 306, 317, 350
부작용 65, 122, 261
부조종사 32
분업 79, 253
분할 16, 247
뷰캐넌, B. x
브루헐, P. 73
브룩스, F. P. Jr. 103, 245, 254, 338, 341, 343, 344, 346
브룩스, K. P. ix, 228, 238, 348
브룩스, N. G. v, x
브룩스의 법칙 25, 297
블라우, G. A. 45, 49, 62, 338
블럼, B. 220
비가시성 191, 228, 259
비계 148, 265
비관주의 223
비서 33
비소츠키, V. A. xii, 141, 161, 264, 267, 337, 342
비얼리, R. x
비오 11세 301, 350
비용 5, 16, 85, 120, 187, 238, 249, 260, 296
  개발 207
  선투자된 234
비행기 좌석 메타포 203

빈도 데이터 348
빈도 추정 277, 279
빌드
  시스템 266

ㅅ
사람 299
사람들 213
사무 공간 260
사무원
  프로그램 33
사용의 용이성 42, 97, 275, 278, 281, 283, 284
사용자 45, 116, 121, 168, 275, **278**, 282, 287, 290, 293, 312
사회학적 장벽 118
살 것인가 만들 것인가 206
살리에리 213
상급자-하급자 관계 36
상세화
  요구 사항 209
상속 232, 235, 295
상호 작용
  창조 활동의 단계로서 14, 219
상황 보고 267
상황 보고서 160
상황 점검 회의 160
상황 통제 107
색먼, H. 27, 29, 87, 337, 340
생산성
  소프트웨어 187, 193, 296, 310
  프로그래밍 21, **29**, **88**, 94, 135, 217, 224, 229, 254, 262, 264, 300
생산성 공식 206
생성기 202, 308
섀넌, E. C. 222
서류 작업 107
서브루틴 188, 295
설계 142
설계 변경 259
설계자
  탁월한 186, 212
성과 측정 235
성능 187, 278
성능 시뮬레이터 135
성서 274

세분화
  단계적 142, 289
세이더만, B. B. 220, 346
세이어즈, D. L. 14, 219, 346
셀린, I. 231
서먼, M. 196
셰어 운영 체제 57
셰익스피어 139, 274
소련 과학 아카데미 xii
소통 16, 53, 249
소포클레스 153, 156
소프트웨어 업계 307
소프트웨어의 성장 185, 210, 222, 289
속도
  프로그램 29, 136
쇠달, L. 221
수석 프로그래머 32, 248
순서도 171, 192, 203, 268
슈마허, E. F. 301, 302, 350
슈투츠케, R. D. 298, 350
스나이더, 반 236
스냅샷 145
스몰토크 213, 233
스미스, S. 95
스위프트, J. 113
스케줄러 58
스케줄링 129
스쿼어스키 346
스탠튼, N. x
스탠포드 연구소 78, 280
스트레이치, C. 55, 146, 338, 343
스트레치 운영 체제 56, 99
스프레드시트 208, 305, 306
슬로앤, J. C. xiii
승진
  이중 체계 119, 260
  직급 119
시각적 표현 228
시간
  컴퓨터 사용 185
시대에 뒤처짐 9, 25, 123
시뮬라-67 197, 350
시뮬레이터 250, 262
  논리적 65, 131
  성능 99
  환경 131

시분할 193, 305, 307, 343
시분할 시스템
  PDP-10 43
시스템
  대형 30
  프로그래밍 5, 315
시스템 구축 343
시스템 디버깅 132, 147
시스템 디벨롭먼트 코퍼레이션 88
시스템 빌드 266
시스템 테스트 19, 122, 133, 147
시스템 통합용 서브라이브러리 133
시장
  대량 판매용 185, 207, 231, 237, 278
신뢰성 193
신생 기업 302, 309
실시간 시스템 344

ㅇ
아기 놀이울 133, 150, 262
아론, J 89, 93, 254, 340
아리스토텔레스 219, 346
아이디어
  창조 활동의 단계로서 14
아이버슨, K. E. 64, 103, 172, 317, 338, 339, 341, 343, 344, 344
아이콘 280
아인슈타인 224
아키텍처 44, 249, 250, 264, 287
아키텍트 38, 53, 61, 66, 80, 100, 249, 253, 255, 275, 276
알고리즘 102, 256
알골 35, 43, 63, 213, 344
알토 개인용 워크스테이션 281
알파 버전 258
알파 테스트 288
압델-하미드, T. 297, 350
앙투안 레스토랑 11
애플 데스크톱 버스 349
애플 리사 281
애플 매킨토시 275, 278, 285, 309, 318
애플 컴퓨터 285, 349
애플스크립트 313
야코피니, A. 143, 343
약호화된 이름 179
양손 조작 282

어긋남
    일정 "늦어진 프로젝트" 참조
어도비 포토샵   306
어셈블러   132
어휘
    대규모   239
언어
    4세대   308
    고급   117, 135, 142, 146, 193, 203, 239, 254, 259, 263, 264, 269
    스크립트   313
    프로그래밍   69, 185, 193, 239
언어 번역기   93
언어 전문가   35
얼개   35
에르쇼프, A. P.   xiii, 337
에릭슨, W. J.   27, 29, 87, 337, 340
에반스, B. O.   v
에이다   195, 308
에이켄, H. H.   317
엑셀   310, 311
엔트로피   122, 261
엥겔바트, D. C.   78, 280, 348
역할 갈등
    줄이기   159
예산   108, 109, 257
    공간에 대한   100
    접근   255
    크기   255
예측   108, 257
오그딘, J. L.   337, 341
오버레이   56, 99, 128
오비디우스   55
오즈의 마법사 기법   293
오토리스프   310
오토캐드   310
옵션   101, 169, 256
완벽함이 요구됨   8
왓슨, T. J. 1세   167
왓슨, T. J. 2세   v, xii
외과 수술 팀   27, 120, 248
요구 사항 상세화   209
요든, E.   ix, 230, 237, 238, 348
용기
    경영적   235
    관리적   12, 21, 118, 153, 260, 297

운영 체제   128, 255, 261, **309**
워드, F.   ix
워스, N.   142, 264, 342, 348
워크북   75
워크스테이션   205
원격 작업 입력   58
월드와이드웹   305
웰스 묵시록   61
웹 페이지   252
위원회   79
윈도 NT 운영 체제   250
윈도 운영 체제   309
윈도우   280
윌리엄 3세   215
유니박 컴퓨터   227
유닉스   194, 207, 213, 263, 309, 313, 350
유닉스 워크스테이션   306
유지 보수   260
유틸리티   35, 128, 134
융합   300
은 탄환   183, 215, 346
의견 차이   36
의미   44, 64, 66, 239, 282, 294
의사소통   36, 73, 79, 80, 87, 100, 110, 189, 247, 251, 253, 257, 297
이스트만 코닥   311
이중 승진 체계   119, 260
이중 커서 문제   282
이해 가능성   193
이해관계   36
인공 지능   198
인터넷   348
인터리스프   194
인터페이스   5, 32, 61, 66, 80, 117, 120, 122, 259, 261, 275, 276, 285, 293, 307, 312
    WIMP   251, 280, 284
    메타프로그래밍   312
    모듈   289
인터프리터
    공간 절약을 위한   103
일관성
    개념적   36, 37, 41, 42, 61, 80, 141, 275, 277, 281, 285
일정   80, 108, 110, 155, 257, 266, 287, 296, "늦어진 프로젝트" 참조
    비용을 최적화하는   296

일정 관리 14
일정 붕괴의 악순환 22
일정 재수립 22
임계 경로 일정 89, 158, 160, 267
입력 데이터의 범위 5
입력값의 범위 169, 268
입출력 형식 169

ㅈ

자료형
　추상적 197
자릿수 하나만큼의 향상 ix, 217, 224, 226, 305, 318
자체 문서화 프로그램 117, 173, 269
작은 것이 아름답다 301
작은 의사 결정 111, 257
잡스, S. 281
장벽
　사회학적 118
재료
재분배 247
재분할 24, 298
재사용 235, 237, 291, 295, 311
전동 공구
　지적 작업을 위한 231
전문가 시스템 199
전문화 36, 79, 253
전자 교환 시스템 90
전자 우편 251, 251
전자문서 노트 252
전환 시간 194, 306
절제 47, 54, 249
절충
　크기와 기능의 101
　크기와 속도의 98, 101
점진적 개발 210, 289
점진적 구축 모델 223, 289, 292
정보 은닉 79, 293, 349
정보 이론 222
제너럴 일렉트릭 227
제록스 팔로 알토 연구소 281
제어 프로그램 90, 93
제품
　멋진 213
　프로그래밍 5, 315
　프로그래밍 시스템 245

제품 테스트 70, 251
제품화
　창조 활동의 단계로서 50, 142, 276, 287
조직 73, 79, 118, 251, 253, 260
조직도 108, 110, 257
존스, C. 229, 230, 235, 237, 238, 347
주석 177, 269
지원 비용 231
지위의 상징 82
직접 포함하기 66, 117, 259, 285
질주하는 거티 (타코마 내로우즈 브리지) 286

ㅊ

참모 그룹 79
창조성 47, 302, 305
창조의 기쁨 6
창조적 기쁨 120, 304
창조적 작업 46
창조적 활동의 세 단계 14
채널 45
책임
　권한 대비 8, 246
초기화 179
초심자 284
추상적 자료형 195, 232, 295
추정 13, 21, 87, 108, 156, 247, 253, 257, 266
출시
　프로그램 121, 261, 263

ㅋ

카네기-멜론 대학교 78
카노바, A. 155
캐쉬맨, T. J. 175
캠벨, E. 121, 260, 341
캠브리지 대학교 134
캡, A. 80
캡슐화 79, 232, 252, 294
커누스, D. E. 103, 341
커맨드 키 284
커뮤니케이션 17, 59
커서 282
커스터마이징 235
커스터마이징 가능성 232
컴파일 타임 기능 66
컴파일러 132
컴퓨터 설비 128

케이스, R. P.　ix, xii
코긴스, J. M.　ix, 233, 235, 347
코넬 대학교　47
코드, E. F.　146, 343
코딩　19, 253
코딩 워 게임　300
코르바토, F. J.　xii, 93, 146, 254, 337, 340, 341, 342, 343
코볼　208, 213, 230
코스그로브, J.　116, 118, 259, 341
코키, H.　230, 347
콕스, B. J.　220, 223, 346
콘웨이, M. E.　110, 341
콘웨이, R. W.　47, 338
콩거, S. A.　225, 346
콩클린, J.　280, 348
콰드라게시모 안노 (회칙)　301, 350
쿨리, J. W.　102
크기
　프로그램　29, 97, 136, 180
크램, G.　165
크록웰, D.　87
크롤리, W. R.　132
클라리스웍스　231
클라이언트-서버 시스템　307
클래스　197, 235, 239, 295
키보드　283
키즈, W. J.　175

ㅌ

타깃 장비　128, 262, 262
타입 검사　233
타코마 내로우즈 브리지　115, 286
탁상 비유　281, 283
탁월한 설계자　186, 212, 310
탄환
　놋쇠　232
　은　183, 215, 225, 346
테스터　35
테스트
　구성 요소　19
　명세　142
　시스템　19, 122, 133, 147
　회귀　122, 261, 289
테스트 조언 시스템　200
테스트 케이스　5, 35, 147, 169, 200, 268, 292

테일러, B.　281
텍스트 편집 시스템　134, 263
톰슨, K.　350
통화 기록　251
통화 일지　69
투르스키, W. M.　224, 347
투키, J. W.　102
트랙 언어　43
트랩넬, F. M.　xi, xii, 344
트루먼, H. S.　59
트리 형태의 조직　79
팀
　작고 예리한　29

ㅍ

파, L.　88, 340
파덱스, A.　62
파르나스 가계도　290
파르나스, D. L.　ix, 79, 198, 201, 223, 234, 237, 240, 252, 290, 293, 314, 339, 345, 346, 349, 350
파스칼 프로그래밍 언어　213, 310
파스칼, B.　123
파워 유저　284
파이겐바움, E. A.　200
파이프　194
파일
　더미　149
　축소판　149
파일 동기화　173
파일럿 공장　115, 258
파일럿 시스템　341
패그, P.　22
패키지 소프트웨어　230, 231, 237, 277, 304, 307, 309
패트릭, R. L.　viii
페렐, J.　313
페이징 영역　101, 256
편집기
　텍스트　32, 34, 68, 128, 134, 146
편집자　33
포인팅 장치　280
포트란　45, 103, 213, 345
포트란 H　99
포트먼, C.　xii, 89, 254, 337, 340
포프, 알렉산더　215
폭스프로　313

폭포수 모델 286, 349
폰 노이만, J. 172, 203, 344
표준 75, 172, 269, 308
    사실상의 285
표현 방법
    정보의 103, 256
표현 수단
    다루기 쉬운 7, 15, 116
푸블릴리우스 85
품질 229
프랭클린, B. (Poor Richard) 85
프랭클린, J. W. 134
프로그래머 재교육 233, 234
프로그래밍
    그래픽 202
    시각적 202
    자동 201
프로그래밍 시스템 5
프로그래밍 시스템 제품 3, 245
프로그래밍 시스템 프로젝트 254
프로그래밍 언어 234
프로그래밍 제품 5, 258
프로그래밍 환경 194
프로그래밍의 즐거움 6
프로그램 4
    보조 149
    자체 문서화 173
프로그램 구조 그래프 172, 192
프로그램 라이브러리 132
프로그램 사무원 33
프로그램 유지 보수 120
프로그램 이름 177
프로그램 제품 295
프로듀서의 역할 80, 253, 276
프로시저
    목록화된 35
프로젝트 머큐리 실시간 시스템 56
프로젝트 목표 75
프로젝트 워크북 252
프로젝트 이관 300
프로토타이핑
    고속 185, 209, 292
피사노, A. 127
피에트라산타, A. M. xiii, 161
피처 크립 277
피플웨어 299

필터 194

ㅎ

하, J. xii, 90, 93, 137, 254, 342
하드웨어
    컴퓨터 186
하디, H. 97
하렐, D. L. 223, 225, 292, 346, 347, 349
하이퍼카드 310
하이퍼텍스트 306, 317
하인라인, R. A. 82, 339
하향식 설계 135, 142, 233, 264
할당
    동적 메모리 57
해밀튼, F. 317
행정 담당 33
허슬 157, 266
허즈버그, F. 220, 346
헤이즈-로스, R. x
헤일마이어, G. 349
헨리, P. 271
현실주의 223, 240
형식을 갖춘 문서 111
형식적 정의 63, 250
호머 274
호어, C. A. R. 343, 350
호환성 62, 64, 69, 190
화면 203, 212, 290, 313, 350
화학 공학 115, 313, 314
확장 234, 290, 314
환경 5, 168, 205
황, W. 236, 347
회송 시간 137, 264
회의 66
    문제 해결을 위한 160
    상황 점검을 위한 160
    정기 프로젝트 74
훈련 53
훈련에 드는 시간 17
휠러, E. ix, 303

A-Z

ANSI 172, 269
APL 64, 97, 137, 180, 213, 344
ARPA 네트워크 78
C++ 233, 311, 347

CASE 문   143
DEC PDP-8   64
DEC VMS 운영 체제   309
DECLARE 문   179
DO … WHILE   143
DOD-STD-2167   288, 349
DOD-STD-2167A   349
Dragon 음성 인식 시스템   286
gIBIS   280, 348
GO TO   172
GOTO   343
GPS   277
IBM   89, 119, 317
IBM 1401   45, 65, 130
IBM 650   43, 103
IBM 701   131
IBM 7030 스트레치 컴퓨터   44, 47, 55, 318, 343
IBM 704   55
IBM 709   55, 57
IBM 7090   55, 64
IBM MVS/370 운영 체제   299, 309
IBM OS/360   "OS/360" 참조
IBM OS/2 운영 체제   309
IBM PC   281, 286, 309
IBM SAGE ANFSQ/7   227, 347
IBM System/360 Model 165   97
IBM System/360 Model 30   45, 47
IBM System/360 Model 65   99
IBM System/360 Model 75   47
IBM System/360 계열 컴퓨터   44, 45, 61, 64
IBM System/360 운영 원칙   62
IBM VM/360 운영 체제   309
IBSYS 운영 체제 (7090용-)   56
ICL   xii, 89, 134, 337
IEEE Computer지   viii
IF…THEN…ELSE   143
MILSPEC 문서화   269
MIT   xii, 93, 121, 146, 313, 337
MS-DOS   213, 275, 309
MVS/370   213
OS/360   xi, 43, 44, 48, 56, 76, 93, 129, **250**, 252, 254, 261, 293, 299, 338
OS/360 개념과 설비   135
OS/360 큐드 텔레커뮤니케이션 액세스 메서드   311
PERT 차트   89, 158, 160, 267

PL/C · 47, 338
PL/I   32, 47, 64, 66, 93, **136**, 177, 213, 263, 342, 345
PROCEDURE   179
ROM   251
SDC   340
SDI   277
SEI   212
Software Engineering Economics   296
Software Project Dynamics   297
System/360 컴퓨터 계열   339, 344
TESTRAN 디버깅 도구   57, 145
Time-Sharing System/360   137, 146
TRW   296
Voice Navigator 음성 인식 시스템   286
WIMP 인터페이스   251, **280**, 284